让 我 们 一 起 追 寻

郁金香热

Tulipomania

The Story of the World's Most Coveted Flower and the Extraordinary Passions it Aroused

〔英〕迈克·达什（Mike Dash） 著

冯璇 译

社会科学文献出版社
SOCIAL SCIENCES ACADEMIC PRESS (CHINA)

献给菲恩

那些人被狂热冲昏了头脑，更确切地说，

是对鲜花的渴望，让他们不惜一切代价

只为一朵满足他们所有幻想的郁金香。

这种疯狂就像一种疾病，摧毁了不少富有的家庭。

德·布兰维尔先生，《游历荷兰》

（伦敦 1743）1, 28

Monsieur de Bleinville, *Travels through Holland*

（London 1743）1, 28

目　录

插图目录

"永远的奥古斯都"，出自 1643 年的《尤迪特·莱斯特的郁金香画册》*Tulip Book of Judith Leyster*，（弗兰斯·哈尔斯博物馆，哈勒姆）。

一株土耳其郁金香，出自一本土耳其的郁金香画册，约 1725 年（克里斯蒂图片社提供）。

"园丁"，出自 1802 年《土耳其服饰》*The Costume of Turkey*，奥克塔维安·达尔维玛特（Octavian Dalvimart）创作的插图（大英图书馆）。

"君士坦丁堡的皇宫"，根据纪尧姆·约瑟夫·格雷洛特（Guillaume Joseph Grelot）创作的《航行于君士坦丁堡》*Relation d'un voyage de Constantinople*，1689 年出版（大英图书馆）。

夏尔·德·莱克吕兹（卡罗吕斯·克劳修斯）的肖像，约 1585 年。

郁金香热

康拉德·格斯纳的木刻雕像，由路德维希·弗里（Ludwig Fry）创作，插图由格罗斯汉斯·托曼（Grosshans Thomann）创作，约 1564 年。

Einzug des Gesandten Adriaen Pauw in Munster，格拉尔德·特尔·博尔希（Gerard Ter Borch）和 the monogrammist G. V. H.，约 1646（明斯特市立博物馆）。

"范·德·艾克司令"，出自 1643 年的《尤迪特·莱斯特的郁金香画册》（弗兰斯·哈尔斯博物馆，哈勒姆）。

"莱顿的红与黄"，出自 1643 年的《尤迪特·莱斯特的郁金香画册》（弗兰斯·哈尔斯博物馆，哈勒姆）。

"总督"，出自 1643 年的《尤迪特·莱斯特的郁金香画册》（弗兰斯·哈尔斯博物馆，哈勒姆）。

酒馆内部，由扬·施特恩（Jan Steen）创作，约 1660 年（约翰尼·范海腾画廊，布里奇曼艺术馆）。

关于郁金香狂热的寓言，由扬·布罗海尔二世（Jan Brueghel II）创作，约 1640 年（弗兰斯·哈尔斯博物馆，哈勒姆）。

花神弗洛拉的马车 mallewagen，亨里克·格里特森·波特（Hendrick Gerritsz. Pot），约 1640 年（弗兰斯·哈尔斯博物馆，哈勒姆）。

彼得·威尔斯的 1646 年哈勒姆地图上的细节，显示了 "Groote" 和 "Cleyne Hout-wech"（哈勒姆肯内墨兰档案馆）。

伦勃朗创作的《杜普教授的解剖课》，1632 年（莫瑞泰斯皇家美术馆，海牙）。

"幸福的宫殿"，根据 W. H. 巴特利特（W. H. Bartlett）创作的绘画作品雕刻，出自茱莉娅·S. H. 帕多的《博斯普鲁斯的美景》（*The Beauties of the Bosphorus*），1874 年（大英图书馆）。

"伟大的领主，阿卜杜勒－艾哈迈德"，出自《游历希腊》*Voyage pittoresque de la Grece*（第二卷，1809），作者玛丽·加布里埃尔·奥古斯特·弗洛伦特·德舒瓦瑟尔·古菲耶（Marie Gabriel Auguste Florent de Choeseul－Gouffier）（大英图书馆）。

价格说明

　　郁金香在荷兰共和国黄金时代的价格和它在今天的价格是无法作比较的。根据黄金或其他必要的食物的相对价格，当然可以计算出数字，但是这样的数字无法体现出当时社会与现今社会的一些重要区别，比如生存最低标准包括什么（在很多方面，现在被视作穷人的人也比 17 世纪最富有的荷兰人过得舒适），又比如像郁金香球根这样的奢侈品在黄金时代意味着什么。

　　最好的比较方法大概就是对比不同的薪水和收入。下面列举了荷兰共和国在 17 世纪上半叶消费水平的一些典型例子。

　　荷兰共和国的货币基本单位是荷兰盾。1 荷兰盾等于 20 个荷兰币。

　　0.5 荷兰币：一大杯啤酒的费用

郁金香热

6.5 荷兰币：在 1620 年可以买一块 12 磅重的面包

8 荷兰币：在 1601 年，一个技术娴熟的哈勒姆漂洗工一天的工资（相当于 110 荷兰盾每年）

18 荷兰币：在 1633 年，一个阿姆斯特丹剪羊毛工人一天的工资（相当于 250 荷兰盾每年）

13 荷兰盾：在 1636 年按照荷兰的重量单位，购买一吨鲱鱼的价钱

60 荷兰盾：在 1636 年购买 40 加仑法国白兰地的价钱

250 荷兰盾：17 世纪 30 年代，一个木匠一年的工钱

750 荷兰盾：1592 年，克劳修斯在莱顿大学一年的工资

1500 荷兰盾：17 世纪 30 年代，一个普通商人正常的收入

1600 荷兰盾：伦勃朗最伟大的杰作《夜巡》的酬金

3000 荷兰盾：17 世纪 30 年代，一个成功的大商人正常的收入

5200 荷兰盾：经证实确定的，1637 年购买球根的最高价格

资料来源：van Derusen，Hunger，Posthumus，Zumthor。

引　言

　　1637 年早春的一天，一个叫弗朗索瓦·科斯特
（François Koster）的商人以 6650 荷兰盾的天价购买了几
十个郁金香球根。

　　在一个 300 荷兰盾能够满足一家人全年开销的年代，
这样一笔交易显然是极其不平常的。更让人意外的是，科
斯特购买郁金香球根并不是为了种植，而是打算转卖。他
坚信这笔投资是稳赚不赔的。

　　即便是在当时，也有很多人认为，像科斯特这样成百
上千个为了争夺购买郁金香球根的机会而不惜任何代价的
荷兰人都疯了。但事实是这些郁金香商人完全有理由相信
为购买郁金香花再多钱都是值得的。首先，最值钱的球根
是非常稀少的，用它们培育出的郁金香极其美丽、受人追
捧。其次，郁金香的价钱已经连续快速上涨了两年了，谁
敢说它不会升得更高？

郁金香热

尽管如此，这些商人们还是打错了如意算盘。科斯特的一掷千金发生在一个特定的历史时期，也就是历史上最令人匪夷所思也最令人难以遗忘的 1633～1637 年郁金香狂热的最高峰。这笔交易后来被证实为这次狂热的最后一次体现。科斯特买下球根之后不到一个星期，郁金香的价格就毫无预兆地下跌了。几天之内，郁金香的价格狂跌至原来的 1/10 甚至更低。至 1637 年 2 月底，荷兰曾经最富有的——起码从账面上看最富有的——人们一夜之间倾家荡产。其他在郁金香上大笔投资的商人也面临着血本无归的下场。弗朗索瓦·科斯特只付了 820 荷兰盾的定金，但无力支付 5830 荷兰盾的尾款，最终被愤怒的卖家无情地告上了法庭。

郁金香狂热的故事让我们百思不得其解，因为它完全颠覆了我们对 17 世纪历史的印象。在那样一个战乱不断、物资稀缺的年代，人们怎么会为郁金香这种毫无实际意义的事物而疯狂？在那样一个视成功为美德，公开宣扬最严格的加尔文主义，连教堂风琴都被当作不实之物而禁用，对在婚礼宴席上跳舞也要皱眉鄙视的年代，人们怎么会容忍这种主要是由醉汉们在小酒馆的单间里进行的、贪婪奢侈的交易？交易的对象又为什么偏偏是郁金香，而不是其他什么传统意义上的商品？

当时的人们就隐约感觉到有什么不同寻常的事发生

了。从狂热的最高峰到价格暴跌的整个期间，荷兰人自己印制过各种小册子，内容大多是对这一现象的分析或是对郁金香交易的嘲讽。尤其是那些生活在境外（即当时所谓的荷兰联合省之外）的人更是对这股狂热小心警惕。在他们看来，一个以严厉阴沉、了无生趣、爱好说教，更重要的是以对钱财极其精打细算而闻名欧洲的民族似乎完全抛弃了他们的传统，毫无缘由地为郁金香而疯狂了。

经历过郁金香狂热的人后来也觉得无法解释狂热由何而来。现代人在很多方面也未必比古人聪明多少，所以时至今日，在狂热过去360多年之后，我们仍然找不到什么适当的关于这段历史的档案材料。仅有的一些原创作品最晚也是在1934年写就的，而且大多只有荷兰语版本。在那之后，若有哪个作者在自己的著作中对郁金香狂热略加分析，也不过是照搬了早期作品中的信息，而且这些信息也未见得可靠。尽管如此，郁金香狂热这样一段出现了就无法再被遗忘的历史，任谁都觉得值得研究。

多少年来，普通读者对郁金香狂热的了解来源于19世纪苏格兰记者查尔斯·麦凯（Charles Mackay）于1841年出版的英文著作《非同寻常的大众幻想与群众性癫狂》（ *Extraordinary Popular Delusions and the Madness of Crowds* ）。这本书至今还可以买到，全书725页，共六章， xviii 涉及了丰富的内容，从圣战历史到政治与宗教对发型胡须的影响都涵盖其中。然而最为人们所铭记的是其中短短 8 页的关于郁金香狂热的内容，提出了郁金香狂热是想象力在作用的奇怪理论。不幸的是，尽管麦凯的理论非常有影响力，但他所依据的许多事实却是有误导性甚至是完全错误的。几乎所有的分析都被这些错误影响了，只要提起狂热，就无一例外地带着困惑和质疑的色彩，这个国家发疯了、商人们癫狂了、事情就这样无从解释地发生了。

经济学家和市井商贾对郁金香狂热的认识往往也是肤浅的。正如一位教授写道："刚入学的新生们上的第一堂课就是围坐在营火边一起听老师讲述荷兰郁金香的故事，从此树立了对投机性市场的怀疑态度。郁金香球根的价格可以攀升到如此之高然后下跌得如此之快，就是资本市场不稳定性和无理性实际体现的最有力证明。"但是金融家和经济学者像历史学家们一样，把自己的结论建立在了一个可疑的基础上（甚至有传言说，华尔街上一些有修养的投资银行仍然给新雇员发放麦凯的书，并且要求他们仔细研读关于金融灾难起因的章节之后才能走进交易大厅）。对他们而言，郁金香狂热是第一次巨大的疯狂，是金融危机最初的表现，像南海泡沫事件（这个与南美交易的骗局让伦敦最显贵的大人物们损失惨重）一样具有惊天动地的影响。从纸币诞生，再到股票、期货的出现，直到 1989 年的大崩盘为止，历史上有过无数次的经济繁荣与衰落，而郁金香狂热则是这所有泡沫中的第一次。任何时候只要债券价格比实际价值高（比如靠网络挣钱的公司的股票），有关金融的评论就会拿郁金香狂热来做比较。因为金融学家不能光靠理解和印象分析问题，而是要靠事实和数据说话，但郁金香狂热的相关数据却很难找到，所以比起历史学家来，经济学家可能更不容易适当地分析郁金香的故事。这也就是为什么时至今日，人们在对狂热的实质认定上仍有各种不同看法。有些学者把它视为泡沫经济的经典案例，也就是不值钱的东西价格疯长；而另一批学者则认为球根价格高是供给远少于需求的合理反映。

生活在郁金香狂热时代的人们在很多方面已经有着趋于现代的价值观，但在另一些方面，他们又与现今的荷兰人看法不同。今天人们提起荷兰人时想到的字眼——宽容、迟钝、喜欢啤酒以及一定程度上的多元文化主义，在17世纪时就与他们联系在一起了。另一点值得注意的是，对郁金香的狂热刚好发生在荷兰黄金时代的最高峰，在那段短暂的时间里，荷兰联省共和国不仅掌握着全球范围的经济霸权（阿姆斯特丹之于17世纪的重要性就相当于伦敦之于19世纪），更创造了令人震惊的丰富文化。伦勃朗（Rembrandt）和维梅尔（Vermeer）都经历过那段时期，其他历史上最伟大的荷兰艺术家们也都曾以郁金香为

xx

题材作画。

除此之外，比起如今平淡无奇的变异品种，当时的郁金香美得令人无法抗拒。它的花瓣上生长着复杂的纹路，颜色丰富而耀眼，其美丽程度不但史无前例，而且已经永远绝迹，后世再也见不到了。

这本书要讲的是真实的郁金香狂热。这种花卉是怎么离开其原本生长的东方，不远万里来到联省的；它是怎么在这里生根发芽，成就了自己的地位；以及为什么狂热会发生在彼时彼刻？本书的目的就是要还原郁金香狂热的历史真相，并且解读它背后的金融现实。

这本书里介绍了两种不同的郁金香狂热。荷兰上演郁金香狂热的同时，奥斯曼帝国的土耳其人也在为郁金香疯狂。在奥斯曼帝国，人们不是将郁金香当作观赏花卉，而是视其为圣物。最有权势的苏丹王族，用他们的军队威慑着半个欧洲，一句话就可以决定百余人的生死。他们可以买下上万个叙利亚郁金香球根，只把它种植在宫殿神圣腹地的秘密花园中，专供帝王赏玩。比起荷兰更偏重于金融层面的郁金香狂热事件，土耳其的郁金香狂热则更偏重于文化和艺术层面。这种对比令人着迷，更发人深省。

关于郁金香狂热，一直没有多少有益的研究成果，更糟的是仅有的这些还都错误百出。上至腰缠万贯的商人，下至食不果腹的乞丐，是不是每一个生活在联省共和国的人都意识到自己已深陷于这股狂热？真的有人花相当于数十万英镑的价格买一个郁金香球根吗？当郁金香价格狂跌之后，当时世界上最富有、增长速度最快的荷兰经济就开始衰退了吗？真的有个权倾天下的土耳其苏丹因为迷恋郁金香到疯狂的程度而丢了王位吗？

对以上所有问题的回答都是否定的，但是这并不影响郁金香狂热的研究价值。它真真切切地出现过，确实有人挣了大钱，确实有人一败涂地。如果说有什么东西能像郁金香一样，让织工七香料商人还有钱，让孤儿富有到一辈子不用工作，哪怕它只是昙花一现，哪怕它并不是奇迹的真正原因，它也足以让人心驰神往。

序　言
为郁金香而疯狂

　　这些人来自荷兰的各个角落,从头到脚一身乌鸦黑,
披着风衣裹着毯子以抵抗刺骨的寒风。他们经过的小道已
经被无数的马蹄和细窄的轮子倾轧得沟沟坎坎。最富有的
人坐在没有安装弹簧的马车上,像没有经验的水手在飓风
中行船般一路颠簸。其他的人更是只能骑在马上,埋着头
顶风前行,或独自一人或三两结伴,穿过贫瘠的阿姆斯特
丹北部的土地,向着海边的阿尔克马尔镇前进。

　　这些商人都是身材结实的中年人。他们在商业贸易中
获利不少,深知如何让钱生钱,同时不吝享受钱财带来的
富足生活。大多数商人胡子刮得干干净净,脸色红润。他
们身上穿的衣服,纵然颜色单调,但都是上好的布料裁制
而成,贴身的钱包里更是装着满满的钱币。商人们在傍晚
时分到达小镇,穿过阿尔克马尔狭窄的街道,在忙乱的市

场附近寻找客栈入住。吃喝完毕，再用他们的陶土烟袋抽上一袋烟。之后还要再点上好酒和烤肉，靠在硬木椅子上，就着壁炉里泛黄的炭火，夸夸其谈直到午夜。

这些富有的荷兰商人经营的可不是谷物、香料、木材和水产之类的普通货物，他们倒卖的其实是郁金香球根。这些看起来像葱头一样棕褐色的球根，不管看起来多么不起眼，此时的价值可是比阿姆斯特丹港口堆放的最值钱的货物都要高。有的郁金香，因为数量稀少和品质上乘，甚至可以抵得上是它本身重量几百倍的黄金，所以成功的郁金香商人是很能挣钱的。当时，在整个荷兰联合省，最富有的人祖祖辈辈积攒下的财富也就 40 万荷兰盾，而一个郁金香商人买卖一个郁金香就能收入成百或上千荷兰盾，一两年间就可以聚积 40 万荷兰盾甚至 60 万荷兰盾的账面财富。

郁金香商人到阿尔克马尔是为了参加一个史无前例的拍卖会。镇上一个小孤儿院的院长有一些整个共和国里最抢手的郁金香。对他来说，欣赏鲜花的美丽远不如卖掉球根的钱来得有吸引力。也是为了能照顾孤儿院的孩子们，院长决定拍卖球根。尽管天气又阴又冷，商人们还是一大清早就聚集到拍卖地点——新市民卫队大楼（Nieuwe Schutters-Doelen）。这座位于小镇中心的人字屋顶建筑装饰华丽，同时也是阿尔克马尔市民卫队的总部所在地。

　　虽然房间很大，可是来参加拍卖会的商人挤满了各个角落，对财富的渴望让空气都仿佛凝固了一般。拍卖师出现后，竞价马上开始并且很快升级到疯狂的地步。一个球根就叫价200荷兰盾，然后400，然后600，然后上千。大概百余个球根中，有四个卖出了单价2000荷兰盾以上的高价。到最后一个球根被卖出为止，拍卖总额达到了9万荷兰盾，这在当时真算得上一笔巨大的财富了。

　　这次拍卖的时间是1637年2月5日，在这一天，联省人对郁金香的狂热达到了一个新的顶峰。曾经不值一文的郁金香球根，如今作为人们垂涎的对象，其价格甚至超过了贵重金属。到这一天，郁金香自几百年以前、几万里以外开始的旅程真正圆满了。

1
天山山谷

5   郁金香并不是荷兰当地的植物，它最初生长在东方，生长在中亚不可思议的广袤大地上。它的家乡在沿着北纬40°的喜马拉雅山脉以北。据记载，郁金香最早是在1570年传入联省共和国的。而在那之前百余年，郁金香就已经开始了自己游历的旅程。

    植物分类学家认为最早的郁金香盛开于帕米尔高原山坡上的低矮树丛中，一直蔓延到天山脚下和山谷之中，即中国西藏和俄罗斯、阿富汗接壤的地区。这里也被视为世界上环境条件最恶劣的地方之一。所以那里生长的郁金香为适应环境也有一些变异。比如花瓣要比荷兰郁金香的更窄小，植株高度也比现在的郁金香矮得多，花朵离地面不过几英寸，但是适应能力强，生命力旺盛，能抵抗中亚地区的酷暑严寒。因为郁金香以红色为最常见的颜色，像鲜

6 血或者士兵的制服颜色，所以尤其被生性好战的当地居民所崇尚。而事实上，没有什么植物是比大片大片生长在山脉地区贫瘠土地上的郁金香更自由、更没有暴力气息的植

物了。郁金香也不是一成不变的，无论花瓣的形状还是颜色，每一朵都有着精妙的区别。这种花不是征服者，而是诱惑者，用它的美丽慢慢占据人的灵魂。

此时的郁金香还未达到尽善尽美。它还没有后来让奥斯曼帝国为之着迷，让荷兰人为之抛弃谨慎和理智的那种耀眼的色调搭配。那种对比鲜明的纹路和耀眼的颜色，能让每一朵盛开的郁金香成为一幅灵动的油画。此时的郁金香也还缺乏一定高度，没有它们后代具有的那种随意的优雅。这些优点都是后来才具有的，但不可否认，此时的郁金香已经相当美丽了。

在已知的120种郁金香中，几乎一半都生长在这片禁地。帕米尔高原（俄国人称之为"世界屋顶"）和沿中国西部边界走向的天山山脉（意为"天空中的山脉"）一起组成了亚洲的支柱，一个纵横延绵数千里、不可攻破的天然屏障。几千年前，这道屏障让古老的罗马文明和中国文明互不知晓对方的存在。而此时，这里依然是地球上最鲜有人探索的地方。直至1900年英国占领印度、俄国控制了西伯利亚，欧洲人仍无法涉足这片亚洲腹地。东方有无法穿越的极干沙漠，北边有贫瘠的针叶林，西边有好战而不好客的可汗们，南边有神秘又不开放的西藏，这个天山崎岖峭壁上的堡垒比世界上任何一个地方都难以到达。这里就连山谷的海拔也相当高，外来人先要适应山区让肺部

7

灼烧的空气稀薄程度。而从这里通往环境适宜国家的关卡每年有八九个月时间都是因严寒关闭的。就算到夏天最热的时候，依然只有最无畏艰险的旅者才有可能穿过，因为天山的雪化了，露出山上的变质岩和花岗岩，寸草不生，滴水不含。这里除了干燥就是贫瘠，不可能孕育任何植物，也没有供动物生存的养料。

然而，即使是在天山山脉和世界屋顶这样的地方，也还是会有水草丰美的绿洲和山麓小丘偶尔存在。以天山山脉为例：山谷主要在山脉北边，绿洲和聚居地以及因人而产生的交易集市沿着向南的小丘分布。这些小镇对土耳其游牧民很有诱惑力。从有历史记载开始，土耳其人就居住在西伯利亚草原。每年夏天，他们在北边水草丰美的地方放牧马匹，偶尔也会穿过山脉上鲜有人使用的通道南下到城市里偷袭抢夺，还有些时候会与绿洲人交易，获取他们的知识和丝绸。

土耳其人在天山山谷中放牧的时候，肯定能看到在那里肆意开放的郁金香；土耳其人穿过山上通道往南去的途中，也必然会看到在高海拔地区大片大片开放的郁金香，因为这种花朵可以在贫瘠的山地上，甚至是冬天白雪覆盖下依然盛开。这是一种毫不矫揉造作的简单之美。或黄或橙或朱红的花瓣，在阴冷荒芜的环境中，愈发被衬托得娇艳美丽。对于又熬过了一个恶劣冬天的游牧民来说，每年

8

的第一束郁金香可不是荒野中一点色彩那么简单。它的出现代表着生命和丰饶，预示着春天的来临。

郁金香后来成了土耳其一个重要的象征。当他们向西穿过无尽的西伯利亚大草原，发现整个中亚平原上疯长着郁金香。从天山到里海，再向西延伸到黑海岸边，向南沿高加索山脉生长。几千年前，郁金香生长的范围就在自然地向西蔓延。至公元 10～11 世纪时，土耳其人已经大批迁徙至中东地区。此时的郁金香也开始被人工栽培在花园中供观赏之用。

人类究竟从何时起人工培育郁金香至今还是个谜。我们确切知道的是，在 1050 年前后，波斯人已经开始崇尚郁金香，并且把它种植在古波斯首都伊斯法罕和巴格达的花园中。郁金香还出现在欧玛尔·海亚姆（Omar Khayyám）最为人所熟知的诗句中，用来比喻完美的女性之美，所以后来很多诗人都用郁金香作为完美的象征。大约在公元 1250 年，有一位穆斯林阿丁·萨迪（Musli Addin Sa'adi）形容他心中理想的花园应该是由"流水潺潺，鸟鸣果香，色彩艳丽的郁金香和芬芳馥郁的玫瑰"共同组成的人间天堂。还有一个叫哈菲兹（Hafiz）的诗人，将郁金香花瓣闪耀的光彩比作他情人脸颊上绽放的青春。 9

事实上，郁金香的精巧细致与其血红为主的颜色对波斯人具有重要的象征意义。对波斯人而言，郁金香象征着永恒，当地还流传着一些传说，都是为了证明其不同寻常的美丽。有一个传说这样说道：曾经有个叫法哈德的王子深深地爱上了他的侍女诗琳。突然有一天王子得到了错误的通报，以为自己的爱人死于非命。因为这样不可承受的伤痛，法哈德用一把斧子自杀了。鲜血从狰狞的伤口流出，滴落到贫瘠的土地上。每一滴鲜血结出一朵血红的花朵，象征着他完美的爱情。这个故事流传了几百年，野生的红色郁金香也一直被波斯人视为忠贞不渝的爱情的象征。依 17 世纪旅行者约翰·查丁（John Chardin）的记述："年轻男子向情人献上郁金香，意思是红色的花朵象征着他的心为她而燃烧，黑色的根茎象征着他的心已被爱情燃烧殆尽。"

对于在大草原上生活着的更多的不能识文断字的土耳其人来说，也没有什么比欧玛尔·海亚姆时代更早的关于郁金香的历史记载。直到 11 世纪末，一个土耳其人称为塞尔柱的部落向西进发从拜占庭手中夺取了安纳托利亚高原，郁金香才第一次出现在游牧民族艺术中。塞尔柱人要么是一开始迁徙时就携带了郁金香种子，要么是在驻扎地10 发现了野生郁金香花田。现在挖掘出的最早的有郁金香图案的瓦片，是 13 世纪苏丹阿拉丁·凯库巴德（Alaeddin Kaikubad）一世在安纳托利亚东部的贝依谢希尔湖边建造的宫殿所用的。

到此时，土耳其人已经丧失了一些游牧民族的特征。塞尔柱人在他们夺来的土地上定居下来，成立了罗姆苏丹国，因为他们自认为是罗马人的后代。他们也确实继承了罗马风格的帝国建筑品味，即使是罗姆苏丹国在 14 世纪初被蒙古击溃之后。塞尔柱人的新君们又开始在废墟上重建新的王国。

在众多土耳其的统治者之中，瑟于特的奥斯曼和他建立的以他名字命名的王朝（阿拉伯人称其为奥斯曼帝国，欧洲人称其为奥托曼帝国）成了土耳其漫长历史中最辉煌的一段。这个皇室盛产征服者和暴君，不但统治了亚洲的大片地区，还横扫了欧洲，直到维也纳的城下。世世代代的帝王们不但掌握着自己臣民的生死，而且不惮使用这个权力。但是奥斯曼帝国的君王们又从小培养出了精致的品位和对美丽的热情。他们穿的是锦缎，吃的是鸣禽，奖赏一个书法家都可以像奖赏一个战胜的将军一样。奥斯曼人更是知识渊博的园艺家，正是他们把郁金香推上了它从未享有过的显赫地位。

1345 年，奥斯曼皇室跨过了达达尼尔海峡，土耳其骑兵也踏上了欧洲。他们本来是应拜占庭君主的要求前来帮助镇压篡位者的，结果奥斯曼帝国借机夺取了希腊和色雷斯地区，以及巴尔干半岛大部分地区。拜占庭君主实际 11

上成为傀儡君主，势力不及自己伟大的首都君士坦丁堡城墙外几里地。

我们无法准确得知，15世纪上半叶蜂拥到巴尔干半岛的土耳其人中有多少人崇尚郁金香。这时的土耳其人大多遵从伊斯兰经典中禁止公开使用有生命之物形象图案的规定。[①] 鉴于此，那一时期的奥斯曼手稿中都没有郁金香。就算有过什么关于郁金香的现代绘画作品、郁金香图案装饰的花瓶或瓦片的话，也都没能流传下来。但是无论如何，我们至少能确定当时的人崇尚花园，并且视郁金香为神圣的花朵。

土耳其人用这样一个故事来解释为什么花园对他们如此重要。曾经有一位著名的苦行僧叫哈桑·芬迪（Hasan Efendi），他被公认为是个圣洁的人。有一天他在讲道，听众中有人给他递上一张纸条问他是不是所有的穆斯林死后都能上天堂？哈桑结束布道后，询问现场听众中有没有谁是园丁？有一个园丁站了起来，哈桑于是指着他说，这个人会上天堂。

马上有一群人围着僧人要他解释为什么园丁肯定能上天堂。但是哈桑解释说他只是引用了《圣训》——即

---

① 这条禁令的初衷是认为人类不能完美地呈现神创造出的完美之物，因此是对神的侮辱。

《穆罕默德言行录》的内容：人死后会继续做他们生前最喜欢做的事情。因为鲜花属于天堂，园丁当然要去天堂继续他生前的工作。 12

事实上，花园就是穆斯林对天堂的核心想象。基督教牧师会告诉他的信众，天堂是闪光的城市和山坡；而伊斯兰教这种发源于沙漠之中的宗教，它的阿拉伯创始人们则希望天堂是美丽的花园，有亭子有喷泉，遍地是人世间见不到的美丽鲜花。虔诚的穆斯林们对待鲜花几乎像对待圣物一样，而且喜欢在头巾上佩戴花朵。

此时在波斯和土耳其生长的郁金香本质上还是野花，虽然有些被栽植在花园中，但依然没有被系统化地培育或采取杂交等其他人工干预以改进其品质。直至16世纪初，土耳其军阀巴布尔（Babur）向南穿过阿富汗时，采集了33种不同的郁金香，都没有发现其中有一例杂交品种。这位攻占了印度北部并建立了莫卧儿帝国的君王，这位当人们提到他首先想到的就是奢华和富裕的君王，在其不计其数的正规花园中种下的，依然是野生的郁金香。

在穆斯林花园盛开的所有鲜花中，郁金香被认为是最圣洁的。土耳其人对其的热情已经远远不是为了欣赏它的美丽这么简单。对奥斯曼人和波斯人而言，郁金香不但有重要的象征意义，更是连字面上都有神的花朵之意。根据在阿拉伯经典中的记述，土耳其语中的郁金香（*lale*），

郁金香热

和土耳其语中的"安拉"是一个词。郁金香同时还代表
着在神面前谦卑的美德：因为每当鲜花盛开之时，花朵会
向下弯垂，仿佛低头致敬。到 15 世纪至 16 世纪初，禁止
使用有生命之物形象的禁令被废除后，郁金香经常在奥斯
曼插图中用于描绘伊甸园，它就盛开于夏娃偷尝禁果的树
下。土耳其人相信在战斗中为伊斯兰信仰献身，死后就一
定可以上天堂。他们相信天堂会有满地的郁金香盛开，会
有女神为他们奉上他们在世间无福享受的美酒。因此对于
一个奥斯曼园丁来说，郁金香是最珍贵的花朵，只有玫
瑰、水仙、康乃馨和风信子配得上与它种在一起。其余的
花朵，就算再稀少、再漂亮，也只能叫野花，只能偶尔种
种。因此我们有理由相信，土耳其人一路向西扩张的过程
中，一定是有郁金香随行的。

13

2

在极乐家园里

荷兰人在拍卖会上为郁金香竞价之 250 年前，郁金香
来到了塞尔维亚边境地区的科索沃平原。这里有片地方叫
黑鸟域，15000 人的基督教军队在塞尔维亚亲王拉扎尔一
世（Prince Lazar）的带领下，与奥斯曼帝国苏丹穆拉德
一世（Murad I）带领的人数两倍于他们的土耳其军队对
峙。交战双方在 1389 年圣维特日这一仗，决定了巴尔干
半岛以后 500 年的命运。

开局对塞尔维亚人很不利，最骁勇善战的基督教骑士
被对方击退，连拉扎尔本人也在混乱中被俘。相反，就土
耳其一方而言，穆拉德本人 30 多年不断征战以巩固自己
的统治，他在土耳其军队的核心地位牢不可破。他前面有
三排用铁链拴在一起的骆驼开道，既可以给对方骑兵造成
无法穿透的障碍，又可以有效地震慑敌人，就像汉尼拔用
大象这种敌人从未见过的异国生物来吓退敌人一样。尽管
如此，还是有一个基督教战士设法刺杀了苏丹。据传言，
这个战士在前一天晚上还被拉扎尔公开指责变节，于是便

以刺杀苏丹的实际行动来证明自己的忠诚。他用了极大的力气将匕首插入苏丹的心脏，以至于匕首刺透了整个胸腔，又从苏丹的背后穿了出来。

苏丹受了致命伤，但仍一息尚存，他在弥留之际不忘传令立即将被俘的拉扎尔处死。就这样，基督教军队的将领和土耳其人的苏丹双双毙命，和成千上万死于战斗的士兵一样，永远地留在了黑鸟域。这场战争伤亡惨重，死尸堆叠，被割下的头颅滚了一地，上面还围着颜色鲜艳的穆斯林头巾。有编年史记录者回顾当时情景如此写道：明艳的穆斯林头巾正如艳红和明黄的花瓣，让我想到大片的郁金香花海。

事实上，郁金香在科索沃战役中是有更多象征性的。除了编年史记录者关于穆斯林头巾的诗意描述外，郁金香更被视为一种护身符。14 世纪的奥斯曼人用这种最神圣的花朵来保佑自己免遭噩运，但是是用一种比较奇怪的方式。可能部分是源于保护的目的，部分是由于禁止使用有生命之物的宗教限令还未解除，所以郁金香图案不是被绣在旗帜或外衣上，而是绣在内衣上的。在伊斯坦布尔的土耳其和伊斯兰艺术博物馆中展示的文物里，有一件从奥斯曼帝国将军的坟墓中发掘出来的穿在铠甲下面的普通棉布衬衫。衬衫的正面绣满了古兰经的经文，而背面则绣着郁金香的图案。这个衬衫的主人也参加了科索沃一战，他是

16

穆拉德的二儿子，名叫巴耶济德（Bayezid）。当时他甚至还未成年，却已经带领部队对抗拉扎尔。巴耶济德也是历史上第一个确定与郁金香有关的人。

巴耶济德大概是要穿上这件衬衫作为护身符，保佑他不受邪恶侵害，看来这也确实起效了。穆拉德死后，战斗继续激化。他的二儿子就地继承了王位，继续在黑鸟域与塞尔维亚人交战。巴耶济德称王后的第一个动作就是下令杀死自己的哥哥雅库布（Yakub）——最有威胁的王位竞争者。依照巴耶济德的旨意，这个倒霉的王子很快就被用丝质弓弦绞死了。新苏丹在紧迫的环境下由此巩固了自己的地位。

巴耶济德确实是个精力无限又充满野心的统治者。他加强了奥斯曼帝国对巴尔干地区的统治，并于1396年在保加利亚的尼科波利斯（Nicopolis）彻底打败了最后一批16000人的十字军。在胜利后，巴耶济德亲临监督了对3000多名基督教战俘的斩首。那之后他的臣民称它为"霹雳"（Yildirim）也就一点也不为过了。

在长达13年的时间里，巴耶济德几乎战无不胜。他镇压了巴尔干半岛上的基督徒的反抗，又向东打败了波斯人。但是到了1402年，他的护身符似乎终于耗尽了能量。巴耶济德在安卡拉附近对阵比他更伟大、更冷酷无情的帖木儿（Tamerlane）时，他的好运终于到了头。帖木儿这

郁金香热

个跛脚的蒙古人出生于帕米尔高原的隐蔽处，像他的祖先成吉思汗一样善战，而且更加嗜血。巴耶济德的军队被打得七零八落，他自己也在逃跑过程中被蒙古弓箭手俘虏并带至帖木儿的帐篷中，匍匐于他的战胜者的脚下。

郁金香帝王没有得到一点怜悯。帖木儿把巴耶济德的后宫佳丽占为己有不说，还强迫他的妻子德斯皮娜（Despina）赤身裸体地在餐桌边服侍自己。蒙古军队行进时，还要把苏丹关在铁笼子里带着走；在一些正式的庆典上，帖木儿甚至把曾经不可一世的巴耶济德拉来当脚凳踩着。

巴耶济德在这样的对待下只活了八个月，但他的死因却不是很清楚。有人说他死于中风。在剧作家克里斯托弗·马洛（Christopher Marlowe）的作品《帖木儿大帝》（*Tamburlaine the Great*）中，巴耶济德在绝望中一头撞向囚禁自己的铁笼，脑浆迸裂而亡。无论如何，他已经再也看不到 1403 年的郁金香盛开了。

苏丹的被俘使郁金香西进的脚步暂时停滞了。刚刚兴起的奥斯曼帝国也陷入一片混乱，直到半个世纪之后才渐渐恢复。这场混乱最大的受益者，是那些在苏丹之前统治巴尔干地区的基督教国家的残余势力，尤其是拜占庭的希腊人。巴耶济德曾经的最大梦想就是攻占君士坦丁堡，让这个地方成为自己王国的新中心。在 14 世纪末，巴耶济

17

德曾将君士坦丁堡围困了五年之久，但是最终仍无法攻破包围着它的层层防线。

1400 年，君士坦丁堡已经成了一个傀儡城市。它的衰落正反映了拜占庭统治者的失势。这个城市几乎半空了，7 英里长的城墙围绕出的区域，人口不足 5 万，分布在相对较大的村落里种植粮食和果树，村落之间以废墟为分隔。尽管如此，就面积和声望而言，君士坦丁堡仍然是世界上最伟大的城市，也最配得上成为奥斯曼帝国的首都以及郁金香的新家园。

巴耶济德的死亡并没能解救拜占庭，只是延后了它的终结而已。不到半个世纪之后，奥斯曼帝国卷土重来。这次它的新苏丹正是巴耶济德的曾孙穆罕默德（Mehmed）。此时的君士坦丁堡已经更加衰弱，而土耳其军队却人数众多，装备精良，还配有当时最先进的大炮和石弩。经过不到两个月不顾一切的围攻，穆罕默德的军队强行突破了城墙，土耳其人涌入了君士坦丁堡。拜占庭的最后一个君主扔掉了自己的皇室徽章，希望在乱战中无名地死去。在残酷的大屠杀之后，拜占庭的君士坦丁堡变成了奥斯曼帝国的伊斯坦布尔。

即便是依之前各位奥斯曼苏丹们的惊人标准来衡量，被后世尊称为征服者的穆罕默德也算是个相当复杂的角色

18

了。他好战但是有教养，感性却又不可撼动，既是个冷酷无情的独裁者，又是个虔诚谦逊的人。君士坦丁堡被攻占的这天，穆罕默德在拜占庭的圣索菲亚大教堂感谢真主赐予他胜利。他双膝跪地，手捧泥土撒在自己的头巾上，以示对神的顺从。穆罕默德还很有文采，写过这样的双行体诗：

19　　　　侍从，再为我斟上美酒，反正郁金香花园终将被毁；

　　　　　秋天就快来了，春天将一去不返。

　　穆罕默德也许是个现实主义者，但他绝没有放弃对奥斯曼新首都进行控制的打算。相反，在他的统治下，这个曾经风光无限的伟大城市又恢复了生机。新的建筑拔地而起。圣索菲亚教堂四周树立了四个巨型尖塔，教堂也变成了清真寺。城墙被修复，新的宫殿也开始修建，在拜占庭时期被置之不理的废墟，土耳其人把它们变成了不计其数的花园。

　　伊斯坦布尔占据着世界上最优越的地理位置之一，但它仍然渴望被妆点。这座城市是依欧洲最东边的七座大山而建，三面环水。拜占庭帝国虽然灭亡了，但这个城市依然美丽，甚至可以说是一步一景。土耳其人最大限度地利用了城市的空旷，栽种了各种树木和花草，用自然的美丽弥补和完善新旧建筑。在战争胜利后的几十年内，奥斯曼苏丹一人就拥有 60 多个私人花园，散布在博斯普鲁斯海峡和马尔马拉海之间。他还有几十个果园为他的皇宫提供蔬菜和水果。也有的奥斯曼人建造下沉的花园，这样夏天炎热时就可以乘凉；还有阶梯式花园可以种植各种葡萄树；也有公共场所的休闲花园；更有在住所内建造的仅供私人享受的天堂花园，里面种满了鲜花。

在来自欧洲其他城市的游客眼中，正是这种充沛的绿植让伊斯坦布尔与众不同。这里的居民在自家花园种花的方式让西方的园艺家感到震惊。土耳其人讨厌那种在英格兰、法国和意大利宫廷流行的严谨拘束的花园形式。相对而言，土耳其的花园更有一种印象派的、壮观的风格。种花不单要有精准的几何空间美感，更要追求繁茂和丰富的美。奥斯曼人要把花园设计成避开俗世纷扰的世外桃源，或是炎炎夏日里的避暑胜地。土耳其人还在自家花园种植一些无核的小水果，修建喷泉听流水的歌唱。对他们而言，花园就是在人间的天堂。

穆罕默德和他的继任者为伊斯坦布尔的完善不遗余力。在奥斯曼帝国鼎盛时期来这里游历的欧洲人无不感到惊奇，不仅仅是因为这座城市的规模和富裕，更是因为这座城市的主人有良好的风格和品位。这是一座充满文化气息和休闲气质的城市，对其中不同宗教信仰的居民有包容的气度，这在欧洲是完全不能想象的。在西方人的观念

20

中，土耳其人是残酷和贪婪的，土耳其军队是惨无人道的，当然还有对土耳其苏丹私藏的后宫妻妾的好奇。事实上，土耳其人有多残暴，就有多么懂得欣赏美。

穆罕默德本人就是一个充满矛盾的个体。他继位之初的一道旨意就是下令在城市最东边建造一座宫殿，并且给这个宫殿取了一个富有诗意的名字——极乐家园，也就是今天为人们所熟知的托普卡匹皇宫。这座宫殿建立的宗旨就是要超越拜占庭千年来建造的任何建筑。以一个编年史记录者的话说，就是要同时具备多样、美观和富丽堂皇的特点。从任何角度，由内到外，都要金光闪耀，镶嵌上珍贵的宝石和珍珠，极尽奢华。穆罕默德本来就非常热衷于园艺，不但从他王国的各处收集稀有的植物品种，而且经常亲自在花园中忙碌。在他的监督之下，极乐家园的四周围绕着"巨大而美丽的花园，园中种上所有能想到的植物和果树，每一面都有丰沛的流水，新鲜清澈，甚至可以直接饮用；树上有鸟儿欢快鸣唱，地上有家禽成群可供食用"。然而有一天，这个有涵养的君王发现他名贵的黄瓜被人偷了，他竟然把所有的皇宫园丁抓来开膛破肚，只是为了查出到底是谁吃了他的黄瓜。

之后的奥斯曼统治者们在残忍程度和对精致皇宫、花园的狂热程度上，比穆罕默德都是有过之而无不及。其中最有成就的就是穆罕默德的曾孙苏莱曼大帝（Suleyman the Magnificent）。也 1520 年登上王位，其间他将帝国的疆域扩展到前所未有的范围：从维也纳城下到波斯湾；从直布罗陀海峡到里海。欧洲人称他为"最伟大的土耳其人"，不过之后的苏丹们也多沿用了这个称号。在苏莱曼的众多称号中，最有名的是"掌握生死之人"。在那些不幸与他的军队交手的基督徒心中，苏莱曼就是冷酷无情的代名词。然而苏莱曼大帝的臣民则敬称他为"立法者"，同时他还是个虔诚的教徒。作为一个奥斯曼人，非常意外的是他并不沉迷于声色，而是与他最爱的妻子过着贞洁的生活。

　　在苏莱曼统治时期，也就是 16 世纪上半叶，郁金香 22 已经树立了自己作为土耳其代表花朵的地位。此时它虽还不为欧洲人知晓，但在土耳其苏丹和他的仆人们中间如此流行，再加上使用有生命之物形象的古老禁令已经放开，以致郁金香成了最受奥斯曼艺术家和工匠们钟爱的图案，被广泛使用于花瓶和瓦片上。郁金香还让苏丹的长袍更加美丽，这时也不像巴耶济德时期那样只绣在内衣上。有一件苏莱曼大帝的乳白色锦缎皇家礼服得以保存至今，那上面就满满地绣着上百朵郁金香花朵图案。除礼服之外，贵族的铠甲上也有郁金香图案。一个征战于匈牙利和波斯的贵族的铠甲上就装饰有一朵 9 英寸长的郁金香图案。苏丹的头盔更是铠甲工艺的杰作，上面有用金子做成的郁金香造型，旁边还镶嵌着珍贵的宝石。

到 16 世纪中期，郁金香图案在奥斯曼帝国的使用已经越来越普遍。除苏丹外，其他人对郁金香图案的使用也越来越多样化。新娘把郁金香图案绣在祈祷时用的地毯上给自己当嫁妆；还有的画在盛水的瓶子上，也有的编织到土耳其马鞍上的精致天鹅绒盖布上。正如土耳其园丁种植郁金香以保佑自己的灵魂能升入天堂一样，土耳其帝国的女人们缝制成千上万的郁金香图案作为宗教符号献祭，以祈祷自己的丈夫从战场上平安归来。

23 似乎也是在苏莱曼治下，土耳其人开始培育郁金香并繁殖更符合他们审美的新品种。在穆罕默德时期，生长在伊斯坦布尔的野生郁金香植株较矮，花朵成圆形，接近鸡蛋的形状，与今天仍然流行的品种不无相似。可能早在16 世纪晚期，奥斯曼人开始偏爱自己首都的园丁培育出的新品种①，这一品种也被称为"伊斯坦布尔郁金香"。这种郁金香可能是用土耳其人在北部黑海海岸和他们的盟国克里米亚鞑靼斯坦发现的品种培育而来的。伊斯坦布尔郁金香最终发展出 1500 多个品种。与野生的品种相比，这个品种的郁金香更加精致而优雅，花瓣无比纤长，尖端

---

① 即系统化培育和改良出来的鲜花品种。

如针。最受推崇的一类品种形如杏仁，被片（tepal）似匕首，多为朱红色、黄褐色或硫黄色。

第一批完全投身于培植郁金香事业的园丁就出现在苏莱曼时代。正是他们栽种出了最早的培育品种。其中一个叫艾布萨德·艾芬迪（Ebusuud Efendi）的伊斯兰教长拥有一种叫作"天堂之光"（Nur-i-Adin）的极其美丽的品种。其他品种也都被赋予了类似的能够反映它们的美丽和价值的名字，比如"无可比拟的珍珠"（Dur-i-Yekta）、"愉悦的增强剂"（Halet-efza），还有"激情的注入器"、"钻石也嫉妒"、"破晓的玫瑰"等。

首先，这些郁金香是极其稀有的，即使是教长本人，一生也只有几个天堂之光的球根，要知道他活到了84岁高龄，这在1574年算得上极其长寿了。其次，那个年代的人们根本不懂得什么培育植物品种的知识。他们还以为要栽出深红色的花朵往郁金香花床上浇深红色葡萄酒就行了。所以当时并没有多少土耳其园丁对培育新品种这种见效慢、结果又充满偶然性的事业感兴趣。大部分奥斯曼品种的产生是靠机缘巧合，而非有意计划。

不管怎样，奥斯曼的苏丹们不断地积攒着球根，并用郁金香和其他花朵来装点他们的皇宫和花园。一部分花朵是在伊斯坦布尔本地种植的，到17世纪30年代，这里有大概80个花店，300多名职业花商。也有一部分花朵是

24

郁金香热

从别处引进的，有时甚至是大批量的引进。奥斯曼人在哪里打了胜仗，然后就强行把新的郁金香品种从黑海沿岸、克里特岛或是波斯运来。苏莱曼的儿子塞利姆二世（Selim II）也是个园艺爱好者。他另一个爱好是喝酒，所以得到了"酒鬼塞利姆"的称号。他在 1574 年下令让当时土耳其叙利亚省阿齐兹的治安官给他的皇家花园提供 5 万个郁金香球根。这位苏丹还特别指示："我命令你不得有任何延误，一切事宜都要迅速周到，不得让我有丝毫不满。"尽管塞利姆明说要从临近的阿勒颇的国库支付费用，但这样的命令必然会如他所愿地给接令之人造成极大恐慌。

在土耳其苏丹众多的花园中，那些深藏在托普卡匹宫殿高墙之内的花园才是最宏大的。极乐家园中的任何事物无不体现着奥斯曼皇族传承的品位、富有和伟大。即使是对外开放的区域也是按照最高级别建造的，更不要说只有最高级别的王族和他们的贴身侍从才能进入的私人区域，其面积和复杂程度更是西方世界无法匹敌的。

若要进入展示苏丹独赏郁金香的圣地，游客要先经过圣索菲亚大教堂前的大道到达皇宫外的广场，在那里能看到宫殿的外墙，上面密布防御工事和守卫，城墙中间嵌有一个巨大的石门，门上方用金子刻着苏丹冗长的正式封

25

号。由此进入便到了宫殿四个大庭院中的第一个，它也是进入内部区域的必经之路，越往里面的庭院越比前一个神圣。这个最外面的庭院对苏丹所有子民开放。任何土耳其人都有权在此请愿要求纠正自己受到的不公待遇，所以这里总是人声鼎沸。每天有好几百人在接待处围着不耐烦的书记员，要他记下自己的诉求。这个庭院里其他地方还有军械库和弹药库，还有奥斯曼政府造币厂和存放各种兵器的场所，以及一个养着3000匹马的马厩。庭院里还有一对白色大理石的柱子，柱子上放置着砍下来的人头，都是那些不知怎么得罪了苏丹而被赐死的贵族的。被行刑之人生前若是维齐尔之类的高官，人头里则填上棉花，若是地位一般的，则塞满稻草。还有苏丹偶尔下令大规模行刑的证明也会堆在大门入口处，这些割下来的鼻子、耳朵和舌 26 头无不显示着苏丹的权威。

穿过这片可怕的地方，经过一道厚重的双重门就进入了第二个庭院。这里要安静一些，只有奥斯曼的官员、军人和重要的来访者才可进入。这个庭院里有个大厅，就是土耳其的议事厅。里面有舒适奢华的躺椅，有闪耀的绿色丝绸帘子可以阻隔来者探寻的眼光。苏丹就坐在躺椅上面，听取重要官员的汇报，或是接见重要的外国使节。这第二个庭院之后，穿过第三道门，又叫吉兆之门，就到了君王的寝宫，以及他的后宫，由从非洲带来伊斯坦布尔的黑人宦官守卫。第三个庭院如此神圣以至于在它修建完成后的近一百年里，没有西方人，甚至事实上没有奥斯曼人踏入一步。最后，第四个锁着的双层门通道，联通了后宫和第四庭院里的皇家花园。这也是整个宫殿庞杂建筑群的最尽头。从这里可以尽览博斯普鲁斯海峡熠熠闪耀的流水。花园被设置在象征着奥斯曼最高权力的宫殿的最核心位置，由此可见植物和花朵在土耳其人心中的重要性。

整个托普卡匹宫殿不但气势宏伟，而且面积巨大。这个复杂的建筑群结构中包含了各式各样的花园，到处是花坛、喷泉、池塘和果树。第二个庭院尤其壮观，土耳其精英部队每个月都要在第二庭院中集合，从大麻布袋中领取现金报酬。这里甚至还有一片巨大的林地，里面有小鹿在柏树间穿越，在树荫下漫步。往宫殿的北方，地势向下延伸，形成著名的金角湾。花园就依势而下，延伸至宫墙之外，直到海边。

花圃主要种植在第四庭院里，只有苏丹一人可以观赏。唯一可以俯瞰花园的窗户在国库和储藏室的大楼上，里面存储着皇家的食物和餐具。一旦帝王下令，这些窗户都必须挡起来。第四庭院的花园是帝王抛开国家事务休闲玩赏的最重要的地方。每一个继任者又竞相把花园布置得越来越漂亮。玫瑰、康乃馨、风信子和兰花，以及必不可少的郁金香种满了整片地方。特别是北边尽头的小丘，不

27

仅是整个托普卡匹皇宫的最高点，也是最好的饱览整个博斯普鲁斯海峡和马尔马拉海的地方。在这个制高点上，以及花园里其他一些地方，奥斯曼人修建了木质凉亭（kiosks），既可以作为约会的地点，又可以作为节庆典礼的中心。每个亭子里还摆放了单独的长椅，可以坐在上面感受清风拂面，还可以纵览园中鲜花盛开时令人屏息的美景。对一个大多数时间生活在吵闹与暴力中的苏丹来说，这里可以让他真正感受到清静与平和。

极乐家园里的每一处设计都旨在让见者感受到土耳其势力的强大程度。宫殿的范围广大，建筑威严，房间装饰极尽奢华。即使是欧洲见识最广的商人也为土耳其皇宫日常供给需要感到震惊：整车的大米、食糖、豌豆、扁豆、辣椒、咖啡、葡萄酒和马卡龙源源不断地由托普卡匹宫殿 28 大门运进皇宫，更有储存在柠檬汁里的梅子和每年 19.9 万只母鸡和 780 辆马车的积雪。

在苏莱曼时期，四大庭院需要的仆人不下 5000 名——从最低下的看门人到来自异国的专职人员，比如叠头巾总管和餐巾总管，他们手下甚至还有专门负责泡菜的仆人。苏丹的仆人中，有一个团体人数众多，几乎有千人之多，他们就是园丁（*bostancis*）。除了给苏丹的郁金香除草之外，园丁的职责丰富而多样，远不止除草这么简单。他们同时还是守卫、行李搬运工，还负责清理垃圾。此外，另

郁金香热

有 5000 名士兵在托普卡匹宫殿外轮流执勤，他们既是皇宫的守卫，又是首都的警察和税官。

最不寻常的是，园丁还充当了苏丹的刽子手。就是这些皇家园丁把被定罪的女囚缝进装有重物的麻布袋里再扔进博斯普鲁斯海峡。更有一批特殊的园丁，戴着红头巾、穿着他们传统的制服——白色的马裤和毛边的上衣——裸露着肌肉发达的前胸和手臂，执行仪式化的绞刑，年复一年，结果了成千上万的奥斯曼臣民。

如果被判死刑的是个高级官员，则会由苏丹的首席园丁（*bostancis-basha*）来行刑。所以他实际上也是苏丹的首席刽子手，同时他还要在一个历史上少有的特殊习俗里扮演重要角色：被判刑贵族，即被罢黜的维齐尔或首席宦官与将要对他们行刑的刽子手赛跑。一旦判决传达下来，会允许被定罪之人以他最快的速度跑半英里，或是穿过花园跑到皇宫最南端的鱼屋大门。如果死刑犯比首席园丁跑得快，那么死刑就可以降格为流放；相反，若是犯人跑到终点发现首席园丁已经在那里等着自己，那么就会被立刻处死，连尸首都会被扔进大海。[①]

园丁的另一个不那么可怕的职责是采摘鲜花来装饰皇

---

① 最后一个通过赢得生死赛跑救了自己一命的人是 1822～1823 年间的大维齐尔哈吉·萨利赫·帕夏（Haji Salih Pasha）。

宫的生活区。总体来说，土耳其人很少把花剪下来，而是更愿意让它在花园里自然生长。但是在极乐家园里却流行这样。有画作显示，苏丹最喜欢的房间里，到处摆满了单支的花朵，极偶尔也有小簇的花束。这种摆设的主角当然是郁金香，它们被插在精致的有金丝装饰的玻璃花瓶里，摆放在各个矮桌上。花瓶上这种加工技艺在当时被称为"夜莺的眼睛"（*Cesm-i-Bulbul*）。

因此，很可能西方人最早就是这样发现人工培育的郁金香的。苏丹王在战场上惊人的胜利让西方人不得不派使节来到苏丹的王宫。1522 年土耳其军队从基督教骑士手中夺下了看似不可攻破的罗得岛，然后在 1526 年粉碎了匈牙利国王的军队，并在三年之后围困了维也纳。这一系列耀眼的胜利提升了奥斯曼帝国在地中海地区的实力排名，更迫使欧洲的基督教君主们不得不与土耳其讲和。随后，雇佣兵和商人也来到了伊斯坦布尔，希望应征加入土耳其军队或是获得与他们通商的许可。奥斯曼帝国崛起的一个不怎么重要的后果就是在苏莱曼去世时，也就是 1566 年，成百上千的西方人来到了土耳其——这个几世纪以来对西方而言完全封闭的地方。

西方人在这里发现了诸多意外。关于奥斯曼帝国的一切都充满了异域风情，无论是集市上的嘈杂热闹，还是伊斯坦布尔清真寺的感性与优雅。土耳其人对花朵的热情，

30

郁金香热

以及料理花草的惊人技艺，也让西方人感到新奇。对 16 世纪的欧洲人而言，花草的首要用途还是作为食物或草药，所以土耳其人单为欣赏其美丽而种花的行为让他们感到惊奇。

纤细、色彩浓郁的郁金香以各种形式展示在花园里，总是能成功地吸引人们的注意力。无论驻足于花前的是大使还是军官，无论他是爱花之人还是对花草漠不关心，都很容易发现土耳其人对郁金香的热爱超越了一切。

起码在 16 世纪中期，郁金香终于引起了欧洲人的注意。它已经准备好向西进发了。

3

来自东方的稀罕物

1529 年 10 月底，一艘帆船一路颠簸地来到果阿，这 里是葡萄牙在印度领地的首都。帆船到达时，境况已经非常糟糕，船身各处受到撞击。在从里斯本来到这里的漫长航行中，已经有 2000 名船员死于发烧和饥饿，活下来的也是骨瘦如柴。这个小型船队的指挥官是一名叫努尼奥·达·库尼亚（Nunh da Cunha）的贵族，他的到来对印度葡萄牙领地的地方长官洛波·瓦斯·德桑帕约（Lopo Vaz de Sampayo）可不是一个好消息。

达·库尼亚是由葡萄牙国王任命的取代洛波·瓦斯的新地方长官，而洛波·瓦斯本人将被召回葡萄牙。这可不是什么光荣的卸任。他被召回是因为这个地方长官的职位本来是要封给一个皇室里的红人，结果被瓦斯取而代之在此统治了两年之久。洛波·瓦斯是作为囚犯被押送回国的。他先是被流放到非洲，囚禁于在那里的监狱，直到 1532 年才等来了最终的特赦。

前面讲了这么多都是因为有人说洛波·瓦斯就是第一

郁金香热

个把郁金香带回欧洲的人。园艺家夏尔·德·拉·谢内·蒙斯特里尔（Charles de la Chesnee Monstereul）在他 1654年出版的《弗朗索瓦》（*Le Floriste Francois*）中提到瓦斯回国时从锡兰带了郁金香，另有几个 17 世纪的权威也做过同样的声明。

事实上，洛波·瓦斯很难与这样的功绩联系在一起。首先，锡兰没有郁金香；其次，锡兰这个岛屿离当时葡萄牙船只返航的路线有几百英里远。就算合理假设果阿的葡萄牙人是在海湾与波斯人交易时，或是从那些在北方次大陆的巴布尔花园得来种子的印度人手中获得的郁金香，可是从这里回里斯本的航行却是极艰险的，顺风顺水时也要六个月，不顺利就可能要两年半之久。

如果洛波·瓦斯的故事是真的，那他肯定是个为郁金香疯狂到做出以下行为的人：先是说服押解他的人允许他把球根带上船，还要在已经人满为患的船上把球根种到小罐里。这在当时倒也不是完全没有可能，因为有身份的罪犯的待遇还不错，瓦斯当然也不是被链子锁回国的。但是这些疑点足以让我们怀疑这个没有什么特质又很倒霉的贵族怎么会是第一个把郁金香带回欧洲的人。

事实是：没有人能确切知道郁金香是什么时候离开亚洲的。土耳其人和波斯人种了那么多郁金香，郁金香的球根又特别便于携带，所以要硬说没有个把球根早在中世纪就被带到了欧洲岂不是太奇怪了？可是若确有此事，那么当时的编年史或插画中为什么完全没有郁金香的影子？所以我们能肯定此时郁金香还没有大量种植，传播的地区范围也很小。同理也适用于从印度到达葡萄牙的郁金香。所以在 16 世纪 60 年代欧洲园艺家刚刚看到郁金香时，仍然认为它是种稀罕物。

能证明郁金香在 16 世纪中期以前存在于欧洲的证据时有发现，但似乎没有一个不存在疑点。举个例子：至今仍生长在萨沃伊的红色和黄色野生郁金香品种 *T. silvestris* 和 *T. australis* 据称就是欧洲本土生长的野生郁金香品种，就是源于巴尔干地区的郁金香。但是萨沃伊郁金香的分布地区较为奇怪，大多出现在耕地上，这足以证明其祖先们是人为种植的，而非野生。有一幅名为《怀孕的圣母》的画作，画中的玛丽转头看向花丛，其中就有郁金香。人们一度认为这是莱昂纳多·达·芬奇的作品，但现在确定真正的作者应为其学生穆埃基（Melzi），而穆埃基是 1572 年才去世的。所有示例中最引人注目的，莫过于梵蒂冈博物馆中展示的一块公元 430 年的马赛克，上面画的毫无疑问是一篮宽花瓣的红色郁金香。但是花朵的摆放方式明显是 18 世纪的风格，所以这块马赛克肯定是 18 世纪初从罗马郊区的别墅里被移走后经历过重大修补。

所以，第一个懂得欣赏郁金香之美的人，很可能是一

34

个叫奥吉耶·吉兰·德·比斯贝克（Ogier Ghislain de Busbecq）的人。他是一个佛兰德贵族的私生子，多年来一直是奥地利宫廷里最有影响力的荷兰人。人们普遍认为就是他将郁金香带回了西方。比斯贝克是 1554 年 11 月作为神圣罗马帝国的大使到伊斯坦布尔的，并在那里生活了近 8 年，中间偶尔回过几次家乡。当他终于彻底回归故土的时候，皮肤已被土耳其的烈日晒成了棕色，但还是留着当时流行的浓密粗犷的胡须、眉毛。他在 1581 年出版了一本作品集，主要以书信的形式，描述了他在土耳其的经历，内容不乏各种私密和八卦。比斯贝克在当时就因为这本书为人们所铭记，甚至后世的历史学家也从他的作品中寻找奥斯曼统治最高峰的日常生活特色。比斯贝克就是在这本书中描述了他首次看到郁金香的情景。

比斯贝克是经陆路从维也纳到伊斯坦布尔的，在他离开阿德里安堡的色雷斯城向首都伊斯坦布尔行进的途中看到了这种遍地生长的野花。他在自己的一封信中写道：

35

> 自我们出发后已经到达了接近君士坦丁堡的最后一程，目的地已经触手可及。在这最后一段路上，我们到处都能看到大片大片的鲜花：水仙、风信子，还有郁金香，至少土耳其人是这么称呼这些花的。我很诧异怎么这些花在冬季还能盛开，这实在不是什么宜

人的季节。

在希腊有很多水仙和风信子，这些花香气浓郁，对于不习惯这种气味的人，一大捧花就可能引发头痛。郁金香则只有一点或完全没有香气，但其美丽和丰富的颜色一样备受推崇。土耳其人本来就生活奢侈，更是不会为花几个艾斯普瑞币①买鲜花而犹豫的。

事实上，比斯贝克抵达首都之后，迎接他的主人送了他一些高级的郁金香作为礼物，但是比斯贝克抱怨说："这些鲜花虽然是礼物，但是我不得不赠送一些回礼，也花费了不少钱。"［另有一位旅行家叫乔治·桑兹（George Sandys），是约克大主教的儿子，他也同样发现土耳其人喜欢向陌生人赠送他们视为宝贝的鲜花，显然他比比斯贝克更不喜欢这份礼物。这个英国人抱怨道："在国外不好惹恼别人，但是伊斯兰教苦行僧和土耳其近卫士兵会送你郁金香和松糕。"］

很久以来人们一直以为比斯贝克描述的是他最初到伊斯坦布尔的情形，也就是 1554 年的冬天。但近年来人们发现组成这本书主体内容的这些信件其实都是在事后编造

———————————

① 一种土耳其钱币。

36 的，最晚的可能已经是 16 世纪 80 年代初，郁金香已经为欧洲人知晓以后了。而且他描述的这次行程也不可能是他第一次去伊斯坦布尔的情形，因为第一次才是在深冬，而他却说有郁金香盛开，土耳其的郁金香应该是 3 月盛开才对，所以比斯贝克一定是把他 1558 年 3 月第二次去土耳其的细节错记成了第一次。

考虑到这点修正，那么即使大使先生描述的细节是正确的，比斯贝克也不可能是第一个把郁金香介绍到欧洲的人。因为有确切证据表明 1559 年 4 月在德国的一个花园里就已经种植郁金香了。要说这是比斯贝克的成就，那除非他是回国后几个月内就把球根送到这儿，并且当年秋天马上种下。虽有可能，但不太现实。比斯贝克的确从伊斯坦布尔向欧洲寄送过珍贵的球根，但是无法确定那是在 1573 年以前的事。把某一朵郁金香的出现归功于比斯贝克是不可靠的。

另一个让人疑惑的事是关于比斯贝克是不是给郁金香取名字的人。很多人相信他称郁金香为"tulipan"，因为郁金香的花瓣让人想起土耳其人折叠的头巾，头巾在土耳其语中是 *dulbend*，在荷兰语中则是 *tulband*。这样的比较很好地解释了"tulip"是怎么进入英语词汇的，但这并不能说明这就是比斯贝克的功劳。这个词的出现最早可以追溯至 1578 年翻译出版的一本原为拉丁语的植物学著作中，

所以肯定是大使先生出版他著名的信件之前，这个词就已
经在使用中了。任何情况下，要让人广泛接受"tulip"这
个新词肯定是需要时间的，在 16 世纪末的欧洲，植物学
家提到郁金香时仍然惯用"百合科水仙"之类可以体现
其与类似球状根植物关系的名称。

　　直到 1559 年，第一批在欧洲绽放的郁金香确切出现
了，是在一个叫约翰·海因里希·赫尔瓦特（Johann
Heinrich Herwart）的人的花园中长出来的。这个人是巴伐
利亚州奥格斯堡的一个议员，这个城镇属于神圣罗马帝国
的一部分，这片引人注目的德国城镇聚集区域熬过了黑暗
的中世纪，后来在拿破仑手里解体了。只有伏尔泰的一句
名言最值得被人铭记："这里既不神圣，也不罗马，更不
是帝国。"所以赫尔瓦特的花园成了这里另一个为人所知
的主要事件，能让这里闻名到足够吸引远方游客。

　　来赫尔瓦特花园看新奇花朵的人里有一位自然学家叫
康拉德·格斯纳（Conrad Gesner），他居住在苏黎士。和那
个年代许多学者一样，格斯纳是个博学的人，同时研究动
物学和植物学，还是医学博士。他最著名的病例是一种奇
特的流行病，症状是刚去世的人肚子里会爬出蛇和蝾螈。
在 16 世纪 50 年代，他已经开始编辑整理重要的自然历史
著作并因此而出名，他整理的作品中就有一部著名的综合

郁金香热

植物学著作，名为《植物目录》(*Catalogus plantarum*)。
38 总之，格斯纳完全有能力意识到在赫尔瓦特的花圃里发现的这种美丽的进口植物有多么重要的意义。

格斯纳后来回忆道："我是 1559 年 4 月看到这株植物的，据说种子是从拜占庭①或者卡帕多细亚②带来的。一株只开一朵花，红色，很大，与百合相似，有八个花瓣，外面四个，里面四个。花朵给人感觉甜蜜柔弱，还有隐约的香气稍纵即逝。"格斯纳为这朵红色短茎植株画的素描得以保留至今，上面连边边角角都布满了潦草的笔记和疑问，无声地证明着他博学善问的思维。画中的花朵圆润可人，花瓣紧紧抱在一起，尖端向外微微卷曲。（在这幅水彩画上的郁金香只有六个花瓣，这也是郁金香通常的花瓣数，而格斯纳的文字描述中却说是八个花瓣。这也为后人留下了一个有意思的问题：这朵郁金香的先锋，究竟是畸形还是变种？）格斯纳称此花为 *Tulipa turcarum*，以示其起源于奥斯曼领土。

这位瑞士科学家在 1559 年春天完成他的素描时，郁金香却在欧洲的其他地方为自己开疆拓土了。格斯纳本人就看到过另一品种的素描，花朵颜色为黄色，可能是生长

---

① 即 Byzantium，也就是奥斯曼帝国。
② 即安纳托利亚高原中部的一个省份，当地至今仍有大片野生郁金香花海。

于意大利北部。这幅素描是格斯纳的一位笔友寄给他的，这个笔友叫约翰·肯特曼（Johann Kentamnn），是一位艺术家，1549～1551 年生活在帕多瓦、威尼斯和博洛尼亚等地。以此为基础，或者可能还有别的什么缘由，这种花迅速传遍了各个国家。它的新颖、精致和美丽让它在各处都备受欢迎，它流传甚广也要归功于球根的便于携带。　39

　　当时对于郁金香来说是个好时机。由于发现了美国的银矿，以及开通了与印度的贸易航线，欧洲人比以往任何时候都富裕，而富人们也正在寻找花钱的新去处。文艺复兴重新激发了人们对科学的兴趣，而印刷技术的出现也让新发现和旧知识得以广泛传播。这种发展的结果之一就是使植物学和园艺在社会精英阶层中流行起来。很多最有影响力和富裕的欧洲市民开始建造他们自己的私人花园，并且希望在里面种上稀有的、令人艳羡的植物。即使是在奥格斯堡，赫尔瓦特议员花园里的品种比起富格尔家族的花园来也只算是小巫见大巫。富格尔是当时巴伐利亚一个富可敌国的银行之家，这个家族在 15 世纪的地位就相当于罗斯柴尔德和洛克菲勒在 20 世纪的一样。富格尔在 16 世纪 70 年代初就已经开始在奥格斯堡种郁金香了。

　　到 1572 年，郁金香又出现在了维也纳；1593 年来到了法兰克福；1598 年更向南到达了法国（有可能更早）。球根也被寄往英国，最早可追溯到 1582 年，并在那里很

郁金香热

快开始大片地种植。至 16 世纪结束前，越来越多的杂交品种涌现出来，每一个都比以往更鲜艳夺目。当时有一个叫詹姆斯·加勒特（James Garret）的英国人，花了 20 年时间培育新的品种，培育出的品种不计其数。他的好朋友约翰·杰勒德（John Gerard）——系伦敦医师学院的草药花园馆长，在其 1597 年出版的著作《植物志》（*Herbal*）中——说："逐一描述每一个品种和科林斯王推石头或是数清沙粒的数量一样是不可能完成的任务。"

加勒特是佛兰德移民，他在英国的工作是药剂师，并在城墙上开辟了一个花园。正如杰勒德提到的，加勒特种过黄色、白色、红色和淡紫色的郁金香，但这种花朵的美丽并不如其药用价值一样为人所看重。三十几年后，还有一个叫约翰·帕金森（John Parkinson）的英国植物学家在其著名的论文中提到，可将郁金香碾碎加入到红酒中喝下，可治疗"痛性痉挛"。以这些品种为基础，更多的新品种被培育出来，再加上从东方进口的品种，到查理一世统治时期（1625～1649），皇家花园中栽培的郁金香品种已经超过 50 种。

杰勒德当时还不能给所有郁金香分类，但是终归有人要做这件事。郁金香新品种之多使之成为一种独特的植物。每个品种之间的不同可能涉及植株高矮、叶子的形状、开花时间的早晚等。这种植物现在最需要的，莫过于有一个人能够将纷繁复杂的品种厘清。如果没有一个科学的分类，这个种属就可能永远混乱，无法融入植物学体系。更重要的是，如果没有一种评价体系来衡量哪些郁金香更稀有和令人垂涎，哪一种又比较普遍和没有价值，郁金香交易就根本不可能发展起来。

幸运的是，这样的人是存在的。他就是16世纪无可争议的最伟大的植物学家，也是历史上最伟大的植物学家之一。从一些重要的角度来说，他即将成为郁金香之父，这个人就是卡罗吕斯·克劳修斯（Carolus Clusius）。

4
克劳修斯

41   1562 年秋天，一艘载满织物的货船从伊斯坦布尔出发驶进了安特卫普的港口。船上一捆捆的东方布料都是运给本市最大的商人的，其中不知怎么混进了一些郁金香球根，这可能也是欧洲北部的这片地区最早出现的郁金香球根了。

    订购这批织物的佛兰德商人很惊讶地发现他托运的货物中还有一包球根。也许是出售这船货物的土耳其人获利不菲，所以在布料当中塞进了一包球根作为礼物以示感谢。不管怎样，收货人既不知道会有这些球根，也根本不想要这些东西，甚至连这东西是什么都不知道。商人猜想这大概是种特别的土耳其葱头，就加油加醋烤了做晚餐，剩下一些则种在自家菜园里的卷心菜旁边。

    这就是为什么到 1563 年春天，几朵奇怪的花从一个安特卫普厨房菜园里施过肥的岩屑土地上探出了头。菜园
42 主人反而很失望，他本以为会再结出几个土耳其葱头供他美餐几顿的。话说这几朵花，花瓣呈鲜亮的红色或黄色，

在周围生长着的一片颜色单调的根茎类蔬菜的围绕下，尤其显得精致优雅。这几朵逃过成为布料商人盘中餐噩运的郁金香很可能就是在荷兰最早绽放的郁金香了。连佛兰德商人也看出他的菜地上长出的这种植物肯定是个不同寻常的稀罕物。他此前从未见过这样的植物，好奇心驱使下，没过一两天，他就把自己的一个客人领进了菜园，问他知不知道这是什么。

这个访客叫约旦斯·赖伊（Joris Rye），据商人所知是个非常热衷于园艺的人，就住在临近的梅赫伦市。赖伊自然也不认识这是什么花。这个时候，欧洲北部的人还没见过郁金香，而格斯纳对郁金香的描述此时也还未发表。不管怎样，织物商人的访客是安特卫普少有的几个能够意识到一定要保留好他今天见到的这种新鲜的红黄色花朵的人。赖伊本人是个狂热的植物学者，他在梅赫伦市的花园里种满了稀有的品种，而且他与这个时期很多最著名的园艺家有大量的通信往来。经商人朋友的许可，赖伊把这几株存活下来的郁金香移植到了梅赫伦。他不但精心培育这些花，而且还给他的科学家朋友们写信说明他发现的这种花，并且寻求他们的建议和帮助。

赖伊的回复者中最热情的一个，就是卡罗吕斯·克劳 43修斯。这个杰出的植物学家当时还不到四十岁，而且多年来遍访欧洲各地寻找稀有名贵的植物品种。如果赖伊想要跟谁讲述自己的新发现的话，他无疑是最佳人选。所以克劳修斯很可能就是在 1563 年第一次听说郁金香的。

克劳修斯的本名是夏尔·德·莱克吕兹（Charles de L'Escluse），1526 年 2 月出生于法国城市阿拉斯。他母亲是金匠的女儿，父亲是瓦坦（Watenes）一个级别极低的贵族，穷到要靠在圣瓦斯特的修道院里做一份行政工作来维持家人生计。后来的事却证明，对年轻的夏尔来说，清贫反而是种好运。因为当时年轻的贵族们把时间都花在了打猎比武而不是学习知识上，所以在修道院学校上学的夏尔反而接受了更全面的教育。

德·莱克吕兹果然学业有成，从圣瓦斯特毕业后，又考入了在根特备受敬仰的拉丁学校。之后他又去了卢万，那里有当时荷兰唯一的一所大学。他在那里学习了佛兰德语、希腊语和拉丁语。为了遵从父亲的意愿，他还学习了法律，并于 1548 年获得学位。在卢万的日子里，德·莱克吕兹并不是单单在学习司法判例，很可能就是在这一时期，他开始接触马丁·路德（Martin Luther）和他的追随者们已经传播到欧洲北部的新教异端思想。尽管是在修道院里长大，或者也正是因为是在修道院里长大，德·莱克吕兹接受了路德的理论并抛弃了天主教信仰。这就意味着他继续在卢万生活已经不安全了。这也成了他人生中第二个重要的转折点。

现在的人很容롏低估德·莱克吕兹当时转变宗教信仰的意义。要知道在 16 世纪中期，宗教仍然是公共和私人生活中最重要的核心。人们从小被灌输说，异教徒只能下地狱。背弃罗马意味着不但要承受教堂的怒火，还要面对欧洲的天主教君主们的迫害。在宗教法庭的帮助下，他们总会竭尽所能把新教徒们送上断头台。卢万正是受神圣罗马帝国国王查理五世的统治，他的权力极大，德国到西班牙都是他的领地。查理五世还是一个极端虔诚的信徒，以至于他最终选择退位去做天主教修道士。所以说，德·莱克吕兹继续待在卢万是会有性命之忧的。他的叔叔就是在宗教迫害时期，因为接受了新教理论而被绑在木桩上烧死了。现在德·莱克吕兹也宣称信奉新教，所以他决定要离开卢万，到新教统治的地方去。

德·莱克吕兹不敢告诉他身为坚定的天主教徒的父亲自己的去向。他去了马尔堡，黑森的领主，也是德国幼君——宽宏的菲利普，在当地刚刚建立了一所大学，专门录取迅速发展的路德教会的精英。德·莱克吕兹入学时本打算继续学习法律，但在马尔堡的时候，他发现自己越来越沉迷于植物学研究，并且开始走访当地乡村寻找稀有的植物品种。

在当时，植物学还没有被视为一门值得单独研究的学 45

科，而是被归为医学下面的一个分支，而且目的只是为了辨识药用植物和草本植物。为了跟从自己对植物学的兴趣，德·莱克吕兹不得不放弃法学而转投医学。这就是1549 年夏天他做出的决定，也是在此时，他将自己的名字改成了拉丁文的克劳修斯。

从德·莱克吕兹变成克劳修斯的决定有力地证明了他拥护路德教的原因，与其说是对新观念的信仰，还不如说是对天主教的厌恶。拉丁文名字在当时的人文主义者中非常盛行，也就是那些反对守旧封闭的宗教权威、倡导重新发现古典时期世俗理想的人们。克劳修斯对植物学的热爱，以及他从天主教领地迁移至新教领地，又为了研究自己热爱的植物而甘愿回到天主教领地的决心充分证明了他本质上是一个真正的人文主义者。

克劳修斯在之后的人生中几乎不间断地游历于各地。他先后在蒙彼利埃、安特卫普和巴黎学习，长期穿行于西班牙和葡萄牙各省寻找新的植物。他还到过英格兰，并在那里遇到了弗朗西斯·德雷克爵士（Sir Francis Drake）。就是在这一时期，克劳修斯树立了自己作为科学家的声望，还出版了医学和药剂学方面的著作，并且开始了与全欧洲众多植物学同行长期且大量的通信往来。据统计，克劳修斯一生写了 4000 封书信。在当时邮政尚不发达，缓慢且没有保障，而且费用极高。以植物学家微薄的工资收

入来说，4000 封真的是一个惊人的数字了。所以，赖伊 46
会写信给他寻求帮助也就毫不奇怪了。

赖伊的第一株郁金香是在 1564 年盛开的，而克劳修斯
当时正在西班牙进行一次旷日持久的实地考察。一年之后
他回到荷兰，大概这一次就是克劳修斯第一次看到郁金香。
对此并无从确认，因为他最早提到郁金香的作品是 1570 年
才出现的，但克劳修斯见到郁金香的时间最晚不会超过
1568 年，当时他已经搬到了赖伊的家乡梅赫伦，与自己的
朋友让·德·布朗雄（Jean de Brancion）住在一起。克劳
修斯马上就意识到了赖伊的发现有多么不寻常，他称此花
"以其迷人的变化为我们的眼睛带来愉悦"。但不论如何，
克劳修斯首先是一位科学家，所以当他听说郁金香本来的
所有者把它配小菜吃掉了时，还是断定先把郁金香作为食
品着手研究。它让一个叫米勒（Müler）的法兰克福药剂师
把一些球根腌在糖里当果脯吃了，证明比兰花球根好吃得
多。

即使是在饱经战乱、食物匮乏的欧洲，人们似乎从来
没把郁金香当成美食看待，可能也是因为它有点苦、有点
像洋葱的味道（不过在二战后期的那个"饥饿的冬天"
里，荷兰人确实把大量的郁金香球根吃掉了）。在郁金香
的历史中，克劳修斯起到的核心作用当然不是因为和米勒
进行的腌制试验，而是因为他习惯于把自己发现的样本分

发给全欧洲与其通信的人们。以当时欧洲邮件寄送速度之
47 慢，郁金香球根也能不腐坏。多亏了克劳修斯和他广泛的
圈子，郁金香得以被带到欧洲各个地方的花园中，从耶拿
到维也纳，从匈牙利到黑森。

　　此时的克劳修斯正处于他职业的巅峰期，从一幅他当
时的画像中我们可以看到一位脸型略长、充满智慧、目光
坚定而有穿透力的绅士。照片中的克劳修斯英俊不凡，头
发向后梳露出额头，唇髭浓密，下巴上的胡须较短，整齐
修剪到蓬松的飞边（ruff）之上的长度，正是那个年代流
行的样式。依一个终身未娶，且多年来与家人都极少联系
的人来说，克劳修斯的朋友数量相当惊人。他为人诚实，
经常疾病缠身，郁郁寡欢，但他身上却有什么东西让人无
法抗拒。这种魅力使他与不少背景迥然不同的先生女士都
保持了终生的友谊。这其中肯定有他的语言天赋起的作
用。克劳修斯至少会讲九种语言，包括法语、佛兰德语、
意大利语、英语、西班牙语、德语和拉丁语。但归根结
底，还是他对植物的热情和渊博的植物学知识让这些来自
不同国家的人们期望读到他的下一封来信，并期盼着包裹
中寄来的新的奇迹。他的通信人之中有一位玛丽·德·布
雷莫伊（Marie de Brimeu），这位住在海牙的希迈公主似
乎对这位单身老学者怀有一种特别的母性之爱，会给他寄
去无数的礼物和一包包的食物。玛丽对克劳修斯的赞誉可

能是他一生最感欣慰的。公主在给植物学家的信中称他是
"世上每一个美丽花园的父亲"。

　　克劳修斯并不是当时唯一一位通过邮寄散发球根的植
物学家。他自己在梅赫伦花园中种下的郁金香里就有他的 **48**
朋友托马斯·雷迪阁（Thomas Rehdiger）从帕多瓦寄给
他的。但不可否认克劳修斯是最活跃的一位学者，一个相
当重要的原因就是他反复不断地长期在外考察，他本人不
太可能照料一个花园。但是朋友们花园里丰富的物种一样
让他欣喜满足，而且他们会轮流给他提供做实验的苗圃，
好让他进一步研究他新发现的植物的特性。

　　克劳修斯充分利用了朋友们提供的花园，他后半生倾
注全部心血的一些重要的植物学研究就是这样实现的。这
些著作中包含了对西班牙、奥地利、普罗旺斯的植物群的
精细研究，也是当时第一批提出植物不是单纯的药剂成
分，而是应当成为专门研究对象这一观点的学术著作。克
劳修斯一直被认为是植物学的奠基人之一，很大程度上就
是因为他开创了一套按植物特性分类的系统。这种理论后
来被卡尔·林奈（Carl Linnaeus）采用，并最终成为现代
科学的基石。

　　1573 年 5 月，当克劳修斯还在梅赫伦忙着给整个欧
洲分发郁金香球根和其他植物的时候，神圣罗马帝国的君

王马克西米利安二世提出让他到维也纳负责建立一个皇家植物园（*hortus*）。这个建议非常诱人，当时克劳修斯的父亲刚刚去世，他本来一直在供养他父亲，现在少了一个巨大的负担。再加上 500 荷兰盾的年薪，足够让他生活得舒适宽裕了（多年来他都是尴尬地依靠朋友们的施舍勉强度日的）。马克西米利安想要建造一个让其他皇室贵族都无法比拟的植物园。克劳修斯由于贫穷和身份的低下本来一直有些自卑情结，现在君王的关注和对他贵族身份的正式认可让他有些受宠若惊。此外，他对自己未来的资助者也是有一点了解的。他是少有的对新教信仰保持宽容的君王之一，而且克劳修斯的通信人之一约翰内斯·科拉脱·冯·克拉夫西姆（Johannes Crato von Krafftheim）曾经是马克西米利安的私人医生，他的回信也给克劳修斯吃了定心丸。再加上建造植物园的工作也是他非常感兴趣的，所以他最终接受了这个提议。

今天的维也纳是位于欧洲中心的文化名城。而在克劳修斯的时代，这里只是个边境城市。尽管它是神圣罗马帝国最重要的城市之一，同时还是皇室宫廷所在地。但是这里距离奥斯曼帝国边境仅 50 英里，是众所周知的"基督教国度的最前线"。在 1529 年的苏莱曼时期，土耳其就曾派遣 25 万人围攻维也纳。到 1683 年，土耳其人还会卷土重来。所以，为了皇家豪宅的优雅，为了华丽的美泉宫，为了宽阔的多瑙河，为了城市中心喧哗吵闹的细窄街道，城墙和大门的坚固程度远比额外添些花圃重要得多。较之安全，花园实在是一种奢侈。

从克劳修斯到达的一刻，他就发现，尽管为君王工作有这样那样的好处，但也少不了有让人备感挫折的事出现。由于马克西米利安非常忙碌，克劳修斯等了两个月才有机会向君王描述自己的计划，之后又等了一年多，也没看到选定的地点上有开工的迹象。更糟的是，负责为植物园项目拨款及支付克劳修斯薪酬的财政大臣是个严格的天主教徒。对他来说，想尽办法让信奉新教的植物学家的日子越难过越好。好的一方面则是，克劳修斯开始定期收到皇家大使从伊斯坦布尔寄回来的各种植物的球根和种子，他还与此时正好回到宫廷的比斯贝克建立了基于植物学的友谊。他们互相交换了各种植物作为礼物，尤其是 1573 年比斯贝克回法国前，给他的朋友留下了大量的种子。

又过了两三年，克劳修斯依然没有机会种下这些种子，此时比斯贝克留下的种子都枯萎得很厉害了，克劳修斯甚至担心这些种子已经死了，可是它们最终还是破土发芽，并且开出了茂盛的花朵。这也算得上是郁金香历史上两位功臣之间友谊最合适的写照。

尽管如此，兴建植物园的计划越来越无望实现。到 1576 年夏天，克劳修斯的薪水已经拖欠了 11 个月。然后

50

郁金香热

马克西米利安的突然去世更是雪上加霜。新君鲁道夫二世是一个狂热的天主教徒，他遣退了所有在他宫廷中服务的新教徒。更糟的是，他对花花草草一点兴趣也没有，还是雏形的植物园也被拆毁改建骑术学校了。克劳修斯此时处于深深的恐惧之中，尽管宫廷对园艺师总是有需求的，但克劳修斯此后再也没为任何君王工作过。

51 克劳修斯在维也纳逗留了一段时间，他在这里还有一个私人花园，但是不断有人窃取他园中珍贵稀有的植物。克劳修斯饱受困扰，终于不再对此地抱有任何幻想。在那时候，真正稀有的植物可能全欧洲才能找到一两棵，而有组织的盗窃植物的窃贼们，就算没有特别研究，也绝对不是对植物一无所知的人。就像今天的古董窃贼一样，干这一行的人十有八九也是行家，清楚地知道自己要找的是什么（那些真不懂的人，也可以通过贿赂工资不高的花园仆人来获取有用的信息）。雇佣植物窃贼的人大多是贵族或富商，他们想让自己的花园惹人羡慕又不愿为寻找稀有品种而劳神费力。这群无耻之徒甚至都无意掩饰自己的卑鄙行径，可是也没有警察会调查此类案件，官员们也无意为了这类小偷小摸而得罪八面亨通的大人物们。至少有一次，一个维也纳贵族夫人就骄傲地向克劳修斯展示自己花圃中栽种的、从克劳修斯的花园中偷来的植物，而他能做的只有咬牙忍耐而已。

　　当时的克劳修斯已年逾花甲，因为在浴室里狠狠地摔了一跤而几乎半残，还有诊断不出原因的肠胃病，牙齿也掉光了。皇室给他的工资被停发之后，他再一次处于穷困之中，仅靠贵族身份那点可怜的收入和朋友们间歇寄来的食物包裹度日。他迫切需要一个能维持生计的方法，更渴望自己一生的心血能得到学术上的认可。最后，他终于等到了这一天。

5

莱　顿

52　　1592 年 1 月，一个有封印的大包裹寄到了克劳修斯所居住的公寓。里面有一封他的朋友玛丽·德·布雷莫伊写给他的信，信中说莱顿大学医学系希望邀请克劳修斯来就职。

　　莱顿当时是荷兰联合省的一个以制造业为主的大城镇。一般情况下克劳修斯可能不会考虑到这样的地方去，但是德·布雷莫伊的书信来得很是时候。自从离开维也纳，年迈的植物学者就隐居到了法兰克福，为的是距离既是他的朋友又是他的赞助人的黑森领主近一些。但是领主刚刚去世了，而他的继承人取消了克劳修斯赖以生存的那一笔数目可怜的年金。失去了主要经济来源，他急需找到一份工作。莱顿大学的工作不但是对他毕生学术工作的认可，还有每年 750 荷兰盾的工资和去莱顿的路费。再加上有好几位与他长期通信的人已经在这所大学工作，其中就有提议授予克劳修斯教授职位的这位约翰·范·霍格兰德（Johan van Hoghelande），他们彼此间交换球根已经很多
53　年了。虽然不是完全没有顾虑，但经过一番思考之后，克

劳修斯还是决定接受范·霍格兰德的邀请。

至此，这个为郁金香的流行做出了无人可及的贡献的人，踏上了他去往荷兰共和国的旅途。在那里，郁金香将真正成为闻名遐迩的植物。克劳修斯是在 1593 年 10 月 19 日到达莱顿的，同时也带上了他最珍贵的植物，其中就有他收集的丰富的郁金香球根——现在来看，也是非常有价值的。

植物学家的新归宿是一个有近两万人口的大城镇，位置大约处于联省共和国的中心。这个城市是在中世纪城堡的废墟上建立起来的，并且是当时著名的纺织品交易中心。但是在克劳修斯来到这里时，当地人的地域自豪感还很淡薄。莱顿在荷兰可以算个大城镇，而莱顿大学也是当地人的骄傲和自豪，但这个地方是在经历了一个世纪的停滞后，刚刚开始兴盛和快速发展起来，而且有可能会成为基督教国家中首屈一指的纺织品贸易城市。对于普通的观察者来说，还真没有什么特别的理由让荷兰之外的人注意到莱顿。不过克劳修斯也许已经意识到，在 16 世纪最后几年，莱顿已经变成欧洲最著名的城市之一了。

莱顿的名声是因它在荷兰革命中扮演的英雄角色建立起来的。荷兰革命称得上是这个世纪中最具决定性意义的事件之一。在 16 世纪的大部分时间里，组成低地国家的所有 17 个省份，无论是位于南方的，也就是如今的比利

54　时和卢森堡；或是位于北方的，也就是后来的联省和现在的荷兰，都属于西班牙国王的领土。西班牙国王（指菲利普二世，他在 1556～1598 年派遣无敌舰队与英格兰开战）是欧洲最有权势的君主之一，他统治的帝国幅员辽阔，还包括美洲南部和中部的大部分地区。他还曾与土耳其在地中海地区交战，与英国在加勒比海交战，在欧洲大陆与法国开战。荷兰南部省份是重要的贸易中心，而且在与法国的战争中有重要的战略意义，但是北部地区对西班牙的意义则小得多。西班牙国王当然不愿意听取荷兰人的抗议：比如为了供他打仗而加诸荷兰人民身上的重税；再比如由荷兰人承担的大量军队的吃喝开销。作为一个狂热的天主教徒，他甚至根本不能接受新教主义在他的领土内发展，在 16 世纪 50 年代，全部 17 个省中都出现了相当多的宗教迫害事件。

　　到 16 世纪 70 年代，反对西班牙统治的思想开始在荷兰大部分地区盛行，尤其是在瓦尔河和马斯河以北的七个省市，即荷兰省、泽兰省、海尔德兰省、乌特勒支省、格罗宁根省、上艾瑟尔省和弗里斯兰省。这些省市较之于它们南方的另外十个城市虽然贫困一些，但是它们所在地区的地势易守难攻，所以到 1572 年公开的革命终于爆发时，连自诩无敌的西班牙军队也没能攻破这七个省市。

　　革命的星星之火，最初其实是英国的伊丽莎白女皇无意中挑起的。她曾多年允许一群自称为海上乞丐的荷兰新教徒海盗在她的峡港停泊，后来迫于西班牙的压力，才在 1572 年 4 月将海盗驱逐。无处可去的海上乞丐们沿着荷兰海岸线一路激战，直到到达一个叫布里尔的小港口。海盗们受到了当地人的欢迎，于是占领了这里，终于暂时摆脱了西班牙卫队的追击。5 天之后，乞丐又沿泽兰省海岸南下，成功夺取了弗拉辛这个极具战略意义的港口。控制了这里，就控制了安特卫普的出海口。

自此以后，革命迅速蔓延至整个荷兰。到 7 月，荷兰除阿姆斯特丹外都已经由革命军掌控。而在莱顿，人民完全支持海上乞丐，以至于在没有任何新教士兵来到这里组织部队之前，人民就已经自发地参与到革命中来了。当地人把效忠西班牙国王的人都赶出了城，还彻底洗劫了天主教堂，这些举动对西班牙人来说无疑是永世难忘的深仇大恨。

最早响应革命的人之中有一位沉默者威廉，他是奥朗日的王子，属于加尔文教派，后来成了革命中的灵魂人物。他宣称自己是荷兰省执政（stadholder），也是整个荷兰的保护者。很快他又成了大批军队的领袖，并且带领他们迎战必然出现的西班牙镇压。

西班牙人的镇压不到年底就开始了，他们采取的策略是以恐怖和暴力让荷兰人屈服。一些小城镇被摧毁，人民

55

56 被屠杀，有时候甚至不留一个活口，所以不少原本宣誓效忠威廉王子的小城市屈服于西班牙人的暴行。很快就只剩下荷兰省和泽兰省仍坚持革命。西班牙人集结了一大批人马向北方最后的革命根据地推进，欲将革命的星火彻底扑灭。这次挡在他们北上道路中间的就是莱顿。

围攻莱顿是整个革命战争中战斗最艰难、损失最大也最具决定性意义的行动之一。如果莱顿被攻下，西班牙人可能会彻底消灭所有的荷兰革命者，重新掌握对北方各省的统治。那样的话，荷兰共和国的计划将胎死腹中，所有的贸易和商业活动仍然集中在南方，靠海外贸易产生的财富就永远不会流向荷兰，那么郁金香狂热也就根本不会出现了。

在经历了持续四个月的让人绝望的围攻之后，莱顿迎来了最终的胜利。当时城里的人已经弹尽粮绝，为了拯救这个城市，威廉决定做最后一搏。他下令拆除马斯河沿岸的河堤，让洪水淹没城镇周围的土地，逼走驻扎的敌军。虽然水位确实上涨了一些，但还是没能如他所愿解除重围。之后发生的事，被虔诚的荷兰人认作是万能的上帝显灵：风向突然改变了，在狂风暴雨的作用下，河水暴涨，波涛奔涌向前，西班牙军队被迫逃命，而海上乞丐却得以在前几天还是田地的地方乘风破浪，驾驶他们的船只解救了莱顿。

莱顿这次史诗般的抗争拯救了荷兰革命，第一阶段的起义以成功告终。七个由革命军控制的地区联合起来建立了荷兰联省共和国，奥朗日王子任荷兰执政暨最高指挥官。但是西班牙的威胁仍然切实存在了几十年，他们又有几次入侵荷兰领地的行为，最后一次是在 1628 年。所以荷兰人不得不承担保留军队的开支，以防西班牙持续的威胁和不知什么时候就可能发生的下一次攻击。除了 1609 ～ 1621 年出现了一次较长时间的休战外，这种不间断的冲突一直持续到 1630 年。后来在 1648 年签订《明斯特条约》，西班牙被迫承认联省共和国的地位时，所有的威胁才算差不多结束，用于维持大批陆军和海军的开销得以节约下来并用于发展荷兰的经济。1630 年起，荷兰的经济以超越以往任何时期的速度发展了起来。

在那场戏剧化的围攻二十多年之后，克劳修斯来到了莱顿。莱顿大学成立于 1575 年春天，到此时也不过十几年，它也是当时联省唯一的一所大学。对于这个同样成立不久的国家来说，建立一所核心学府是必须采取的措施之一。一方面，它是一个从文化层面上从西班牙统治下彻底独立的宣言；另一方面，这个国家也急需培养年轻人才以满足教堂和政府的需要。在当时的欧洲，其他大部分高等院校都将宗教学习作为教学的重点。事实上，很多大学都

57

是由教堂直接控制的，所以教育内容涉及的广度有很大局限。荷兰政府认定莱顿大学不应当走这样的老路。除了神学之外，这里还开设了法律、医学、数学、历史及其他人文主义学科。对学校的管理由七位院长共同负责。这七位院长都不是由教会，而是由省议会和莱顿市长任命的。

所有这些，都很合克劳修斯的心意，但是这所新兴大学的人文主义政策却引发了意外的结果。从1575年到16世纪90年代初，莱顿的自由主义名声使得新教教会的领导们总以怀疑的眼光看待莱顿神学院的毕业生们。所以想要谋求神职的学生们通常会选择到德国南部更严格的新教大学去学习。而时时存在的联省是否会被西班牙再度攻击的疑虑也使其他学科的学者对莱顿望而却步。所以在最初的十几年里，莱顿总共招收了不到130名神学学生，其他人文学科则更少。直到荷兰在战场上取得了几次戏剧性的大捷，以及到16世纪90年代战争状态缓解之后，莱顿大学才开始对有志青年们产生了更大的吸引力。所以，克劳修斯决定入职的这所大学，虽然名义上已建立二十九年，但事实上，是在年迈的植物学家终于到达荷兰共和国之时才刚刚踏上正轨。

这个时候加入莱顿确实是个好时机。突然间，大学有了充足的资金来改善设备，雇佣更多员工，买更多的书，甚至是给更多年轻学者提供研究资助。在此后的半个世纪里，在校学生人数提高了 4 倍，从 100 人上升到 500 人。图书馆也拥有比任何地方都丰富的综合性藏书。莱顿大学的解剖学院因为实际解剖人类尸体而尤为著名。在那个时代，人体的谜题才刚刚开始被研究，解剖成了当时最流行的学科之一。在莱顿，人们对解剖学的兴趣如此之大，以至于经常会举办允许观众观看的解剖试验课。大学还鼓励来访者参观它们的解剖学博物馆，那里展览着许多惊人的展品，比如埃及木乃伊、老虎标本、巨大的鳄鱼以及巨型的鲸鱼阴茎。在克劳修斯到达后的 50 年里，莱顿这种卓越的表现，使它成了可能是全欧洲最好，而且肯定是全欧洲最受欢迎的大学。越来越多的学生选择这里，数量超过了去剑桥大学或是莱比锡大学的，这也是在新教控制的北方第二和第三大的两所大学。而且比起这两所大学，莱顿的学生也更加国际化。

和别人一样，在突然的自信与资金的大膨胀中，克劳修斯也受益匪浅。他最主要的任务是在莱顿建立一座"学术植物园"（*hortus academicus*），要可以媲美 1543 年在比萨大学建立的欧洲第一座植物园。在比萨大学之后，很多类似的植物园在各地的大学里涌现，比如帕多瓦、博洛尼亚、佛罗伦萨和莱比锡，但是联省共和国里却一个也没有。所以即将在莱顿建立的植物园不但是莱顿大学的重要标志，也对整个荷兰共和国意义重大。建立植物园的资

59

金非常充足，而且占地面积极大，至完工后，其面积接近三分之一英亩，内部分为四个区域，每一个区域里都包含大约 350 个独立的花圃。

在维也纳时让人沮丧的经历深深地刻在克劳修斯的记忆中，所以在莱顿一切进展如此之快让克劳修斯非常满意。此时的他已经年老体弱到不可能亲自参与任何体力劳动了，但是大学为他提供了一名得力的助手。助手的名字叫德克·克鲁伊特（Dirck Cluyt），是个来自代夫特的药剂师。在克鲁伊特的监督下，植物园的修建在 1594 年 9 月就完工了，距克劳修斯到达莱顿还不足一年，这与马克西米利安和皇家宫廷的拖延相比，真是个令人愉快的反差。

植物园的迅速建立和粗具规模减轻了克劳修斯对荷兰生活的其他困难的介意。1593 年到 1594 年的冬天非常寒冷，老鼠咬坏了他私人珍藏的 150 多个球根。1594 年整年的天气都很不好，不停地刮风下雨，植物园里好多的植物都被损坏了，更不用说这种坏天气对一个 68 岁老人的健康有多么不利了。

克劳修斯在莱顿的职责是管理植物园，并且在夏天的每个下午要到植物园里回答学生或是重要访客的问题。他固执地拒绝了学校要求他教授植物学课程的要求，而是把时间都花在了管理他的私人花园上。这个花园也是他执意要求院长为他提供的，因为植物园里大部分地方种植的是草药、医用植物和从国外引进的新物种，比如土豆。那时的土豆还是刚刚从新世界引进试种，人们还认为它很可能有毒。克劳修斯在自己的私人花园里种的是他从他在法兰克福的花园里带来的郁金香。直到去世，他都没有停止对郁金香谜题的钻研。克劳修斯于 1609 年去世，享年 83 岁，在当时绝对算得上非常长寿了。

　　卡罗吕斯·克劳修斯毫无疑问是他那个年代的植物学第一人。他是个真正的科学家，更是这个学术领域的先驱。他的研究成果：比如对奥地利和西班牙地区植物的调查在其后的一个世纪里成为这一领域研究的标准教材；他在 1601 年发表的关于杆菌的简史的文章差不多是第一次有人就这一题材做出研究。在他生命最后的二十多年里，他从来没有间断自己广泛的通信交流，对欧洲的植物学家和花卉爱好者来说，他就是一部活的指南。再加上他对球根类植物的特殊兴趣，才让郁金香能以最快的速度传遍欧洲。由此看来——借用另一句他非常珍视的评论，就是葡萄牙的埃马努埃尔王子（Prince Emanuel）在信中写下的——"克劳修斯是花朵们真正的君王"。

　　然而，在莱顿生活的最后几年里，克劳修斯的突出贡献不仅限于他把球根带到了这所大学，更重要的是他如何研究这种植物。老植物学家并不是第一个在联省种植郁金香的人。根据一个可靠的编年史作者说，这个荣誉应当属于阿姆斯特丹一个叫瓦利希·兹沃特森（Walich Ziwertsz.）①的药剂师。他是一个狂热的新教徒，唯一被人记住的是他曾谴责 12 月 25 日庆祝圣尼古拉斯节的习俗。据说兹沃特森 1573 年以前就在他的花园里种植了郁金香，而当时克劳修斯还在维也纳。植物园的主人甚至不是第一个在莱顿种植郁金香的人，因为他的朋友约翰·范·霍格兰德在他到来之前就已经在大学里种下了球根，也是从赖伊那里收到的样品。但是克劳修斯绝对是联省，乃至欧洲唯一一个有资格描述、分类和理解郁金香的人。

　　克劳修斯第一次提到郁金香是在他描述西班牙植物生命的作品里，也就是 1576 年发表的《历史》（*Historia*）。随后几年他不断修订和补充早年的作品，并在 1583 年发表了加长版的论文。其后，1601 年他在莱顿时发表了他的代表作《杆菌简史》（*Rariorum Plantarum Historia*），其中也提到了郁金香。多亏了他的这些作品，我们才能知道这么多早期郁金香在欧洲的历史。克劳修斯还在论文中细

---

　　① 16 世纪到 17 世纪初，在联省共和国，姓氏还不是非常普遍的概念。大多数人仍沿用父亲的名字——比如 Ziwertsz. 很可能就是 Ziwert 或 Sievert 之子的意思。一般父名不用完全拼出，此处如果全拼的话应为 Zewertszoon（即 Zerert's son），拼写时一种常见的缩写方式是将表示儿子的 zoon 省略为 z.，但在口语中，会按完整拼写发音。

致描述了他自己见过的，或是从他的通信人那里听说的郁金香的情况。像当时任何对种属感兴趣的植物学家一样，他为郁金香能够轻易培植出新品种而感到惊奇无比。据他的观察，可能除了罂粟，没有什么植物能像郁金香一样多变。

多亏了伊斯坦布尔的园丁们辛勤的努力，欧洲人见到的郁金香变种数量在克劳修斯时代就已经相当巨大了。克劳修斯依据颜色的搭配、花瓣、叶子的形状和位置将郁金香分成至少 34 个不同的类别。他还是第一个将郁金香分为早花类、中花类和晚花类的人。早花类的花期在 3 月，而晚花类则要到 5 月。

在克劳修斯提供的坚实的研究成果基础上，后来的植物学家也为我们更好地理解郁金香做出了巨大的贡献。现在的郁金香是和其他球根类植物，如鸢尾花、番红花和风信子一样归入百合科。至今已有大约 120 个品种的郁金香被植物学家编目分类，若更具体地划分，则不计其数。

在科研作品中，有一个非常重要的分界线，即将郁金香划分为"植物学郁金香"，也就是野生的郁金香，和"培育品种"，也就是人工培植的杂交品种。在克劳修斯的时代，联省种植的郁金香既有野生品种，又有不断出现的培育品种。早期培育品种的出现也都是两种植物学郁金香意外交叉的结果。植物学家当时可以辨识 14 种野生郁

63

金香。这些品种成了用来培育后来妆点 17 世纪的大批培育品种的基础。不是每个品种在创造新变种的过程中都能起到相同的作用。有些植物学郁金香就比另一些更适合于杂交。这些来到荷兰共和国的郁金香中，最具可塑性的品种就包括波斯的郁金香，也就是人们所知的克氏郁金香（*T. clusiana*，为纪念克劳修斯而得名）；锥形郁金香（*T. schrenkii*）和火焰郁金香（*T. praecox*）。后来让荷兰人激动赞美的那些培育品种郁金香中，大多含有以上这些品种郁金香的基因。事实上，荷兰郁金香实际上是由从克里特岛到库尔德斯坦的东方各地引进的郁金香杂交的。这就是郁金香的种类如此之多的秘密所在。

64

　　无论是植物学品种还是培育品种，郁金香既可以从种子发芽，也可以用球根培育。用种子种植是一种偶然性很大的培育方式。从一朵花上采集的一小捏种子，种出来的植物可能展现很多种变化，所以完全无法预测开出的郁金香会是什么样子。色彩、纹路这些重要的细节都只能靠猜想，这对于想追求一致性的人来说是个令他们非常沮丧的过程。更何况把种子培育成能开花的球根需要六七年时间，在一个平均预计寿命只有 40 年的时代，这实在是件耗时漫长的工作。

　　从种子发育的郁金香，一旦成熟开花，球根还会结出副产品，也称子球。这种迷你球根是母体的有效克隆，能够开出与母体一模一样的郁金香。子球可以直接用手从母球上掰下来，经过一两年就可以长成能开花的球根。无论是对于追求一致性的商业种植者，还是不愿等上 7 年才能看到它开花的园艺爱好者，子球繁殖远比种子培育好得多。不过，子球繁殖也有一个非常大的缺点：大多数郁金香球根每年只能结出两到三个子球，而且几年之后，母球枯萎就不能再结出子球了。

正是由于这个原因，郁金香新品种最初产生得非常缓慢。一个种植者发现了一个新品种，认定它可以有很好的市场，在他的精心栽培之下，就算一切顺利，第二年最多有 2 个球根，第三年 4 个，第四年 8 个，第五年 16 个。若是其中再有一些球根没有被继续培植，那么新品种能繁殖出的数量就更加有限了。显而易见，一种新的郁金香要想有一定数量规模，没有十几年是不可能的。再加上在黄金时代的荷兰，花卉繁殖还是个不为人所理解的谜题，所以实际产出的球根数肯定比理论计算得更少。稀有的、令人垂涎的品种必然是常年供不应求的，即使是最聪明的球根种植者也无计可施。

后来人们把不同种类的郁金香种在同一个花园里，昆虫会在不同的花朵之间传播花粉。这就使得出现杂交品种的几率大大提升了。还有的郁金香和其他花卉品种杂交，产生的新品种就更加复杂化了，可以同时具有不同花朵的特点。因为在野生环境中，很少有不同种类的郁金香生长在一起的情况，所以野生郁金香很少出现复杂的杂交现象。严格意义上说，杂交品种是一种畸形。但是它们不像野生品种那样单一，而且比野生品种精致，所以仍然深受鉴赏家们的追捧。

最受欢迎的郁金香是那种花瓣如雕刻般匀称统一，有抓人眼球的花纹的。事实上，因为它们体现出的复杂性和狂放的颜色，荷兰黄金时代的培育品种在荷兰之外都备受赞誉和珍视。到 17 世纪 30 年代中期，人们至少培育出 13 种不同的郁金香，每一种都有自己独特的颜色搭配。最简单的品种是单色花（*Couleren*），其花朵呈单一的红色、黄色或白色；较为稀少的品种是多色花（*Marquetrinen*），这种郁金香开花时间较晚，每朵花上至少能呈现四种颜色。单色花应该是植物学郁金香，或者起码是非常接近植物学郁金香的培育品种。而多色花则肯定是非常复杂的杂交品种。后者多生长于佛兰德和法国，后来在郁金香狂热时期也没有再出现。

在荷兰共和国，这 13 个品种中，最受欢迎的是红色系（*Rosen*）、紫色系（*Violetten*）和黄色系（*Bizarden*）三种郁金香。红色是数量最多的一种，主要是白色为底色，有红色或粉色纹路。在 17 世纪前三分之一的时间里，人们培育出并命名了大概 400 种红色系郁金香。每一种都有

66

很大区别，有的花瓣颜色丰富生动，色彩面积很大，几乎遮蔽了白色底色；也有一些则只有丝丝缕缕的粉色或红宝石色花纹若隐若现。鉴赏家们仔细研究各种珍贵的郁金香品种，相比那些被红色浸透的郁金香，他们更偏爱那些只在花瓣上有极细微颜色痕迹的种类。同样的等级分化也适用于其他品种。紫色系郁金香有大概 70 个品种，顾名思义，紫色系郁金香就是白色底色上有紫色或淡紫色纹路的郁金香；而黄色系郁金香就是黄色底色上有红色、紫色或棕色纹路的郁金香。黄色系郁金香只有大概二十多种，也是相对最不受追捧的品种。与以上种类标准颜色搭配相反的品种也是存在的，但一般也归入该种类。比如莱肯（*Lacken*）郁金香就是紫色花瓣周围长有一圈较宽的白边的郁金香，它依然被归为紫色系郁金香；而一种红色花瓣带黄边的达肯（*Ducken*）郁金香则同样仍被归为黄色系郁金香。

67

真正让园丁们无比激动的就是这种巨大的颜色反差组成的花纹。要想真正理解后来发生的事，首先要知道郁金香培育品种与其他 17 世纪园艺家见过的花朵有多么不同。比起普通的花卉，郁金香花朵上的颜色格外浓郁和集中，单纯的红色可以变成明亮的艳红；暗淡的紫色则体现出一种近似于黑色的让人着迷的变化。此外，郁金香的颜色变化清晰分明，而不是像其他非单一色花朵一样，每个花瓣上的颜色界限是渐变浑浊的。

　　荷兰培育品种的颜色尤其特别。无论是红色系郁金香上的红色还是紫色系郁金香上的紫色，有的如羽毛，有的如火焰，时而出现在花瓣正中，时而围绕花瓣轮廓形成色边。这些丰富的颜色不仅出现在花瓣上，有时也会斑斑点点地长在花茎上，但是却从来不会出现在花冠内部，花冠内部只有白色（有的发一点淡淡的蓝）和黄色两种颜色，依不同品种而定。每朵花的纹路都是独一无二的。尽管属于同一品种的两株郁金香可能彼此相似，但绝不会是完全一样的。

　　人们刚刚开始为球根疯狂的时候，荷兰的郁金香专家们以非常严格的标准衡量花朵的颜色和纹路之间细微的变化，并以此评定郁金香的级别。最值钱的郁金香，等级为"上上等"的是一种几乎完全为白色或黄色，只在花瓣中心或边缘有一丝一缕的紫色、红色或棕色条状花纹的品种。鉴赏家们把颜色过分妖娆艳丽的郁金香归为"粗俗"一级，所以这类品种也就不怎么被人看好了。

　　植物学郁金香本来的特点是粗犷和单一的色调，那么备受人们喜爱的荷兰培育品种郁金香是怎么变成有这么多复杂颜色搭配的呢？答案很简单但也很令人困扰，那就是：这些色彩复杂的花朵是患有疾病的。郁金香狂热最大的讽刺就在于，那些让人们趋之若鹜、为其一掷千金的郁

68

金香，其实是感染了一种只有郁金香才会感染的病毒。也正是这种病毒让郁金香的颜色能够如此浓郁和富于变化，这也说明了为什么整个花园中，只有郁金香一种植物呈现出这种让收藏家们极度向往的美丽颜色。

即使是在克劳修斯的时代，人们也已经意识到，在莱顿和其他地方生长的郁金香很奇怪。一个今年开出单色花朵的球根，第二年可能就会开出红色系或紫色系的杂色花朵。这个现象被称为"杂色"，出现这种现象的球根就叫作"杂色球根"，而另外那些没有出现颜色变化的球根则称为"饲主球根"。整个杂色的过程完全无法预测和控制，人们不知道球根是否会或什么时候会发生杂色；春天开花时，一株郁金香可能突然就开出了令人眼花缭乱的复杂花色，而种在它旁边的同一品种却没有任何变化。有些年份杂色出现得频繁，有些年份则不怎么常见。一个已经出现杂色的球根上，极其偶然地也会结出没有颜色变化的饲主球根；同样，也没有一个种植者敢保证饲主球根就不会在哪天变成杂色球根。唯一确定的是，从种子培养出的球根肯定是饲主球根，而一旦母球变成杂色球根，就无法再开出单一花色的郁金香了。

要探寻这种疾病的本质还是有一些线索的，而克劳修斯又是一位非常有洞察力的观察者。他发现杂色的郁金香植株相对较小，而且比由饲主球根长出的郁金香更娇弱。

69

但由于当时压根没人知道疾病是可以传播的，所以这种杂色现象被大多数人当作魔法了。尽管人们想尽各种办法，种植者还是没办法人为地让球根杂色。有的人试图用鸽子粪炼制灵丹妙药；也有的人直接把球根切成两半，再把不同种类的半个和半个绑在一起种，盼望种出的花能同时具有两种花的颜色。然而这些办法几乎从未结出过令人满意的成果。

郁金香具体是什么时候感染病毒的，人们也不得而知。最早发现这种现象的时间，大约是在 1580 年，但其实这种疾病可能在那之前就有了。事实上，自从郁金香被引入人类花园开始，它就愈发容易感染病毒了。任何由人工培育的植物都要面临一些大自然中没有的威胁。人类容易喜新厌旧，有些培育品种可能得不到精心的照料，不过更重要的原因其实是，野生环境下粗放生长的郁金香自身可以对某些病毒形成抗体，或者至少是病毒在野生环境中传播的速度缓慢得多。

70　　杂色的谜团直到 20 世纪才被揭开。在英国的约翰·英尼斯园艺研究所的科研人员最终发现了这种引发杂色的介质，并称之为"马赛克病毒"。研究者先让蚜虫咬食杂色球根，然后再把他们放到饲主球根上，实验证明，有蚜虫的饲主球根和对照样品一样两次杂色。这同时证明了这种疾病确实是由病毒引起的，也演示了病毒在植株之间传播的原理。进一步实验还证明，马赛克病毒既可以感染在花园中种下的花，也可以感染尚未栽种的储存的球根。好笑的是，可能约翰·英尼斯园艺研究所的研究员就是因为过去有荷兰种植者把切开的球根绑在一起刺激杂色发生的实践在前，才采用把半个杂色球根嫁接到饲主球根上的方法来让蚜虫交替啃食杂色球根和饲主球根的。

在克劳修斯去世前很久，他在莱顿自己的私人花园中种下的杂色郁金香就已经引起了各种鉴赏家的注意，他们无不想把这些独一无二的品种据为己有。年迈的植物学家很快就发现自己无法承受络绎不绝的索要郁金香球根的要求。他知道这其中很多人只是追随潮流，根本不是对植物研究有兴趣，也根本不懂得如何培植球根；而另一些则完全是为了高价转卖来牟利。不论如何，他的私人收藏都不可能满足这么大的需求。克劳修斯在给他的朋友，也是莱顿大学奠基人之一的人文学家尤斯图斯·利普修斯（Justus Lipsius）的书信中写道："这么多人都想要球根，我要是每个要求都满足，我的收藏就被彻底掏空了，而别人却可以借此致富。"

非常不幸的是，有些向克劳修斯索要球根的人是不达目的不罢休的。和他以前在维也纳时一样，窃贼开始不断光临他的花园。两次是在 1596 年夏天，还有一次在 1598年春天。窃贼们趁他不在家时偷走了他的郁金香球根，失窃的数目非常之大。在留存下来的克劳修斯的信件中提

71

到，仅一次偷窃盗走的球根就超过一百个。老人为此深受打击，更为莱顿警察与维也纳警察同样的漠不关心而气愤，他就此发誓再也不种花了，还把剩下的球根都分送给了朋友们。

一个当时的编年史作者称盗窃是因为克劳修斯为自己的球根开出天价，不见钱不交货。这让克劳修斯的名誉受到很大损害。然而事实根本不是这样的。在克劳修斯的整个职业生涯中，这位植物学家对他的朋友显示出了无比的慷慨。他从不吝于将自己发现的样本无偿分发给朋友们；只有那些被他怀疑根本不懂得他礼物价值的人才会被拒绝。这些雇佣窃贼去他花园窃取球根的人正属于后者，克劳修斯也完全有理由怀疑他们的动机。

72　　尽管如此，窃贼的行为倒是有一点积极的意义。克劳修斯当然不是 16 世纪 90 年代联省唯一一个种植郁金香的人，但他的藏品绝对是最好也是最多样的。正是窃贼的行为，让这些珍贵的球根从北到南广泛分布到整个荷兰，而且越来越兴旺。有的球根在新地方成了新杂交品种的始祖，并且繁衍生息，不断壮大。正是他们的后代成了下个世纪球根交易的主力军。莱顿球根正是因此成了后来被交易球根的祖先。借用编年史作者的话说："17 省储存的球根足够丰富了。"

6

胸前的装饰

郁金香从其被发现时起，就以其美丽的颜色和无尽的变化独树一帜。不止是土耳其人和荷兰人，各国的植物学家对于这一点也都是认可的。到 1600 年，整个欧洲都对郁金香赞赏有加。法国园艺家蒙斯特里尔（Monstereul）后来写道：就如人类能掌管世间万物，钻石能让所有宝石黯然失色，太阳能统治整个星系一样，郁金香也是所有花朵中最高级的品种。如果人类是上帝选中的生灵，那么郁金香绝对就是上帝选中的花朵。

因为这种新花卉受到了极大的追捧，园艺爱好者们竞相培育新的品种，谁都希望自己的郁金香比别人的更加艳丽多彩。多亏了克劳修斯以及与他通信的人们的努力，大量的杂交品种现在已经可以为人们所有。有荷兰的郁金香品种，有英国的詹姆斯·加勒特培育的十几种郁金香品种，还有法国植物学家洛贝尔留斯（Lobelius）编目整理确认的 41 种郁金香培育品种，更有其他地方没有办法计算的品种，总之在 1600 年，郁金香的品种肯定超过了

100 种。到 17 世纪 30 年代，则达到了 1000 种（其中至少 500 种是荷兰人培育出来的）。考虑到 18 世纪中期也才有约 2500 种，如今也才有 5000 种人们可以识别的培育品种，17 世纪的品种数量已经相当可观了。

不管怎样，在 16、17 世纪之交的时候，球根的供应数量还是有限的。有些新品种还只能结出个把球根。也正因为如此，对郁金香的热情也是局限于少数特权阶层之内。一些富有的鉴赏家们对此尤其狂热，他们特别看重郁金香的美艳和浓郁的颜色。这些有钱人相互之间会交易郁金香，但是因为他们本身都已经非常富有了，所以他们之间的这种交换也都不是以盈利为目的的。

到 16 世纪末，欧洲到处都出现了小规模的鉴赏家群体，比如意大利北部城市、英格兰和神圣罗马帝国。但是由于郁金香最早出现在荷兰南部，所以最大规模的郁金香爱好者自然集中在低地国家，尤其是佛兰德的上层贵族之间。这些鉴赏家中有很多人是从克劳修斯或者他的同伴那里第一次得到郁金香球根的。克劳修斯的同事马蒂亚斯·洛贝尔留斯（Mathias Lobelius）在 1581 年出版过一份名录，其中就包括玛丽·德布雷莫伊，她在海牙的家里有个特别漂亮的花园；名单里还有梅赫伦的约里斯·赖伊，以及克劳修斯一生的好朋友让·德布朗雄。

75　　郁金香从荷兰兴起后，一路向南发展到法国，皮卡第的土壤尤其适合培育球根。在 1610 年前后，巴黎贵族阶层兴起了一种向宫廷里的女士赠送鲜花的热潮。贵族之间互相攀比，都想找到最稀有最美丽的品种。送花的礼仪形成之初，人们赠送的都是玫瑰，这一传统沿用了几个世纪，玫瑰也一直是花园里最受欢迎的品种。但是此时的法国贵族发现，郁金香足以超越玫瑰这个统治花园的女皇。郁金香的精致和优雅，更不用说它的新颖和稀少，很快就使它成为法国宫廷的新宠。郁金香的流行至少持续到了 1615 年，在年轻的国王路易十三的婚礼上，贵族女士们都穿着领口极低的礼服，把剪下来的鲜花别在乳沟处。据说当时最美丽的品种被看作像钻石一样珍贵。荷兰园艺家亚伯拉罕·蒙廷（Abraham Munting）在 17 世纪后期他所著的作品中记录了法国宫廷为郁金香疯狂的巅峰时期的景象。为了一朵特别美丽的郁金香，请注意，这里说的不是球根，而只是这一朵剪下的鲜花，竟有人愿意支付相当于 1000 荷兰盾的价钱来购买。

当然，宫廷贵族们没过多久就又去追求别的新鲜了，但是他们对郁金香的狂热还是造成了极大的影响，因为在 17 世纪，巴黎社会的优雅和时尚在整个欧洲享有盛誉，巴黎宫廷流行什么，其他的地方都会纷纷效仿。这边法国人已经开始流行另一种新鲜风潮的时候，上一个流行的内容可能才刚刚传播到欧洲大陆其他国家。所以如果有人到

郁金香热

76　爱尔兰西部或是立陶宛林地去，发现那里的女士还穿着巴黎十年、二十年前流行的服饰，完全不必感到惊讶。所以，郁金香在路易十三的宫廷里流行几年，就意味着在此后的几十年里，它在全欧洲都会流行起来。

第一批追随法国皇室流行风潮的是法国的普通民众。郁金香在巴黎流行后不久，法国北部就也兴起了对郁金香的狂热追捧。很遗憾现在找不到当时关于这件事的记录，但据说这也是后来在联省共和国发生的狂热的先兆。如果后来的报道是可信的话，那么足可见当时人们对郁金香的喜爱就已经近乎疯狂了。据报道称在1608年，有个磨坊主用他的磨坊换了一种叫"棕色之母"（Mere Brune）的郁金香品种。另有一个狂热的郁金香爱好者用价值三万法郎的啤酒厂换来一个叫"啤酒店"（Brasserie）的杂交郁金香球根。第三个关于这个时期的事例是有个新娘全部的嫁妆就是一个红色系郁金香球根。这个球根是新娘父亲培育出的新品种，并且被她父亲命名为"女儿的婚姻"（Marriage de Ma Fille）（据猜想新郎对这个有重大意义的礼物相当满意）。这些故事可能不完全真实，但是当时郁金香确实迅速风靡了整个欧洲。到1620年，再没有什么地方比联省更着迷于郁金香，它已经让那里的人们将百合、康乃馨之类的鲜花全都抛诸脑后了。

荷兰人为郁金香疯狂的最初推动力，其实是源于荷兰革命期间，从荷兰南部涌入联省边境的大批难民。本来居住在西班牙控制地区的成千上万的新教徒为了保持自己的宗教信仰，不得不向北逃亡，以躲避时不时发生的宗教迫害。因为移民的涌入，有的荷兰城市规模甚至扩大了不止一倍：1581～1621 年，有 28000 名难民来到莱顿，那里的人口从 12000 人升至 45000 人；在阿姆斯特丹，整个 17 世纪期间，绝大部分在这里结婚定居的男子都不是出生在这里的本地人。移民们不但辛勤劳动，而且手里有可用于投资的钱财，正是他们为荷兰的繁荣注入了大量的资本。移民中的一大部分是有能力的工匠，可以凭借自己的手艺谋生。后来闻名世界的阿姆斯特丹钻石贸易，最初就是由这一时期从安特卫普来到这里的工匠发展起来的。移民中还有一部分是从布鲁塞尔或安特卫普这样的大城市来的有钱的商人。这些人中有不少就是最早的郁金香狂热爱好者。他们把郁金香球根也带到了这里，让联省人见识了一些之前没见过的新品种。难民们大批培育郁金香，也使得联省郁金香的供应量比以往任何时候都大大增加了。

当然，郁金香不只在移民之间流行，很多荷兰人也越来越钟情于这种花朵。从南边的鹿特丹到北边的格罗宁根省，整个共和国的人都开始广泛种植郁金香。越来越多的鉴赏家们开始赞美郁金香的美丽，郁金香的数量也出现明

78 显增长。与欧洲其他国家不同的是，联省的郁金香鉴赏家们并非贵族出身，他们更多属于共和国的新兴统治阶级：一群被称为"执政者"的有钱有势的普通市民。

荷兰城市的执政者们通常包括一些富裕商人家族的第二代甚至第三代，还包括一些律师，或者一两个医生。他们通常足够富裕，以至于有钱可以投资债券或海外贸易。简单些的，但同样也是获利颇丰的一种行当是填海造地，或者把湖泊、沼泽抽干变成农地。这些人告别了每天工作赚钱养家的模式，形成了一种新的自我延续的统治阶层，并且占据了省议会和城市委员会中的要职。

少数一些荷兰鉴赏家虽然不是执政者，但至少也是同样富有的商人，只不过他们还需要花时间经营自己的事业。这类人大多会在名字前加一个能够显示他独特身份的敬称。比如一个叫德容（de Jonge）的渔业商人，会被称为"鲱鱼领主德容"。他们赚来的钱里大部分还是要投资到自己经营的事业上，也不像执政者们一样有那么多时间用于照料自己的花园。即便如此，也还是有几个最富有的商人成了著名的郁金香爱好者。

事实上，郁金香也特别适宜在联省种植。郁金香不但比花园里其他的花朵更受欢迎、颜色更丰富，而且最重要的是，它是一种生命力顽强的植物。这就意味着，无论是园艺家还是初入门者都能把它种活。即便是在联省到处可

见的贫瘠、沙质的土壤里，球根也能蓬勃生长。在阿姆斯 79
特丹以西，从莱顿向哈勒姆的方向，最北到达阿尔克马尔
的北端，有一条与海岸线平行的极干土壤带。就算是在这
片地区，郁金香也照样能生根发芽。

然而，真正的原因其实是：郁金香的新地位是一种财
富和品位的象征。大概从 1590 年起，联省在不知不觉间
已经成为欧洲最富裕的国家。在半个多世纪的时间里，巨
额的财富涌入这个国家，商人们个个富得流油，这使他们
有资本在美好事物上任意挥霍自己的钱财。

当时有一批作家记录了一些荷兰鉴赏家的名字。这些
人都是在 17 世纪最初十年就开始收集郁金香的。荷兰一
些最富有、最有权势的人物全都榜上有名。比如哈勒姆的
帕卢斯·范·贝尔斯腾（Paulus van Beresteyn），他曾经
是当地麻风病收容院的院长，在城里种植了许多郁金香；
再比如雅克·德·盖恩（Jacques de Gheyn）这名来自海
牙的画家，他是一个昱赫的贵族，也是克劳修斯的老熟
人。盖恩极度热爱园艺，并且以花朵为题材创作了大量画
作，其中一本 22 页的画册就被神圣罗马帝国的国王鲁道
夫二世买走了。盖恩还是少有的几个身价财富可以被明确
计算的鉴赏家之一。在 1627 年，也就是他去世两年前，
他给自己的资产做了评估。审计结果显示，他当时的身价
在四万荷兰盾以上。

郁金香热

　　另一个在古老记录中出现的名字是吉利莫·巴特罗蒂·范·德·霍伊费尔（Guillemo Bartolotti van de Heuvel），他也是个郁金香专家，一个土生土长的荷兰人。他的名字如此特别是因为他被他在博洛尼亚的一个没有孩子的叔叔收养了。范·德·霍伊费尔算得上是全阿姆斯特丹最富有的两个人之一，身价总计达到令人咋舌的 40 万荷兰盾，他很可能也是郁金香交易历史中最富有的个人了。凭借生意上赚的钱，巴特罗蒂可以有足够的闲暇时间投身于他在阿姆斯特丹市中心建造的著名的花园。从流传下来的文献中寥寥数语的描述可知，这个花园的设计是完全对称、极度正式的，一个属于真正的鉴赏家的花园，里面的花朵布局都是根据当时流行的方式，即一个花圃中只种一株郁金香，这样人们才能不受影响地好好欣赏它独特的美丽。

　　让范·德·霍伊费尔发家致富的大批流入资金主要是荷兰革命带来的成果。在前一个世纪，共和国最大的城市阿姆斯特丹并不具有很大的重要性，因为荷兰南方的安特卫普才是当时最大的港口，也是全欧洲最富有的城市。从波罗的海、西班牙和美洲运来的大批货物都要从这里通过，再转往神圣罗马帝国和欧洲北部其他国家。但是弗拉辛在革命之初被海上乞丐夺取，荷兰人于是堵住了斯海尔德河的河口，也就切断了安特卫普的入海口，自然就阻断了这个城市的贸易。对于这个佛兰德省的城市而言，这无

80

疑是晴天霹雳，大部分的贸易往来向北转移到了荷兰省，阿姆斯特丹也成了最大的受益者。

与此同时，荷兰还开通了与东印度的贸易联系，由此
打破了之前由西班牙人垄断的商贸活动。对 17 世纪的欧洲人而言，印度称得上是不可限量的财富之源。那里盛产各种奢侈品、香料、陶瓷等别处没有的货物。在东方购买这些货物的价格相对便宜，体积不大也不笨重，绝对是一本万利的好买卖。一货船的香料，比同样吨位的木材、谷物或者食盐这类以往荷兰人一直倒卖的货物的价值贵上好几倍，而且只要能平安返航，就不愁卖不出好价钱。荷兰商人很快就意识到了与东方贸易往来的巨大潜力。到 1610 年，荷兰人在印度尼西亚的一些岛屿上建立了多个前哨站，尽管受到西班牙攻击的可能性一直存在，但是满载着干胡椒、肉豆蔻、肉桂、丁香、糖、丝绸和染料的舰队依然定期驶向联省。阿姆斯特丹的商人管这些新商品叫"富贸易"是完全有理由的，来自印度的一船货物就能产生大概 400% 的利润。

涌入共和国的过剩财富影响了成千上万荷兰人的生活。到 1631 年，荷兰最有钱的 300 个市民中，至少 5/6 都投资于"富贸易"。无论是荷兰商人阶级还是在他们背后投资他们公司的执政者们都富裕得很。平均水平比同时代的英格兰、法国和罗马帝国的人们都要富裕。

郁金香热

　　以当时的标准衡量，最成功的荷兰商人富得让人震惊。在17世纪上半叶，一个中等级别的贸易商每年赚1500荷兰盾就可以丰衣足食；挣到3000荷兰盾以上就算非常富裕了。在他之下的社会阶层，比如职员、小店主或其他什么自称"绅士"的一类人，每年收入大概能达到中等级别贸易商的1/5到1/3，也就是500~1000荷兰盾。但是像巴特罗蒂这样手握大量富贸易股票的人，每年就可能收入一万、两万甚至三万荷兰盾。当时最富有的人叫雅各布·波彭（Jacob Poppen），他是个德国移民的儿子，通过与印度和俄国的贸易赚了大钱。在1624年他去世时，他的资产达到了50万荷兰盾。另一个叫阿德里安·波夫（Adriaen Pauw）的执政者——后来成了荷兰的总理①，也是联省历史上一位卓越的政客——他通过成功的投资，积累了35万荷兰盾的财富。到17世纪30年代，又有10个阿姆斯特丹人的资产超过了30万荷兰盾。

　　在今天，有钱人喜欢把钱花在高档服装、私人飞机和豪华轿车上。但是即使是在荷兰黄金时代最高峰，到联省共和国的人也会发现，你实在很难一眼看出谁是平头百姓，谁又是执政者或富商。即便是最有钱的人也只是遵从当时朴素的衣着习惯，带着巨大的宽边帽子，穿紧身的裤

82

---

① 一个相当于当今国务卿的职位。

子和厚重的短外套。外套里面可能会穿件紧身上衣和马甲，也全都是黑色的。领口和袖口装饰着蓬松的白色飞边。脚上穿着及膝的长袜和紧窄的黑色鞋子。他们的妻子和女儿们同样穿着颜色单调的紧身上衣和及地的长裙，通常会带个蕾丝的围裙。到了冬天，为了抵抗低地国家无孔不入的严寒，人们会在最外面披上一件皮毛镶边的长袍外衣，除此之外，再无其他。习惯上，有钱人反而尽量避免可以显示其富有身份的东西。女人们甚至不愿露出自己的头发，而是喜欢戴个又紧又小的白色帽子把头发都盖住。男人们的发型则是一种类似骑士风格的、长及肩膀的卷发，留着唇髭，下巴上的胡子修剪成小小的三角形。整体上而言，这个国家的穿衣风格是绝对的清教徒式。

　　尽管服饰是这么朴素，荷兰的执政者和富商们也不是对炫富的诱惑完全免疫的。赚进商人和他们的股东口袋里的大把大把的钱财已经要撑爆保险箱，亟须找到一个被挥霍的出口。所以，有的人把钱花在美食和好酒上，或是用来购买乡下送进城的农产品。这可以让社会底层的人民也能赚到点钱，这个国家的生活水平就普遍提高了。但更多的钱财当然还是用来储蓄或者再投资了。毫无疑问，富贸易为各种形式的奢侈消费提供了动力，从豪宅到名画再到郁金香，经济发展是1600～1670年荷兰黄金时代的根本原因。

　　这一时期同时还是一个文化飞速发展的时期。艺术品创

83

郁金香热

作比以往任何时期都要蓬勃兴盛，不仅因为莱顿大学和其他大学的建立，还得益于原本在南方的大批画家和作家的到来。

84　这么多的艺术家需要工作机会，使得人们能够以比之前低很多的价格买到画作或剧本。来到联省的游客总是会对如此丰富的艺术作品留下深刻的印象：种类繁多的画布、富丽堂皇的织锦、在人意想不到的地方矗立的雕像等。与此同时，一些极富才华的艺术家们也在探索一种新的现实主义绘画技巧，这种艺术形式后来由伦勃朗（Rembrandt）（莱顿的一个磨坊主的儿子）和弗兰斯·哈尔斯（Frans Hals）（从安特卫普来的一个难民）完善并走向巅峰。新共和国还着手建造了一些宏伟壮观的公共建筑，所以建筑艺术在这一时期也得到了复兴。书籍、宣传册和学校也比以前更多了。

　　荷兰人在此时还产生了一种修建房屋的兴趣。郁金香得以持续流行的原因之一就是荷兰富商和贵族们开始热衷于在乡下建豪宅，这其实也是一种炫耀他们迅速增长的财富的方式。富裕的荷兰大城镇的郊区是最佳地址：比如莱顿郊区的莱德多普乡村（Leiderdorp）中，或是沿着哈勒姆以西海岸起伏的沙丘上，抑或是从乌特勒支流向阿姆斯特丹的费赫特河沿岸，一栋栋豪华的宅邸拔地而起。这些建筑通常采用经典的建筑风格，功能齐备，面积充足。建筑外面的部分占地更是可观，有正式的花园和开阔的草坪。对于业务繁忙的商人和日理万机的执政者们而言，这些乡村别墅就是他们躲避俗世纷扰的世外桃源。

社会历史学家认为，这种修建房屋的热情其实是联省　85
统治阶级思想变化的表现。在荷兰黄金时代，曾经理智、
敬神的荷兰人；一个鄙视卖弄炫耀行为、对在教堂开个最
微不足道的笑话的牧师都要罚款的、彻底的加尔文主义社
会，开始慢慢喜欢上了炫耀和展示。从这个观点上看，建
房风潮中最有意思的杰作应该就是一个叫雅各布·卡茨
（Jacob Cats）的声名显赫的执政者为自己建造，并命名为
"抛开纷扰"（Zorghvieit）的乡村别墅了。

卡茨是个温文尔雅但极度虔诚的人。他不但是政客，
更是个作家，而且是当时荷兰当之无愧的最受敬仰的作
家。他的财富就源于他在整个共和国无比畅销的道德诗
集。下面是一段典型的卡茨诗句，内容是警告年轻漂亮的
姑娘不要滥用她的美貌换取好处。诗中这样说道：

闪耀的金发终将黯淡；

无忧无虑的日子必然走向终点；

红唇失色；丰颊枯黄；

敏捷的身躯渐渐僵硬；

灵活的双脚步履蹒跚；

丰满的身体变得瘦削；

光滑的肌肤布满皱纹。

郁金香热

　　人们习惯称卡茨为神父，他创作了十几本诗集，里面都是类似上文的诗篇。他的诗句全集在荷兰卖出了大概五万套。一个荷兰寻常家庭里，除了圣经之外唯一拥有的书籍很可能就是卡茨的诗集。无数荷兰家庭衷心热爱他的智慧，并将他的诗句作为指导日常道德生活的指南。如果诗人雅各布认为修建乡村别墅不是问题，谁还会觉得这有什么不对呢？

　　建造华丽乡村别墅的风潮必然导致乡村别墅花园里大规模种植花卉。荷兰人对于园艺的热情在前一个世纪就已经盛行起来，在此时也完全没有消退的迹象。奥芬比克勋爵（Lord Offerbeake）在莱顿附近的阿尔芬的宅邸［1634 年英国国会议员威廉·布里尔顿爵士（Sir William Brereton）造访过此地］里面就建造了"空间广阔的花园，面积巨大的果林和充实的鱼塘"，此外还有 12 个不同种类的灌木篱墙、一个迷宫、一个木制人行道和无数的花圃。毋庸置疑，奥芬比克的花园曾是联省最宏伟一个，但其他有钱人之后纷纷效仿，对花园的投入有过之而无不及。于是花园不再被看作是休闲放松的场所，而更多的变成了主人展示自己植物收藏的平台。

　　尽管荷兰社会中残留的加尔文主义元素时不时还会发出一些责难郁金香的奢侈的声音，但是像卡茨神父这样的道德家对它的默认则足以助长鉴赏家们对郁金香的狂热。毕竟如此美丽的生物只能是上帝的杰作，何况培育郁金香是需要在花圃间辛勤劳作的（卡茨本人就强烈建议人们

在户外劳作）。郁金香很快成了许多有钱的新居民的显著 87
标志。其中有一个叫"德国战壕"（Moufeschans）的花园
尤其为人所知，因为后来在 1621 年时，一个叫彼得吕
斯·洪迪思（Petrus Hondius）的反对西班牙统治的神父
在他长达 16000 多字的长篇史诗名作中对这个花园赞赏有
加。"德国战壕"是建造在荷兰革命时期一个德国防卫工
事的遗址上，这个花园也由此得名。这个花园的主人叫约
翰·瑟里彭斯（Johan Serlippens），是泰尔讷曾市的市长。
他曾邀请他的朋友洪迪思与自己一同居住。在此期间，牧
师开辟了一个花园，里面有六个花圃的郁金香，在当时已
经算是数量非常惊人了。洪迪思手里的一些球根很可能就
是克劳修斯给他的，另一些则来自他的另一个药剂师朋
友、莱顿的克里斯蒂安·波里特（Christiaan Porret）。

　　洪迪思对郁金香并不痴迷。他在瑟里彭斯的花园里种
植了各种花草，还有康乃馨、风信子和水仙。他看不起那
些独独偏爱郁金香的人，在他的诗句中，他用尖刻的语句
嘲讽了那些深陷于郁金香狂热而无可自拔的人：

> 那些傻瓜只想要郁金香；
> 心心念念就这么一个愿望；
> 不如我们把球根吃了，心里反而更舒畅；
> 尝尝这道菜是不是苦的难忘。

郁金香热

　　诗句虽然这么说，可作者本人也并非完全对郁金香的美丽无动于衷。在他的作品《关于"德国战壕"花园》（*Of de Moufe-schans*）中，他就叫板当时的画家们，就是为证明郁金香的美丽是无法用笔墨描绘的。洪迪思还写道，仅他花园中的郁金香呈现出的颜色，就比所有画家知道存在的颜色还多。他的长诗巨作取得了极大的成功，让很多名人都慕名来到瑟里彭斯的家。我们知道的就包括拿骚的莫里斯（Maurice of Nassau），他是奥朗日的新王子，也是率领荷兰军队与西班牙人交战的将军，他称得上是当时最著名的军人。莫里斯一定非常喜欢他在洪迪思的花园里看到的一切，因为自那之后，他在自己海牙的宫殿里也种满了郁金香，后来因为种得太多，不得不拿出去卖给大众（威廉·布里尔顿爵士十几年后来到莫里斯王子的宫殿时，就以区区 5 荷兰盾买走了一百多个球根）。

　　到 1620 年，郁金香已经成了荷兰精英阶层最喜爱的花卉品种，更是共和国最有权势的人们的热情所在。正如莫里斯王子的故事显示的那般，此时的郁金香还远没有广泛流传到联省共和国每个平民都可以赏玩的程度。即便是此时，郁金香仍然是一种相对稀少的品种，有些最受追捧的品种是花钱都买不到的。在接下来的几十年里，我们将真正体会到这种稀少代表着什么。

7

镜中的郁金香

　一般的执政者都有自己的乡村别墅，而阿德里安·波
夫，这位最显赫的荷兰总理拥有一座城堡。

所谓城堡，实际上是个废弃的遗址，但是它处于一块
面积极大的地产的中心。这个地方就叫海姆斯泰德，波夫
是1620年买下这个地方的，于是便拥有了北部海岸和阿
姆斯特丹之间唯一的一片高地。波夫尤其享受从破损的城
墙之上俯瞰整个荷兰共和国腹地的景象。碰上天气好的时
候，他可以看清阿姆斯特丹每个建筑的屋顶，即便有乌云
遮盖，他也能看到北面不足一英里之处，哈勒姆城墙上树
立的绞架，上面摇荡的尸体格外醒目。

在海姆斯泰德的时光成了波夫最大的享受。总理在这
一产业上很舍得花钱。他拆掉了废弃的城堡，在原地重新
修建现代风格的豪宅，不光用它来宴请共和国的要员们，
甚至还分别接待过英格兰女王和法国女三。宅邸的内部装
饰也极尽奢华，波夫为自己的新家添置了昂贵的家具、上
等的织锦和最好的画作。这里有一个专门的纪念品陈列

室，里面摆满了擦得闪闪发亮的盔甲。还有一个藏书室，里面收藏了 16000 册图书，在当时而言绝对是不可思议的丰富了。

这座豪宅还在建设时，波夫就开始着手改进周围的领地了。作为一个狂热的土地开垦项目投资者，波夫把领地上数以吨计的表层土铲走，好露出下面更肥沃的土层便于耕种。而在领地外围的地区，他鼓励农耕和轻工业，使得海姆斯泰德的人口渐渐上升到 1000 多人。

但是，阿德里安·波夫最大的乐趣不是他的豪宅，而是他的花园。花园的位置是经过精心设计的，根据当时的潮流，就建在宅邸的前面。周围有装饰的草坪和花圃，花圃里种满了玫瑰、百合和康乃馨。它们艳丽的颜色与精准的方形篱墙相辅相成，其间还有绿树掩映的甬道引领来访者通往完美境界。在花园的正中心最显著的位置，海姆斯泰德的新主人为郁金香单独建造了一个花圃。

波夫的豪宅向来大方地对公众开放，尤其当他在阿姆斯特丹公务缠身的时候，还会允许游客在花园中漫步游玩。波夫的花园还有一点非常特别，来访者也许并不会一眼就意识到。事实上，很多人到离开时都没注意到那个东西的存在。这其实没什么奇怪的，毕竟波夫也不希望游客看到那个东西。

海姆斯泰德花园的秘密就是郁金香花圃中心一个奇怪

的装置。这个装置是由木头和镜子巧妙地组合在一起而成，用处就在于可以把镜子前面的景象重叠成多个，造成明明一朵花，看起来却有很多花的幻象。 91

就是因为有了这个发明的帮助，从远处看去，唯一的郁金香花圃里仿佛盛开着几百朵娇艳的郁金香。只有当一个好奇心强或者独具慧眼的欣赏者走到很近的地方仔细观察才能发现这样的美景不过是一种光学幻象。正是小柜上的镜子把波夫的郁金香从寥寥几朵变成了花团锦簇。

对于海姆斯泰德的主人来说，镜子小柜实在是个无奈之举。即便是尊贵富有如他也有花钱买不到的东西。荷兰总理实在找不到能种满他整个花园的郁金香，哪怕是全国最好的园丁，也无法让球根如他所愿的迅速繁殖。

波夫的烦恼在当时是无解的。越好的品种数量越稀少，而波夫收集的都是一些极好的品种，需要经过长期的挑选和培育才能修成正果。从荷兰郁金香第一次绽放于瓦利希·兹沃特森在阿姆斯特丹的花园时起，鉴赏家们就开始精心挑选最精致的品种，加倍精心地培育，把它们和其他优良球根杂交以创造更美丽的品种。最初颜色单一浓郁的郁金香经过几十年不断的繁殖和变异，才变成具有如今这样醒目配色的珍贵花朵。也正是因为这个原因，它们问世的时间都很短，数量也极少，以至于连阿德里安·波夫也无法拥有。

郁金香热

在所有达到"上上等"的郁金香品种中，最为人所推崇的是一种叫作"永远的奥古斯图斯"的郁金香。它是公认的 17 世纪全荷兰最负盛名、数量最稀少、最美好、自然也是最昂贵的郁金香。"永远的奥古斯都"属于红色系郁金香，但是如果只用红白相间来描述这种花，那就无异于管红宝石叫红石头，管绿宝石叫绿石头了。所有见过这种花的人无不认可其无与伦比的美丽。这种郁金香花茎纤细，枝叶分明，所以特别能突出顶上的花朵及其美丽的颜色。花茎与花冠连接的部分呈蓝色，花冠则完全转变为纯白的底色。在全部六朵花瓣的中心，从底部向外放射出鲜血般红艳的细长纹路。在花瓣的四周，也有同样浓郁颜色的花边。那些有幸看到"永远的奥古斯都"盛开的人都认为，它就是生命的奇迹，如阿佛洛狄忒一样引人遐想。

事实上，见过这种郁金香盛开的人极少。虽然有无数的鉴赏家对它献上溢美之词；虽然以它为内容的插画比任何其他品种的插画都更多地出现在书籍里；虽然它在郁金香狂热中被如此频繁地提及以至于它的名字几乎成了狂热的同义词。但"永远的奥古斯都"从未被真正交易过，因为它的数量实在太稀少，根本没有球根可供倒卖。

这神秘的"永远的奥古斯都"就是郁金香狂热的最初预兆。这种花是如何来到联省的至今依然无人知晓。荷兰编年史作者尼古拉斯·范·沃森内尔（Nicolaes van Wassnaer）差不多是在这个问题上唯一一个可靠的信息来源。根据他的记述，最早是法国北部的一个花商用种子种出了"永远的奥古斯都"，但是他当时并没有意识到这种花朵的价值，所以低价处理了。这大概发生在1614年前后，短短十来年之后，郁金香就会达到艳冠群芳的地位，无数的鉴赏家们于是从荷兰向南，到佛兰德、布拉班特和法国北部的温室和花园里寻找"永远的奥古斯都"的其他品种。这是个艰巨的工作，而且毫无成果。虽然也发现过一些有类似花纹的品种，有一种甚至被命名为"小奥古斯托"，以证明这两种花朵之间明显的亲属关系。但最终，人们还是没有找到足以媲美这位花中帝王的其他品种，因为谁也无法超越它那鲜活的颜色和纯粹的形态。

荷兰的鉴赏家们既然不能拥有"永远的奥古斯都"，就干脆改变战略，转为把自己拥有的最美丽的品种宣传成可以与"永远的奥古斯都"抗衡的对手。关于这一时期，范·沃森内尔提到过一些品种，包括："克劳修斯的见证"（Testament Clusii）、"库恩赫特的见证"（Testament Coornhert）、莫塔拉姆·范·沙斯特雷（Motarum van Chasteleyn）和尤弗肯·范·马腾堡（Jufferkens van Marten ɔe Fort）。但是这些品种美则美矣，却无一种能够引起同人们对花中帝王的红色火焰一样的

郁金香热

钦佩与赞美；而像"科隆花园里种植的一种郁金香比奥古斯都还要美丽"这种传言也从未被当真过。

对于"永远的奥古斯都"这个品种最早的描述出现在 17 世纪 20 年代。据范·沃森内尔记述，到 1624 年，只有不超过 12 株"永远的奥古斯都"存活于世，而这全部 12 株郁金香都归一个人所有。据说这个人居住在阿姆斯特丹，他的真实身份后来成了整个郁金香狂热时期的一个谜。范·沃森内尔在其作品中很小心地没有提及这个人的名字，再加上没有其他证据资料的支持，这个人的身份恐怕永远不能被揭开了。编年史作者明确指出，这样做是为了遵从这位隐姓埋名的鉴赏家的心愿，因为他已经决定无论什么价钱都不会出售自己的郁金香。

这位不知名的鉴赏家手里的球根一旦出售，必然非常抢手。在当时，虽然郁金香培植的数量和范围都在迅速增长，但是"上上等"品种的数量却不过十几个，这种极度匮乏的结果就是：一个"永远的奥古斯都"的球根不论标价多少都肯定卖得出去。但是，这位鉴赏家却拒绝了所有的求购者。

整个 17 世纪 20 年代，郁金香的狂热爱好者们为了求购一个球根，不惜对这位鉴赏家连续不断地开出越来越离谱的价格。他们愿意为球根所支付的价格不仅是高得离谱，根本就是天文数字：据范·沃森内尔记录，在 1623

94

年，12000 荷兰盾都买不到 10 个球根；而花中帝王的所有者自己种植这种花就是单纯为欣赏其美丽，并不是金钱可以衡量的。然而，球根主人的拒绝只是让求购不得的人更加疯狂地提高价位。到第二年夏天，价格升到了 2000 荷兰盾，甚至 3000 荷兰盾一个球根。但是，这些购买的要求同样立刻被拒绝了。

　　即便如此，到最后的结果竟然是，这位神秘拥有者采取的一切控制"永远的奥古斯都"供应量的措施都变成了无用功。范·沃森内尔曾经解释了这个问题。事实上，发现这个品种的这位鉴赏家早年曾经以 1000 荷兰盾的高价出售过一个球根。但是当这株郁金香被从土里挖出来时，主人震惊地发现母球上已经长出了两个子球。早知是这种情况，他完全可以开价 3000 荷兰盾。而对买主来说，这无疑是天大的好运。他完全可以卖出一个子球以收回购买的成本，然后手上还拥有了继续培育这种昂贵品种的根源。

　　从这个意外开始，那仅有的一些买得起"永远的奥古斯都"的人逐渐有花可买了。但是这种最受人追捧的品种还是极少能结出子球的，几十年后，仍然只有少数几个球根存世。难以繁殖也是上上等郁金香的一个共有的特点，很可能是因为这类花朵感染马赛克病毒比一般单色品种更严重。当然，"永远的奥古斯都"持续稀少的情况不

95

郁金香热

但没有让追求他的鉴赏家们却步，反而更加激发了他们的热情，而这不过是荷兰共和国此时开始萌发的为球根疯狂的一个缩影。

在 17 世纪的荷兰，郁金香数量的稀少是催生狂热的一个重要原因。对于一个黄金时代的荷兰人来说，郁金香可不是像今天一样平常可见的、随处可买的花卉。它在当时还是奇妙的新兴品种，充满了来自东方的异域风情，而且数量极其有限。因为好的品种极为稀少，所以格外引人垂涎；因为引人垂涎，所以价格极其昂贵；因为价格昂贵，种植郁金香就更加有利可图。

少有的几位郁金香鉴赏家们经常亲自培育郁金香，他们本身就是热衷于园艺且深谙此道的园艺家。比如巴尔塔扎（Balthasar）和达尼埃尔·德·纳维尔（Daniel de Neufville）兄弟，是一对来自哈勒姆的富有的亚麻商人。他们就培育出了两种新品种郁金香，一种是红色系，另一种是紫色系。这些新品种就种在他们在城里的私人花园里。他们还给花园取名为"应许之地"。而与他们同时期的其他人就没有这么好的技术了，所以到 17 世纪 20 年代，对郁金香的需求迅速增长，已经不能靠一小部分鉴赏家之间的少量交换来满足了。新加入的郁金香狂热爱好者们，家里有巨大的花园等着播种上各种各样的郁金香，可

96

是他们既没有自己培育新品种的能力，又不能靠传统的交换方式获得郁金香，只好被迫寻找新的途径来获得球根。

他们首先想到的是那些专门培育时尚的新品种的专业园艺家们。这是郁金香历史上一个重要的发展，因为如果没有园艺家们的努力，就不会有那么多新品种的产生，可供流通的球根数量也会少得多，郁金香传遍联省的速度也会降低许多。

到 1630 年，荷兰共和国的每个城镇上几乎都出现了专业的郁金香种植者。他们之中并没有人能成规模地生产球根，大多数还只是在小花园里种植。为了应付激增的需求，他们不得不到当地的小酒馆，甚至修道院里雇人帮忙。大多数种植者还是会广泛经营各种花卉植物，但也有一些，比如豪达的亨里克·波特贝克（Henrilk Pottebacker）——红色系郁金香"波特贝克戈夫拉姆"（Pottbacker gevlamt）和波特贝克司令（Admirael Pottebacker）郁金香的创造者，他已经开始专门种植郁金香了。这些人不但是园艺方面的专家，同样重要的是，他们对于什么会值钱、什么能 97 大卖有着敏锐的嗅觉。

在最高端市场上，"永远的奥古斯都"最有力的竞争者是名为总督（Viceroy）的一种紫色系和郁金香，它花型硕大，有紫色火焰花纹。这种花也被公认为紫色系郁金香之王。而作为黄色系头名的，是一种叫作"莱顿的红与黄"（Root en Gheel van Leyde）的郁金香。在低端市场，最便宜也是最不受追捧的是单色郁金香，一般是黄色、红色或白色。这些品种是最初进入荷兰的郁金香品种，所以也是数量最多最常见的。

像波特贝克这样的园艺家们并不是凭空出现的。他们的技术是从在 16 世纪末郁金香市场还未兴起之时的种植者那里学来的。那批种植者数量不多，技艺娴熟，而且不那么追求商业利益，只是凭手艺勉强糊口而已。克劳修斯和他的贵族朋友圈对这批种花者没有什么好感，指责他们对植物学的漠视，因为很多时候他们是出于运气而非计划地培育出新品种，然后又不顾植物学规范，给这些品种取不适当的纯民粹派的名称。但不管怎么说，这些种花者是真的投身于种植，且不断学习进步。

在 17 世纪初，较早开始种植郁金香的一批花农（主要集中在布鲁塞尔城外的乡村）还不得不与另一批更加不可靠的流动花贩竞争。这些活跃的个体花贩大多是在法国农村寻找不同寻常的品种，然后主要转卖给荷兰收藏家们。他们给自己取了个希腊语绰号，叫"拔根人"（rhizotomi）。克劳修斯在年老体衰，不能进行野外考察以后，也曾经把个体花贩作为获取球根的途径之一。

个体花贩中也有少数一些是正直的人。克劳修斯就认定巴黎的尼古拉·勒·基耶（Nicolas le Quilt）和吉耶莫斯·博艾留斯（Guilielmus Boelius）是稀有球根的可靠供应商。但总体而言，个体花贩的名声不怎么样。主要是因为，他们经常拿普通品种的种子和球根冒充稀有品种，然后收取高额费用，因为他们知道等到郁金香开花，骗局暴露之时，自己早已逃之夭夭，跑回法国境内了。鉴于即便是克劳修斯这样的植物学家也无法断定一个不起眼的棕色球根将来会开出什么样的郁金香，个体花贩的交易方式就注定是存在各种争议和弊端的。

在17世纪初，不只是个体花贩在乡间寻找稀有植物。在采集草药的过程中，药剂师们也遇到了越来越多的野生郁金香，并且将它们采集回去。其中有三个荷兰人就因为丰富的球根收集而闻名，他们是乌特勒支的威廉·范·德·肯普（Willem van de Kemp）、阿姆斯特丹的彼得吕斯·加勒特（Petrus Garret）和莱顿的克里斯蒂安·波勒特（Chirstiaan Porret）。

药剂师在17世纪的数量之多就如化学家在今天一样。这些早期的药剂师主要是向那些穷得看不起医生的人兜售一些有用没用的便宜药品。他们穿着和医生一样的制服：黑袍子、黑外套、宽边领和尖帽子。但是他们有一个非常容易被辨识的传统标志，就是一个挂在柜台上方天花板上 99 的鳄鱼标本。

部分药剂师还是很自重的人，但在17世纪最初几年，

郁金香热

药剂师们像个体花商一样背着机会主义者的恶名。几个世纪以来，药材都是被归入杂货、食品之列，药材店里还是唯一能买到水果馅饼的地方。直到此时，药剂师才刚刚被归入医师的行列。但是药剂师们很快就发现了更好的赚钱门路。他们的营业场所通常也是秘密的酒窖，很多甚至偷偷提供本来由医师垄断的医疗诊治服务。药剂师很乐意出售球根以满足市场需求，来这里购买球根的客户大多是纯粹的花朵爱好者和鉴赏家，后来还出现了更加寡廉鲜耻的药剂师把球根当催情药推销。

从 1600 年到 1630 年，明抢豪夺的个体花贩和药剂师们逐渐被一个新的更专业更受尊敬的群体所取代，这就是专业的花草培养人。这些专业的种植者主要集中在哈勒姆，这里是荷兰省第二大城市，虽然土质贫瘠、沙化，但是却特别适合种植郁金香。种植者尤其偏爱城门外不远处步行可到的小片出租土地。根据哈勒姆的传统，大多数郁金香花园就在被称为"大木门"（Grote Houtpoort）的城门之外，这个城门是从南面进城的两个入口之一。但是，哈勒姆最好的小片花圃其实在南面的另一道大门外，沿着灌木丛生的"小木板路"（Kleine Houtweg），一直延伸到今天仍然被称为玫瑰田的区域，再继续延伸进哈勒姆树林。这里也是这座城市著名的美景之一。有二十多个培养人在这条路上设立了培植基地，其中就有一位叫大卫·

德·米尔德（David de Mildt）的郁金香种植人，后来留存于世的许多关于郁金香狂热的记录中都重点提到过他。他的花园就在这条路上一个叫麻线街（Twijnderslaan）的地方。德·米尔德去世时年仅 33 岁，当时正是狂热的最高峰，他的花圃被另一个著名的郁金香种植人贝伦特·卡多斯（Barent Cardoes）接管，并改名为"花神园"。在卡多斯的管理下，这里成了荷兰省最被认可的球根农场之一。

贝伦特·卡多斯的经营之道是从另一个哈勒姆种植人彼得·博尔（Pieter Bol）那里学来的。博尔是紫色系郁金香"安特卫普的博尔"（Anvers Bol）和其他几种上上等品种的创造者，很可能也是那个时期最富有的郁金香种植人。与其他种植人不同，博尔更像一个贵族和鉴赏家，他雇佣卡多斯这样的专业园丁来负责种植、培养球根这类实际工作。从哈勒姆再往南，在菲亚嫩爵爷（Vianen）的领地上，住着一个出身卑微的种植人，名叫弗朗西斯科·戈梅斯·达·科斯塔（Francisco Gomes da Costa），他也许是整个联省最勤勉的园艺家。

达·科斯塔是一个葡萄牙人，他因为自己培育出的郁金香品种而闻名。他的荷兰语一直说得不好，所以他受委任创作的园艺手册上，为了自用方便，将所有郁金香的名字都按照发音做了标注。但是，在花园中，达·科斯塔绝对是个无人可比的创意家。最少有 8 个品种的郁金香是以

101

郁金香热

他的名字命名的，他也是以自己名字命名郁金香最多的人。他最著名的创造是一种叫"完美的科斯塔"（Paragon da Costa）的郁金香。它被普遍认定为是对既存郁金香品种的改进，它的颜色比原来更加美丽和浓郁。从这个基础上说，弗朗西斯科·戈梅斯·达·科斯塔最骄傲的作品莫过于"完美的总督科斯塔"（Paragon Viceroy da Costa），也就是总督的改良品种。而在此之前，总督被认为是不可能再改良的。

对于像达·科斯塔这样的移民来说，种植郁金香吸引他的原因和吸引其他荷兰人的原因是一样的。几乎不需要什么投资，一小块土地和一些种子或球根就够了。郁金香生命力顽强，对土质要求不高。种植郁金香的人也不需要像荷兰共和国其他贸易和职业的从业者一样，必须先加入严格、昂贵的行业协会，然后受其摆布控制。

对于那些根本无心于园艺的人来说，郁金香交易潜在的利益才是最大的吸引力。个体种植者确实变得非常富有。彼得·博尔就是因郁金香生意获利致富的代表，但是他跟哈勒姆的花商扬·范·达梅（Jan van Damme）比起来就是小巫见大巫了。1643 年达梅去世时，他留下的资产主要就是球根。这些球根加起来的价值相当于 42000 荷兰盾。这样的身价足以让他与那些在富贸易中发家的富商们平起平坐。

这么多的钱到底是从哪儿来的？像范·达梅这样成功的种植者成功的秘籍之一就是努力开发任何潜在的客户。大多数人是向鉴赏家和华丽乡村别墅所有者们销售球根，但是他们也同样乐意把球根卖给新兴商人阶层。最早至1610年，已经有少数聪明的园艺家把自己的球根卖到神圣罗马帝国，更不用说那些卖到荷兰南部和法国北部的了。这种起初非常不起眼的出口贸易却慢慢扩大，在18世纪前四分之一的时间里，荷兰的郁金香已经远销到北美、地中海甚至是奥斯曼帝国。 102

第一个开展出口业务的荷兰球根交易者可能是埃马努埃尔·斯沃茨（Emanuel Sweerts），他也是克劳修斯的老朋友，在阿姆斯特丹开了一间古玩店，而且在17世纪头十年里非常活跃。他不仅从欧洲各地进口球根，还把这些球根拿到法兰克福每年举办一次的博览会上去兜售（即法兰克福国际书展，每年都吸引了成千上万的出版商到这里，实际上是由中世纪一个大规模的集市演变来的）。

球根贸易越来越专业化，这也给埃马努埃尔这样的人提出一个问题：郁金香的花期每年只有短短几天，靠平凡不起眼的球根是激不起人们的购买欲望的，因为球根完全显示不出花朵盛开之后所能展现的惊世之美。斯沃茨于是想到了一个解决办法，就是制作一本郁金香画册，里面用插图的形式把郁金香盛开时的形象展现出来。埃马努埃尔

说服了他最著名的客户——神圣罗马帝国君主鲁道夫二世

103 出资印制画册。这个鲁道夫二世就是那个曾经把克劳修斯
赶出他的宫廷的人，但如今他却在沉迷于他最热衷的炼金
术之余，涉足郁金香行业。在他的帮助下，埃马努埃尔在
1612 年去世前不久在法兰克福出版了这本郁金香画册
《花谱》（*Florilegium*）。《花谱》一书类似当代植物标本
集，文字很少。每一种郁金香只有一段简明的描述。描述
是用拉丁文写成的，主要介绍的是郁金香的花形和颜色。

　　《花谱》出版仅仅两年后，一个叫克里斯·范·德·
帕斯（Chrispijn van de Passe）的荷兰艺术家就出版了一
本类似的作品《植物花卉》（*Hortus Floridus*）。克里斯是
一个佛兰德雕刻师的儿子，出版此书时他才 17 岁。《植
物花卉》后来被证明是当时最成功的植物学作品，并且
很快被从拉丁文翻译成法语、英语和荷兰语。荷兰语版本
中还加入了一个 17 世纪初主要的郁金香爱好者名单，之
后的版本中又收录了完全关于郁金香的附录，其中内容说
明当时联省和德国之间的球根贸易已经出现并且相当活
跃。

　　《植物花卉》很快就成为郁金香培养人的通用手册，
显然不是谁都能找到富有的赞助商愿意为自己花园里的郁
金香品种专门制作一本《花谱》一样的画册。但当时，
每个种植人都是在出售自己独有的品种，所以使用通用画

册就有重大的局限。这个问题后来也被解决了，而且还演
变成了郁金香狂热中最著名的传统之一。解决的办法就是
郁金香书，这种书其实就是插图为主的画册，由私人委托
定制，多由荷兰的个体园艺家制作。为后世所知晓的就有
将近 50 本。一本画册大概有 500 页之多，通常每页一幅
插图，用水彩或水粉做颜料。每幅插图边上有这种郁金香
的名字，但极少标价，我们有理由怀疑当时的郁金香种植
者也像现在的古董商一样，善于根据客户的富有程度
开价。

　　顾客总是发现实际购买郁金香花的钱比预算多，而他
们也不是唯一被画册主人占便宜的。制作画册的艺术家们
也没有获得合理的报酬。有一些甚至是比较有名气的画
家，一页插图也只能赚得一点小钱。在一本大部分由莱顿
的雅各布·范·斯旺波奇（Jacob van Swanenburch）画就
的图册上，页面边角写标注证明，他总共完成了 122 幅花
朵的插图，每幅图的工钱只有 6 荷兰币，要知道，范·斯
旺波奇可是伦勃朗·范·莱因（Rembrandt van Rijn）的
老师。

　　雅各布·范·斯旺波奇并不是唯一一个为郁金香画册
做出贡献的有名望的艺术家。黄金时代的联省中唯一一位
以作画为生的女画家尤迪特·莱斯特（Judith Leyster）也
曾经创作过两幅红色系郁金香的插图。尽管这本书中其余

的插图是由其他作家创作的，但是为了纪念这位杰出的女画家，这本画册还是被称为《尤迪特·莱斯特的郁金香画册》。另一位画家小彼得·霍尔斯特金（Pieter Holsteijn the Younger）为一位叫科斯（Cos）的种植者创作了一本画册，上面标记日期为 1637 年，这本画册不同寻常的一点是不仅标记出了花朵的名字（有的是以谜语或画谜的形式），还列出了价格和每个球根种植时的重量。画册中包括了 53 幅水粉画郁金香，12 幅其他的图片，还有一些水彩画康乃馨。

    仔细研究这些花朵图册就会发现，参与创作的画家们大多创造出了一种制作画册的生产线模式，也就是花朵的叶子和根茎部分由助手完成（画风陈腐，顶多算是能与实物有一点相似性的素描），而难度最大的部分，也就是花瓣由画家亲自完成。另有一些插图是临摹的早期画册里的稀有品种图片。有些品种因为太稀有根本不可能买卖，但画家还是会出于画册完整性的考虑也将其收录其中。

    对于荷兰培育人来说，郁金香画册是一个非常重要的销售工具，有助于吸引更多的新客户，也有助于鼓动老客户购买新品种。但是就留存下来的郁金香画册来看，一页一页无非都是几乎一模一样的红色系、紫色系和黄色系郁金香，无形中也反映出 17 世纪郁金香贸易的混乱情况。

让种植者和鉴赏家都非常头疼的一个主要问题就是如何分辨出极其相似的两个种类。即使是知识最丰富的商人和种植者也都觉得，想要把一朵红色系郁金香从另一种花纹几乎一致的其他品种郁金香中分辨出来，就算不是不可能，也是极其困难的。而这两种不同的郁金香的价格可能相去甚远。在现存记录中提到了几次关于郁金香贸易的重大争议，其根源也就在此。

同一种类的郁金香，每朵花之间都是有区别的，每一代之间也是有区别的。但这一点对于分辨它们的帮助不大，更不用说新品种的创造者给郁金香取的那些类似的名字造成的混乱。外行人认为荷兰郁金香的命名法让人无从理解。在早期是因为没有明确的规定，也没有统一的权威机构来制定郁金香命名的相关规则。任何创造了新品种的人都有权给花朵命名。而通常，这些人都会选择一些过分渲染该品种出类拔萃品质的词语，或是用他们自己的名字给花朵命名。更常见的是两种方式的合并。

掀起取名热潮的始作俑者是哈勒姆和北海之间一个沿海小镇柯南内姆兰（Kennemerland）的地方长官。他培育出一种红色系郁金香，苦思冥想选定了一个能显示这个品种优点的名字，叫"司令"（Admirael）。没过多久，司令就成了所有郁金香都渴望得到的最高级别的绰号。其他郁金香种植人纷纷效仿，给自己的郁金香取类似的名字，比

106

郁金香热

如利夫肯司令（Admirael Liefkens）、克雷亚司令（Admirael Krijntje）、范·恩奎岑司令（Admirael van Enkhuizen）等，其中最著名的莫过于范·德·艾克司令（Admirael van der Eijck）。外国人经常会弄错，以为这些花朵是以荷兰革命中的海军司令们命名的，但毫无疑问，这些名字不是为了纪念海军而是致敬培育这些品种的园艺家的。到郁金香狂热时期，有50多个品种的名字中带有司令一词，另有30来种与之相竞争的品种，使用的名号是"将军"（Generael）。将军系列中也包括一种名为范·德·艾克将军（Generael van der Eijck）的，可能就是为了让购买者认为这种花完全可以和司令系列郁金香媲美。

司令和将军的名号流行起来之后，种植人必然走出的下一步则是寻找新的更好的品种，然后将其命名为"总司令""大元帅"系列。于是就有了以古典英雄人物命名的郁金香品种，比如亚历山大大帝和西庇阿郁金香。命名热潮继续升级，最终两种来自豪达的郁金香，狂妄自大地取名为"司令中的司令"和"将军中的将军"。不过这两种郁金香倒也配得上这样的名字，因为它们花型硕大，还有燃烧的火焰般艳红的花纹。

这种取名方法的结果是，一些不太优良的品种也用上了司令和将军的名号，购买者根本无法从名字上分清自己购买的是什么品种。以将军系列为例，一般应是红色系郁金香，但是至少有三种紫色系郁金香也给自己冠名为将军；更夸张的是，还有一些紫色系甚至黄色系的郁金香给自己冠名为司令。所有这些都证明，种植者为了推销自己培育的新品种，已经用尽了各种办法。一位当时的作家如此解释这种奇特的现象：

> 若是一种郁金香出现了变异，主人要马上去告诉某个花商，很快人们就会开始谈论这件事。所有人都焦急等待着鲜花盛开一见分晓。如果确实是新品种，大家纷纷品头论足。有人用这种花作比；有人用那种花作比。若是这种花看起来像个司令，那就给它取名将军，或是任何主人设想的名字，最后别忘记给朋友们送上薄礼，好让他们想着到处去宣传你的新品种。

人们对郁金香的事津津乐道。到 1633 年，在种植人和鉴赏家，还有拔根人和药剂师们的共同努力下，郁金香供应稀少的问题终于解决了。整个荷兰都可以买得到郁金香了。仅在荷兰共和国就种植有 500 种不同的品种。虽然有些上上等的品种依然稀少，但其他一些也很美丽的品种则较容易获得。再加上球根的供应在稳步增加，郁金香的美丽开始吸引新的关注者，之前可能是买不起或是没有产生兴趣的那些到荷兰共和国进行贸易和工作的人，也开始

108

购买郁金香了。

在某种程度上，这主要是种植人的功劳。他们最重要的客户——鉴赏家们追求的都是最好最稀少的品种，种植者就不得不把越来越多的老品种和低等品种低价处理，否则就会积压库存。于是他们把这些品种低价卖给新兴客户群体，也就是那些以前只能听别人畅谈郁金香的美丽，现在终于可以梦想成真拥有郁金香的人。有些更有野心的种植者甚至把没人购买的球根卖给小商贩，让他们到各个城镇的集市上贩卖。这些人把郁金香传播到了更远的地方，让农民、劳工和拓荒人都认识了普通的郁金香，并将关于郁金香的赞美发扬光大。

从更大的角度来说，荷兰人对发展郁金香贸易这件事的极大热情，与其说是因为郁金香本身的美丽，倒不如说更多的是源于意识到倒卖球根可以挣钱。这才是真正值得投资的事业。尽管已经有源源不断的金钱流入共和国，但它的市民们仍然觉得钱还是太少了。

109

8

花　商

外国人惊讶于黄金时代荷兰人享受的物质财富，并且从未停止质疑他们是如何做到的。联省的执政者和富商们可能确实很有钱，但是他们生活的这片地方却是全欧洲自然资源最匮乏的地区之一。没有哪个国家比荷兰共和国更缺少富饶的耕地、美丽的乡村以及宜人的气候。从被战争蹂躏破坏的南方，到泥潭沼泽遍野的北方各省，几乎没有一个地方算得上充满生机和希望。

有个英国人曾经轻蔑地形容这个国家为"沼泽遍地……地球上最不美好的地方"。这个国家最重要的城市——阿姆斯特丹，其实就是建立在一片沼泽之上，要想到达这里，就要先穿过须德海。它是一个50英里长的内陆海，里面布满沙洲和危险的浅滩。英国大使威廉·坦普尔爵士（Sir William Temple）这样形容这里的空气和气候："若不是有森林净化，将成天雾气弥漫""气候恶劣而无常"。荷兰的天气变化无常，空气因阴冷、潮湿，不利于健康，还容易传播热病和瘟疫。

郁金香热

　　对于荷兰共和国的执政者们而言，有足够的金钱让自己过得舒服。对于农场主们（至少是那些幸运的拥有马尔河和马斯河沿岸仅存的富饶土地的农场主）来说，黄金时代的日子也过得不错。不但整个共和国的国内市场需要他们的产品，神圣罗马帝国也需要进口他们生产的粮食，因为 1618 年到 1648 年之间 30 年的北部新教徒与南方天主教徒之间的战争给当地的农业造成了毁灭性打击。然而，对于织工、木匠、铁匠、鞋匠以及市井商贩这类生活在城镇里的手工业阶级来说，生活却是非常贫苦的。

　　在 17 世纪，几乎整个手工业阶级都处于工作时间超长、工资微薄的状态。在一天漫长的工作结束后，他们终于可以回家了，但家不过是一个狭窄的小房子，顶多有一两个房间，连家具都没有几件。即使是这样，依然因为供不应求而租金很高。这个国家连饮食也是很单调的。对于在这样的艰难生活中痛苦挣扎的穷人们来说，播种球根，坐等它们开花就可以丰衣足食的日子确实是令人无法抗拒的。

　　很多年来，荷兰手工业者都是天不亮就开始工作，到日落西山才可以休息。到 1630 年，因为城市里的小工厂下半夜就开工发出的噪声过大，一些城市不得不颁布法令禁止漂洗工深夜两点以前开工；禁止帽子商人凌晨四点以

前营业。铁匠受到的限制最严格，因为铁匠铺的噪声最
大，所以他们被要求黎明钟声敲响之前都不得开张。

在这样漫长、辛苦的一天里，荷兰手工业者就靠芝士点心、冷腌鱼和每天中午的一顿正餐维持。这顿正餐通常也只有一个菜，也就是一种叫作"全家福"（*hutspot*）的传统炖菜，里面有切碎的羊肉、萝卜、醋和梅子干，一起加上油脂煮沸。按理说这道菜应该慢炖 3 个小时以上才行，但要赶上困难时期，工作又繁忙，很可能炖不到 1 小时就端上桌。用惊骇的法国游客的话说，这时的炖菜就是"一锅加了盐和肉豆蔻的水，里面飘着羊杂和碎肉，一丁点食物的香味都没有"。

然而，对于荷兰人自己来说，就连欠火候的全家福也是偶尔奢侈一次才能吃得上的佳肴。那些连肉都买不起的人只能靠蔬菜和黏黏的黑麦面包度日。这种面包体型巨大，一个最少也有 12 磅重。对于清苦的家庭来说，一个面包就是全家一天的口粮。荷兰人的饮食风格总体比较单调。比如，所谓海鲜就仅限于鲱鱼和鳕鱼。贝类虽然很多，但却被认为是最糟糕的食物。曾经有家大宅子里的女佣因为被要求吃大马哈鱼而不能忍受，并且恳求主人每周最多吃两次。

正餐之后，马上又要开始工作，并且会一直持续到日落之后。如果灯光足够，甚至要到更晚。在整个黄金时

代，每天工作 14 个小时是司空见惯的。1637 年在莱顿，连续工作 16 个小时的纺织工人因为需要挣钱，甚至还主动要求加班。当时的假期也很少，每周工作 6 天，宗教改革的一个不那么受欢迎的结果是，不少本来需要庆祝的天主教节日也被取消了。

手工业阶层从不抱怨工作时间太长，因为他们的工钱是按时计算的，所以他们能挣多少钱跟每周可以工作多少小时息息相关。一个在夏天看来报酬还行的工作，到冬天白昼变短以后，可能就只够提供勉强糊口的工资。即便是赶上市场景气、白昼又长的时候，每小时的工资也就在半个荷兰币到两个荷兰币之间，成百上千的荷兰穷人每天长时间辛苦工作才挣不到一荷兰盾。最终的结果就是：在一个周日不允许工作的年代，一个五口之家最少要 280 荷兰盾才能维持生计，而一个荷兰手工业者每年的收入一般不会超过 300 荷兰盾。

而那些挣得略多的人，日子未必就能好过多少。手工业者认为有利可图的买卖都被控制在行业协会手里。这些协会向会员收取高额的会费，用以支付经常举办的表彰协会卓越贡献的宴会和招待会。很多手工业者在完成了漫长的低薪学徒生涯之后，又因为交不起会费而不得不一辈子打短工。即使是在黄金时代的最高峰，当大笔的投资和富贸易带来的财富流入执政者们的保险箱里时，共和国的手工业者们却要费九牛二虎之力勉强加入协会，加入的结果往往是钱都拿去交了会费，连学徒都雇不起了。

由此可见，尽管联省共和国非常富有，但是富有的人却屈指可数。确实，有些手工业者挣得不少，即使是穷人挣的工资也相当于其他国家穷人的两倍，但是相对的，联省的税收和物价也普遍偏高。即便是有工作的人也要日日为钱发愁，而他们的妻子们大多也要被迫工作以贴补家用。

那时一个典型的荷兰家庭，几乎没有任何闲钱可以支配，更没有什么像样的财产。如果这家人是手工业者，生活在人口总和占了共和国总人口四分之一的那几个大城市里，那么他们很可能是住在拥挤街道两边整齐的小房子里，橡木的大门上了蜡或是刷成绿色。房子内部极其干净，因为反复的打扫擦拭而总是潮气不散。荷兰人对洁净的苛求让外国人印象深刻。访客都必须先在户外穿的鞋外面套上稻草编的拖鞋才能进门，以免把尘土带到屋内。干净整洁的同时，难免也觉得空落。手工业者家里顶多能有张桌子，有个空荡荡的碗柜和一些餐具，还有几把直背椅，大概也就 1 荷兰盾一把。而最贵的家具莫过于床。攒够床钱可是要颇费些时候的。最便宜的一种叫橱柜床，为了保暖要嵌进墙里面。这种床非常小，以至于在这个床上睡觉根本不能完全躺平。即便如此，也要 10～15 荷兰盾

115

才能买到一张。只有商人阶层的成员才能买得起可以自主站立的现代样式的床，价格要高达 100 荷兰盾。在普通手工业者家里，小孩子就睡长椅或木板，再不然就睡父母床下的抽屉里。一旦年满 14 岁，他们就要出去找工作为家里挣钱了。

此外，到 1630 年，手工业者阶层本就不稳定的生计又受到从南方不断涌入的新教难民的威胁。从前一个世纪起，联省人就意识到城市人口已经趋于饱和了。因为所有的耕地，都集中在三个相对富饶的省份，即位于联省中心位置的荷兰省、海尔德兰省和乌特勒支省。自然的，人口也都往这些地方集中（另一个比较兴旺的南方地区是泽兰省，那里的人们以渔业为主，而其他几个省份几乎都不能供养太多人口）。加上从荷兰南部涌入的成千上万的移民，人口一下膨胀至大约 200 万。新移民们也都需要找工作，虽然有些移民本身很有钱，但是仍然不足以缓解就业和生存的压力。城市人口过多已经成为一个严重的问题。那些本来就不富有的人，更是发现自己的生存空间越来越有限了。

然而，17 世纪上半叶的联省共和国在更高层面上具有一种其他欧洲国家都不具备的重要的国家特质，即人们相信社会的流动是每个荷兰人与生俱来的权利。在法国和神圣罗马帝国，一个农民认定无论发生什么，自己只能是

116

个农民；就如一个人是店主，他的父辈肯定也是店主，他的后代也必然还是店主。但是在联省则不同。一个移民的儿子可以变成世界上最富有的城市里最富有的人，甚至还可以进入统治阶层，没有人会在乎他卑微的出身；一个小村子里的农民可以到大城市里闯荡；一个中等阶级的手工业者，偶尔买上一张驶向波罗的海的货船的股票，收到的分红用来再投资，有一天就可以拥有自己的货船。在当时，机会确实是存在的，人们看得到，也迫切地想要抓住。正如一位佛兰德的牧师威廉·博达尔缇厄斯（Willem Baudartius）在 1624 年说的那样："有一分钱可挣的地方，会有十双手来抢。"如果你很穷，如果你想在黄金时代供大于求的劳动力市场上挣口饭吃，你很可能只会愈加沦落，而不是飞黄腾达。

黄金时代对荷兰人来说，还是一个孕育着希望和变化的时代。穷人和富人一样心怀期待，所以他们比谁都更渴望到球根贸易中试试手气。随着对郁金香需求的增长，以及个别品种售价的年年攀升，这个行业可能带来的巨大利润也越来越显而易见。17 世纪 30 年代初，一个新兴的购买团体开始把触角伸向荷兰共和国的花房。这批新人既不是鉴赏家，也不懂培植球根的事。他们管自己叫"花商"，他们唯一感兴趣的只是靠郁金香挣钱。

最初的花商可能是想做种植者。靠一个简单的球根，

郁金香热

一个冬天就转手变现显然是个非常吸引人的主意，尤其能吸引游商、无业者和机会主义者的眼球。荷兰社会中这些没有固定工作和收入的人，尤其看好这个看起来很容易的挣钱机会。那些拼命工作却挣不到种植者收入零头的手工业者们也逐渐发现了郁金香贸易的吸引力。相对而言，对于那些已经收入不菲，或者是已经有固定职业，生活富裕的人来说，郁金香贸易则没有那么诱人。

很多花商自然都会有建造一个小花房的打算。到 17 世纪 30 年代，原本流行于执政者、富商阶层的园艺时尚已经风靡整个荷兰。哈勒姆和阿姆斯特丹的许多手工业者都在城外购置了小片的土地。在郁金香狂热兴起前，这些土地多是用来种植蔬菜的，而且有些小花园还是惊人的精致复杂的。威廉·布里尔顿爵士就曾观察过莱顿的一个穷人的花园，花园中的灌木修剪成各种造型，"有的是士兵的形象，有的是骑在马上的将军的形象"。另外一个英国旅行家彼得·芒迪（Peter Mundy）认为，侍弄一小片花园能够帮助阿姆斯特丹人应对在沼泽气候中生活带来的阴郁情绪。他在自己的游记中写道："其他国家的人民能拥有的田野和草坪让荷兰人无比羡慕，于是他们用在小花园里种下奇花异草来弥补这种空虚……"

不光是城市里的手工业者，连小村镇里的农民也同样享受园艺带来的乐趣。在黄金时代的高峰，哪怕是最小的村子里也会有种植者俱乐部；每个俱乐部还有自己的章程和庆祝活动。大多数俱乐部会举办春季赛花会。就像今天一样，不同品种的花卉被展示在一起，相互比较后评选出优胜者并颁发奖励。比赛结束后还有以祝贺获胜花卉为名义的宴会（有外国观察者挖苦说这不过是为大吃一顿找个借口）。无论如何，园艺已经成为荷兰一个全民投入的热情所在。

　　1635 年之前，第一批花商对球根的第一笔实验性投资获得了丰厚的回报。消息由此传开，一些新来的人也开始加入投资郁金香的行列。当时的作者和小册子写手们一致指出，加入的这些人大多是织工，他们比别的手工业者占优势的一点在于他们可以把自己的纺织机器典当或抵押，这样就有了投资球根贸易的第一笔资金。但是很快，其他行业的人也加入了投资的行列，其中不乏固定职业的中等阶层中的律师和牧师。

119

　　所有手工业者都在做这个发财梦。有一部分人拿得出一小笔资金投资郁金香，机会主义者能投入的钱则少一些，但是却更敢于冒风险，甘愿倾其所有。荷兰社会中两种最明显的特质在这打起了重要的作用：强烈的攒钱欲望和忘我的赌博精神。这两种特质看起来互相矛盾，但是却共同作用，成为郁金香狂热最大的驱动力。

　　联省人民对于入不敷出有一种极大的恐惧。这令来访的外国人非常诧异。要知道 1600 年到 1630 年间，联省人收入普遍增长，也就意味着大部分荷兰家庭是有存款的（这在当时的欧洲很可能是绝无仅有的）。因为当时没有现代意义上的银行，我们也就无法知晓在共和国普遍的存款数字大约是多少。但是威廉·坦普尔爵士显然想到过这个问题，他认为简朴的荷兰人可能会将收入的五分之一用于储蓄。如果我们以这个推断为基础计算，一个生活水平一般的手工业者一年收入 300 ~ 500 荷兰盾，那么一年有 60 ~ 100 荷兰盾可用于投资。坦普尔的估算是基于商人阶层，而手工业者阶层的生活要比他们更接近于贫困线。所以，他的这种粗略估计可能过于乐观。即便如此，我们也完全有理由认为，一个父母都在工作挣钱的家庭，在景气的年份里，简朴度日，一年到头也能攒下 20 ~ 50 荷兰盾。平常时候，这些钱可能就用来奢侈一把，买些亚麻、家具和瓷器。但是，即使是在郁金香价格自始至终居高不下的 17 世纪 20 年代，这笔积蓄也足够买几个球根的了。

正如攒钱的欲望一样，赌博精神也同样感染着荷兰社会的每一个阶层。生意人威廉·于塞尔林克斯（Willem Usselincx）曾经说过，只要钱能生钱，就没有一个荷兰人会把钱藏在旧袜子里。对于有钱人而言，赌博可能意味着在他可以接受的范围内，投资一艘有些风险的去印度的商船；对社会里其他阶层而言，赌博通常是艰难生活的必然结果。很多荷兰人在这个人口过多的国家里挣扎度日，努力过上好一点的生活。在黄金时代，彩票在荷兰就已经像今天一样流行了。对很多人来说，赢得赌注是最诱人的赚钱方法。

荷兰人有好赌成性的坏名声。法国旅行家夏尔·奥吉耶（Charles Ogier）就写道，在鹿特丹几乎都没法找到一个行李搬运工，因为只要你选定一个，就会有另一个走上前来跟他打赌，胜者才能得到生意。当代记录中也提到一个叫贝伦特·贝克（Barent Bakker）的人赢得了一个有生命危险的赌局，赌的是他可以坐在和面机里，从泰瑟尔岛穿过须德海到达维灵根。还有一个叫亚伯拉罕·范·德·施特恩（Abraham van der Steen）的旅店主人因为打赌罗马一根特定的柱子的外观而输掉了自己的房子。还有荷兰士兵在战役正在进行的同时打赌战役的输赢。

与这些疯狂的赌局相比，郁金香还像个合理的投资。种植球根比每周工作 80 个小时钉马掌或是织布轻松多了。 121
再加上对郁金香的需求持续增长，优良品种的价格不断攀升，也难怪荷兰人认为自己遇到了每个赌徒梦寐以求的机会：一场只赢不输的赌局。

9

繁　荣

122　　　在荷兰共和国北方各省与须德海之间，有很多低洼的岛屿，岛屿包围之中的避风海湾里有个中等大小的镇子叫霍伦，在弗里斯兰省的西部，南面就是须德海。须德海是个岛屿众多的大海，几乎把联省共和国拦腰切断。直到16世纪50年代，这里一直是荷兰一个重要的港口，因为与波罗的海的贸易而兴盛。谁知不到100年后，那些载满烟草、木材的大船全都驶向了阿姆斯特丹。霍伦市于是走向衰落，而且恐怕永远也不可能恢复了。

　　　17世纪上半叶，在这个几近毁灭的小镇的镇中心有一栋大房子，门前竖立着三座郁金香的石头雕塑。除了后来被改建为天主教堂之外，这栋建筑本身没什么特别之处，但是这里却是郁金香狂热的发源地。

123　　　立在门前的郁金香石雕就是为了纪念这座房子是在1633年夏天用三株稀有的郁金香换来的。一个当地的历史学者泰奥多罗斯·费留斯（Theodorus Velius）在他记录的编年史中提到，就是在这一年，西弗里斯兰省郁金香的价格达到了一个新的高峰。三株郁金香换房子的消息流传开不久，又有人用一包球根换得了弗里西亚的一个农舍连带它周边的土地。

这些令人震惊的交易都发生在联省一个衰退凋敝的小镇上，这也是有不幸的事要发生的最初征兆。30 年来，郁金香爱好者们还都是用钱在买花。而现在，第一次出现了把郁金香当钱用，而且还能顶好多钱的情况。

在不知道被交易的郁金香是何品种的情况下，我们也很难知晓这桩买卖到底有多么重大的意义。就算西弗里斯兰省霍伦市的房价比不得阿姆斯特丹，一处体面的房产也起码能卖到 500 荷兰盾左右，而土质优良的农田则售价更高。由此可知这些球根的价钱按当时的标准算是很高了。确实，1633 年以前，球根的价钱就已经持续增长好多年了。类似的惊人交易也可能之前就有只不过没有记录留存下来。更有可能那个农田换球根的交易是发生在两个拥有不止一处地产的鉴赏家朋友之间，而不会是某个农民为了几株鲜花抛弃自己维持生计的唯一源泉。即便如此，这些交易的分量仍然远远超过 17 世纪 20 年代的其他交易。

郁金香交易也是在时时变化的。17 世纪 30 年代的球根买卖不再局限于 "永远的奥古斯都" 那样极稀少、花多少钱也买不到的品种。其他一些上上等的品种，还有一些稍低级的郁金香，虽然也是数量有限，但是只要你出得

124

起价钱，还是能从专业种植人手中买到的。由于想买球根的人不断增多，那些最受欢迎的品种的价格也开始上涨。起初比较缓慢，到 1634 年底就开始加速，整个 1635 年都在持续加速，直到 1636 年冬天，有的球根价格一周多就能翻倍。

郁金香狂热在 1636 年 12 月至 1637 年 1 月达到了最高峰。在那短短几周内，人和钱都一股脑儿地扎进了郁金香交易。整个联省的人纷纷投资球根，需求的急剧增长将价格不断推向新高。有那么很短的一段时间，所有人都挣钱了，所以又吸引了更多的新手加入了贸易的大军。

一个当时的编年史记录者如此形容价格在两三个月中疯长的情形：花 15 荷兰盾买入的"总司令"（Admirael de Man）以 175 荷兰盾的价格转卖；黄色系的"莱顿的红与黄"价格增长了 11 倍，由原来的 45 荷兰盾涨至 550 荷兰盾。"大元帅"（Generalissimo）更从原来的 95 荷兰盾暴涨至 900 荷兰盾。另一种上上等的郁金香，也就是众人垂涎的豪达的"将军中的将军"，后来简称为豪达。这是一种花型硕大，花瓣为白底有红色火焰花纹的郁金香。从 1634 年 12 月到 1635 年 12 月，它的价格涨了 2/3；再到 1636 年 5 月短短半年间又长了 50%；从 1636 年 6 月到 1637 年 7 月，价格更是上涨了 2 倍。所以这种起初就已经很昂贵的球根，从狂热时期最初的 100 荷兰盾涨到 750

荷兰盾只用了两年时间。

最著名的郁金香"永远的奥古斯都"当然更是疯涨。1633 年球根的价格是 5500 荷兰盾，到 1637 年 1 月则是令人咋舌的 10000 荷兰盾。整个荷兰共和国也只有十几个人付得起这个价。这笔钱足够解决一个家庭半辈子的衣食住行；或者是买下阿姆斯特丹最繁华的运河边上最豪华的房子，还连带马车房和 80 英尺的花园。要知道当时阿姆斯特丹的房产可不比世界上任何一个地方便宜。

这样的盈利是惊人的。那些投身球根事业并获利匪浅的人忍不住要向亲朋好友吹嘘自己好运气的源泉；靠鲜花赚钱这种新鲜又让人不敢相信的故事更是一传十、十传百，而且所有故事里绝对没有赔钱的情节。以至于到 1635 年，郁金香能挣钱已经成了整个荷兰都在谈论的话题。

有一个故事就讲到有人用斯海默的围垦田里的一块地换了六株郁金香；另一个故事说有个男人因为太痴迷于郁金香，结果连未婚妻都改嫁他人了。第三个故事说的是一个富有的阿姆斯特丹商人买到了一个珍贵稀有的红色系郁金香球根。他把球根放在他库房里一个柜台上，可是一转眼的工夫球根竟然消失了。他的仆人们把整个仓库翻了个底朝天也没找到球根，后来他想到肯定是当时在仓库里的一个水手把球根拿走的。这个水手是一艘去东印度的船上

126

的，这船航行3年了，所以水手一点儿都不知道郁金香狂热的事，他还以为自己只是拿了个洋葱。等商人终于在码头上找到他时，他正坐在一捆缆绳上，球根已经被吃得只剩一小块儿了。愤怒的商人于是把水手抓起来送进了监狱。第四个故事里有个英国旅行家，他也对郁金香一无所知。他在富有的荷兰朋友家做客时，发现温室里有个球根，于是就用随身的折叠小刀把球根切开了。非常不幸的是，被他切开的是一个范·德·艾克司令球根（一种红色系郁金香，花瓣上有粗直的血红色条纹），价格不低于4000荷兰盾。这个手欠的英国人于是也被押送到地方官面前，最后被判为自己的破坏行为赔偿损失，至少故事里是这么讲的。

事实上，这些关于郁金香交易的故事，也包括当时流传的其他一些故事里的离奇情节，往轻了说是不可信，往重了说根本就是不可能。大多数故事都是小道传闻，其他一些则是起源于一些神职人员的布道，想要警告世人郁金香交易的危险性。但是，如果这些故事的本意旨在打消人们涉入郁金香领域的念头，那可真是泛滥且无用。事实上，这些故事更让人觉得郁金香是人人渴望的，也是像进口一船肉豆蔻或一批瓷器一样能挣大钱的。关于郁金香交易挣钱的令人兴奋的谈论让越来越多的人忍不住要亲身体验。

究竟是什么，能让如此之多来自不同行业的人，都热切地投入到一项他们完全不了解的交易中来试试手气？利润的诱惑肯定是原因之一，人们期望可以挣到以前从没挣到过的那么多钱。原因之二，则是因为当时的联省刚刚从17世纪20年代漫长的经济萧条中恢复起来。这次萧条几乎贯穿了整个20年代，也是整个17世纪最严重的一次经济萧条。导致萧条的主要原因是与西班牙的再度开战和西班牙的海上封锁。危机之后，荷兰经济整体迎来了强势复苏。经济形势从1631年或1632年开始好转，在整个30年代都保持着稳步增长。这就意味着，当时的荷兰比以往任何时候都富足。荷兰本地的一些因素也对人们加入郁金香交易有一定影响，比如在离阿姆斯特丹几英里之外的哈勒姆，很多织工都改行倒卖郁金香。因为虽然经济形势复苏了，但是莱顿开始成为荷兰纺织业的主导，哈勒姆的纺织业依然无可避免地衰落了。

另一个影响因素是1633年到1637年间在荷兰多个城市爆发的严重的黑死病疫情。编年史记录者泰奥多罗斯·费留斯当时就生活在哈勒姆。据他记载，从1635年10月瘟疫爆发到1637年7月疫情彻底结束，共有8000市民因为瘟疫丧命，其中5700人是在1636年8月到11月间去世的；也就是说，在哈勒姆，每8个人中就有1个人染病去世。因为死人太多，都没有足够的坟墓安葬。

128

郁金香热

这场可怕的瘟疫带来了两个主要后果。第一是劳动力紧缺，雇主们只能提高工资以争抢劳动力，所以工人们也开始能有点闲钱投入郁金香交易；第二是，或者说可能是，瘟疫让人们惧怕宿命，球根交易者也感染了绝望的情绪，所以才在球根交易上疯狂无度的投入。

不管是乐观主义者还是宿命论者，想用郁金香交易试试手气的花商新手们根本不敢奢望拥有豪达或范·德·艾克司令这样的名贵品种。他们最初只能倒卖一些最便宜、存量最多的球根。历史学家西蒙·沙曼（Simon Schama）指出，这些新手在一个价格很高的交易市场中能够立足主要是因为，在 1634 年，资深专业种植人刚好从国外引进了一批数量巨大的新品种，这有效地控制住了郁金香的价格。没有什么直接的证据能够支持这一说法，而且鉴于这些引进品种是最新的，所以也是最稀少的，那么也应当是最昂贵的。更合理的原因可能是，有些时间比较久远、人们比较熟知的郁金香品种在这一时期经过不断繁殖，数量已经足够满足需求，所以价格也就比较合理了。新手们主要就是以倒卖这类郁金香作为进入市场的敲门砖的。

进入郁金香市场并不难。只要有一笔小钱，找一个温室就够了。在 1635 年上半年，整个联省的球根市场前所未有地兴旺了起来。哪里有郁金香可买，哪里就有市场。鉴赏家和种植人已经颇具规模的城镇里又出现了大批花商：无论是哈勒姆还是阿姆斯特丹，豪达还是鹿特丹，乌特勒支或者代夫特，莱顿和阿尔克马尔，还有恩克赫伊曾、梅登布利克和霍伦市。

种植人和鉴赏家们不只是向新入行者销售库存的人，他们更是创造这种交易，并且将其带入正轨、走向成熟的人。没有晦涩难懂的行规，也没有难以克服的障碍。买卖郁金香的规则就是建立在常识之上，在第一批花商出现之前，就已经被众人了解和认可了。

最早的郁金香交易中买卖的是球根。当郁金香的数量增长之后，这一点就有变化了。好像在 1610 年，就有一些不怎么值钱的郁金香是按"一花圃"卖出的。这种计量单位无法精确定义。哈勒姆的法律文件档案中就记载了这样的买卖：在 1611 年，一个叫约斯（Joos）的药剂师把自己种植的四个花圃的郁金香卖给一个叫扬·布兰茨（Jan Brants）的人，买主为此支付了 200 荷兰盾。第二年，布兰茨又花了 450 荷兰盾买下了由达米斯·彼得森（Dammis Pietersz.）和哈勒姆啤酒厂主奥格斯汀·斯泰恩（Augustijn Steyn）共有的两个花圃。

这之后的某个时候（无法确切认定），人们又开始倒卖子球。这一步是符合逻辑的必然趋势。因为子球很快就会发育成球根，它们自然也应当有一定的价值。尽管如此，这一发展起初是备受争议的。首先是因为谁也不能保证子球能成活，其次是根本无法确定子球开出的花会不会和母球一样。就是因为这些原因，子球交易中存在一定风险。这一交易形式也是过了一段时间才被接受。1611 年春天，一个叫安德里斯·马修（Adries Mahieu）的鉴赏家被问到是否愿意向一个亚麻商人朋友出售一些子球，他反问他的朋友是不是真的想买"一只装在袋子里的猫"。他对子球的这种评价使另一位旁观者印象深刻，这位旁观者就是园丁马腾·德福特（Marten de Fort），于是他把这句话记录在了交易的法律档案里。

交易子球还有一个更重要的意义。克劳修斯和其他早期的郁金香种植人已经发现，球根类植物在花期结束后就应当从土里挖出来，放到通风的架子上晾干储存至秋天，这样第二年才能长得更好。因此，球根的买卖就只能在夏天球根被挖出，球根能够实际交付的这几个月时间里进行。子球则不同，主人们倾向于一结出来就卖掉，而实际上子球要等几年才能发育成熟。

销售子球成了让郁金香交易摆脱季节性限制的第一步。
131 这意味着以前集中的短短 4 个月之内的交易期变为了现在的全年无休。球根子球往往在成熟前就被从母体上分离，这种零散的交易对稳定的郁金香交易其实没有什么威胁。但是它开创了一个危险的先例，特别是随着涌入郁金香市场的花商越来越多，要求郁金香全年交易的压力越来越大。

对于鉴赏家而言，只能在当年 6 月到第二年 4 月之间买卖球根是完全合理的。因为它们希望在买花之前看到植物的样子，并且希望所有交易在种花时节到来前结束。但是这对于新兴的郁金香交易群体来说就太有局限性了。因为他们的球根根本不是用来种植的。传统的种植季和储存季的区别对他们而言毫无意义。他们不像自己的前辈一样希望欣赏到郁金香的美好，但是却比前辈们更看重郁金香带来的金钱利益。这些新入行者只想从花里榨出钱，而且是越多越好。虽然也有个别花商会把球根种下，然后销售长出来的子球，但更多的还是只专注于买入卖出赚取差价。

从 1635 年秋天开始，球根贸易发生了本质上的变化。不断壮大的花商队伍已经完全抛弃了鉴赏家们建立起来的传统的交易方式，他们不再满足于出售他们实际拥有的郁金香，而是开始销售还长在土中的郁金香。球根不再作为商品交换的单位。从这时起，人们交易的凭证变成了期票——其实就是一张纸片，上面写着被卖出的郁金香的情况。至于球根挖出的时间和提货时间等则一概没有。为了避免混乱，花田里每个球根边上也会插个牌子，写明郁金香的品种、重量和买家。

这种新体系有它自身的优势，即让郁金香交易在春

132

天、秋天和冬天也成为可能。对于郁金香球根从土里挖出来之前就可以交易的这种方式，那些既无技术又无愿望参与种植的花商格外感兴趣。但是这种形式也存在着巨大的潜在危险。购买人既无法检查他们购买的球根，也不能看到花开的样子，所以球根质量根本没有任何保障。花商也无法确定自己购买的球根是否真的属于卖家所有，甚至无法确定货物是否真正存在。

荷兰人将郁金香狂热的这一阶段称为"风中的交易"（*windhandel*）。这个荷兰语词语本身有着非常丰富的含义。对水手而言，它指的是在风中掌舵行驶的困难；对股票经纪人来说，这个词是提醒他们，无论是郁金香交易者的股票还是他们所谓的获利，都脆弱得如一张随风飘舞的纸片；然而对花商而言，这个词则意味着郁金香交易的简单易行，既无规则限制，又无组织约束。

也正是这种交易形式的创新，为郁金香狂热的更加肆无忌惮创造了条件。期票的引入不仅让郁金香交易成为全年无休的生意，更让这种交易变成了一种投机买卖。因为球根实物要几个月之后才能真正交付，所以人们买卖甚至再转卖的已不再是球根，而是期票。

花朵之美在这里已经完全抽象化了，交易者在乎的只有背后的利益。反复转手造成所有权归属的混乱和可疑也成了这一时期球根交易最主要的特点。没多久，连本来固

133

守的道德观念也被抛诸脑后。明知自己不可能实现交付，却还是把所谓的郁金香卖给没有现金可支付或是本来也不打算种植的买家的情况也越来越普遍。

购买的不是实物，而是几个月之后才能实现交付的球根。郁金香交易者们创造出的这种交易形式，其实类似于现在我们所称的期货市场。简言之，就是一种投机形式。商人投机的对象可以是球根，也可能是石油，他要承诺在将来某个确定的时间里支付确定的价款，实际上就是在赌这种货物在将来的价格到底是涨是跌。这是一件具有非凡历史意义的事件。在 17 世纪 30 年代，期货的概念还是新鲜事物。20 多年前，第一个期货市场首先出现在阿姆斯特丹。期货交易的内容也只是木材、烟草和香料。郁金香是第一种在阿姆斯特丹市场以外被买卖的货物；郁金香交易也是第一种不是由高级别商人和证券交易专业人士进行的期货交易。

这当然是郁金香贸易最吸引人的地方之一。到 1635 年，联省的执政者和大商人们可选择的投资项目已经越来越丰富。他们可以购买有保证利息的政府债券，或是把钱存入不断涌现的新兴银行里。若是他们更有冒险精神，则可以在交易所买股票、投资城市排水系统项目，或是投资与美洲的海运贸易。当然，投资这类贸易都需要巨大的资本，而共和国里的手工业者、小商贩或是农场佃户们关心

134

的则是如何找到一个用他们手里仅有的一点小钱盈利的机会。17 世纪没有建房互助协会，没有信托投资公司，没有私人股权计划，没有廉价股份，也没有税收减免和合法避税。对于一个哈勒姆的织工而言，投资的意义只是买些亚麻或支付购买新织布机的定金。突然之间，出现了一条看起来额外诱人的赚钱新路子，操作简单、获利又有保障，最重要的是，几乎不需要多少启动资金。

期货交易其实是一种高度投机的商业形式，但是也有明显的优势。举例来说，一个卖家可以在等待自己的货船从海外归来，或是因其他什么原因还没有实际占有他所卖之物的时候就将货物卖出，实际上是卖出了货物会在他实际占有时降价的风险。卖家可以要求买家支付一部分押金，大约 10% 左右，再约定一个确定的日期支付一个确定的数字，然后就可以据此安排自己的财务了。对买家来说，只要猜对价格走向，期货交易同样可以带来丰厚的利润。比如一个花商出价 100 荷兰盾购买一张期票获得一株四个月后出土的豪达郁金香的所有权，他当然是笃定在球根出土之前自己可以以更高的价钱卖出。如果到时候他只能以 80 荷兰盾的价格卖出，那么显然他就损失了 20 荷兰盾。但是在当时郁金香价格持续疯长的市场情形下，预计市场走向实在是再简单不过的事了。而对大批涌入郁金香市场的新手来说，赔钱的可能是想都没想过的。

135

　　事实上，期货市场根本不是这么简单的事，而且是比它最初显现的更具风险，甚至可以说是极其危险的。假设一个只有 50 荷兰盾资金的花商认定市场价格会走高，把小心谨慎抛诸脑后，一口气买下 5 个单价 100 荷兰盾的豪达郁金香，他的钱刚好可以支付每个球根 10% 的预付款。如果到球根出土时，郁金香价格翻倍，那么 50 荷兰盾实际上变成了价值 1000 荷兰盾的郁金香。以此时的高价卖出郁金香后，他不但可以付清欠款，还可以净赚 500 荷兰盾。因此，如果郁金香贸易保持上涨的势头，贫穷的手工业者确实可以靠郁金香赚大钱。但是一旦郁金香价格跌落，就是毁灭性的灾难，破产将不可避免。还是上面那个例子，若出土时郁金香价格仅为原来的一半，那么压上自己全部家当的花商面临的是 200 荷兰盾的损失，对他而言是怎么也支付不了的。

　　荷兰政府对"卖空"的风险实际上是深感忧虑的。事实上，政府一直判定买卖双方都不实际占有货物的这种交易不仅非常危险，更是本质上不道德的行为。自 1608 年这种形式出现之后的两年内，政府多次立法禁止。在 1621、1623、1624、1630 年和 1636 年都不断有禁止期货贸易的法律被通过。所以在 17 世纪 30 年代发展起来的郁金香期货贸易理论上根本是不合法的，不过从联省议会六次颁布法案禁止郁金香交易的实践上也可以看出，这些法

136

令的执行有多么不成功。

卖空确实是非常危险的，即使当涉及的货物是不那么虚无缥缈的波罗的海木材时也是一样。就算是以期货交易这样弹性较大的标准来说，郁金香也是一种极不稳定的货物。一个买木材的商人至少明确地知道自己买的是什么，而一个购买到出土时才交付的球根的花商却不能确定自己将来会得到什么。他是在拿一件有生命的事物打赌。要想成功，不但要有对几个月后球根价格的精明判断，还要了解球根在土里生长时发生了什么。

最划算的买卖是购买即将发育出子球的球根，这样子球很快也可以分割开来独立销售。所以，能够快速生长的球根比那些还不成熟的小球根或是已经完全成熟结不出太多子球就要死去的老球根更有价值。但是，即使是经验最丰富的种植者也无法判断出一个特定种类的球根能够发育成什么样子。所以对新手而言，球根交易更是一种完全投机性质的交易。

为了让郁金香交易者们能够对郁金香长出来的样子有

137　个大致的猜测，实践中渐渐形成了说明球根种下时的重量的习惯。重量是以"分"（*azen*）为单位的，这是一种从金匠工作中引进的极小的重量单位。一分大概略少于两千分之一盎司（二十分之一克）。一个成熟的球根重量可以从 50 分到 1000 分不等，主要取决于球根种类。除重量外，还要说明球根可以出土的时间，所以花商们交易的期票上都写着球根种下时的重量，而买主在自己的账簿上也通常会标注出一栏用以记录自己购买的球根重量。

至此，球根依重量而非个数买卖的交易方式已经呼之欲出。一方面，这样的方式让交易更公平。旧有的依个数买卖球根的情况下，一个重100分还未发育成熟、可能一两年内还结不出子球的球根和一个重400分发育完好的成熟球根卖一样的价栓显然是不尽合理的。依重量买卖的价格则可以更准确地体现球根的发育状况。但是这种新体系也意味着球根价格的增长速度比以往更快了。很多球根在土里生长时，重量变化非常大，所以就同一种类而言，即使每分的价格从九、十月份球根下种到第二年六月球根出土时都没有变化，但是因为球根生长、重量增加，球根的总价值也毫无疑问会大幅度升高。

郁金香交易的记录可以用来说明投资一个球根可以产 138
生怎样惊人的效益。一个阿尔克马尔的葡萄酒商人格里特·博施（Gerrit Bosch）在城外自家花园里种下了一株总督郁金香。1636年秋天种下时的重量为81分，到1637年秋天出土时，增长了4倍达到416分。同一个花园里还有一株利夫肯司令，和下时是48分，出土时是224分，另一株"完美的利夫肯"（Paragon Liefkens）从131分长到了434分。即使这三种花每分的单价没有变化，短短九

郁金香热

个月里，博施的客户也能够赚到330%到514%不等的利润。整个联省大概都找不出比这盈利更快、更惊人，而且稳赚不赔的交易了。一艘商船来往联省和印度之间要2年左右，而且在海上的东印度公司商船还面临着疾病、失事、海盗和西班牙袭击的风险。即使是富贸易也会让荷兰少数有资格投资其中的特权阶层面临荷兰花商们根本不知晓的风险。

最早的关于依重量交易的记录开始于1634年12月。当时一个哈勒姆种植人大卫·德·米尔德和一个亚麻工人扬·奥克森（Jan Ocksz.）一起到扬·范·达梅在"小木板路"上的花园里，在德·米尔德的建议下，奥克森购买了两个红白豪达，重量分别是30分，价格为30荷兰币——也就是1.5荷兰盾每分。奥克森还买了两个范·德·艾克司令，但不是按重量，而是按132荷兰盾一个球根的价钱买的。这个记录说明，到1634年旧有的按个数销售球根的方式仍然在施行。然而到1635年，所有留存下来的记录中都已经改为依重量销售的方式了。

139　　随着郁金香交易的发展壮大和复杂化，花商有时会在这种买卖体系的基础上加入新的条件。比如说，买卖双方可以约定购买球根的条件是，在出土时球根必须达到某一特定的重量。在另一个涉及德·米尔德的交易记录中就显示，1635年10月底，有一个木鞋制造者亨利克·卢卡森

「永远的奥古斯都」，即最美的荷兰郁金香。据称，这种极度稀有的鲜花世上仅存不超过十二株，一个花球转手的价钱就可以买两栋房子。

一株公元1725年左右的郁金香，花型似杏仁，花瓣成针状，是当时最受土耳其人喜爱的品种。

土耳其苏丹的首席园丁，同时也是土耳其宫廷的首席刽子手。

VEUE DU GRAND SERRAIL DE CONSTANTINOPLE

CAROLVS CLVSIVS
CAR CLVSI ATREB AN LIX EFFIGIES EXPRESSA VIEN AVSTR MD XXCV

CONRADVS GESNERVS TIGVRINVS ME
DICVS ET PHILOSOPHIÆ INTERPRES
ANO ÆTATIS SVÆ XLVIII AÑO SALVTIS
M D LXIIII NONIS MARTIS

托普卡匹皇宫，也是奥斯曼帝国权力的根基所在。在长达200多年的时间里，苏丹们就是在这座皇宫中最隐秘的私人郁金香花园里抛开国事的纷扰，享受难得的清静。

卡罗吕斯·克劳修斯在公元1585年前后的肖像。克劳修斯是16世纪最杰出的植物学家，也是为将郁金香从土耳其边境推广到法国南部做出最大贡献的人。

康拉德·格斯纳，瑞士自然学家。他在1559年所画的郁金香素描是据人们所知欧洲最早的记录郁金香花朵样子的素描。

阿德里安·波夫。他是富甲天下的商人，也是权倾一时的政客，更是位众所周知的郁金香鉴赏家。画中的波夫坐在他的马车里，正是他带领的这个使团让荷兰最终脱离了西班牙的统治。

"范·德·艾克司令"，最昂贵的红色系郁金香品种之一。在1637年，一个"范·德·艾克司令"球根的价值可以高达一个阿姆斯特丹木匠全年工资的6.5倍。

"莱顿的红与黄"，它是黄色系郁金香里最受人喜爱的品种之一。黄色系郁金香是一种红黄相间的郁金香品种，受追捧程度逊于红色系郁金香。

紫色系郁金香"总督"，也是排名仅次于"范·德·艾克司令"的郁金香品种。在郁金香狂热达到最高峰时，一株"总督"的价值可超过4500荷兰盾。

郁金香狂热时期荷兰酒馆内部的景象。旅店就是郁金香交易的中心场所。这幅图画的作者扬·施特恩本人就是一个酒馆老板。

小扬·布罗海尔创作的《郁金香狂热的寓言》。在这幅作品中，画家把倒霉的郁金香交易者描绘成了类人猿。

土耳其苏丹在骄傲地展示他珍贵的郁金香（图中前景）。每株郁金香都被单独地插在一个金丝装饰的玻璃花瓶里，花瓶上这种加工技艺在当时被称为"夜莺的眼睛"。

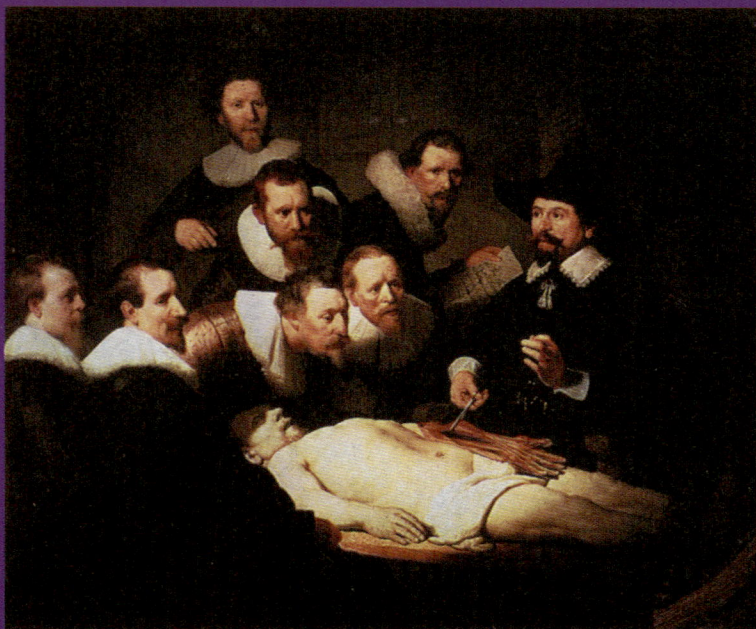

伦勃朗的名作《杜普教授的解剖课》（"杜普"在荷兰语中就是郁金香的意思）。画中人即为荷兰黄金时代最时髦的医生，原名克莱斯·彼得森。后来出于对郁金香的热爱，他把自己的姓氏改为了杜普。

历史上最狂热的郁金香爱好者——艾哈迈德三世在 1722 年下令建造的"幸福的宫殿"。图为该宫殿中的休闲花园。

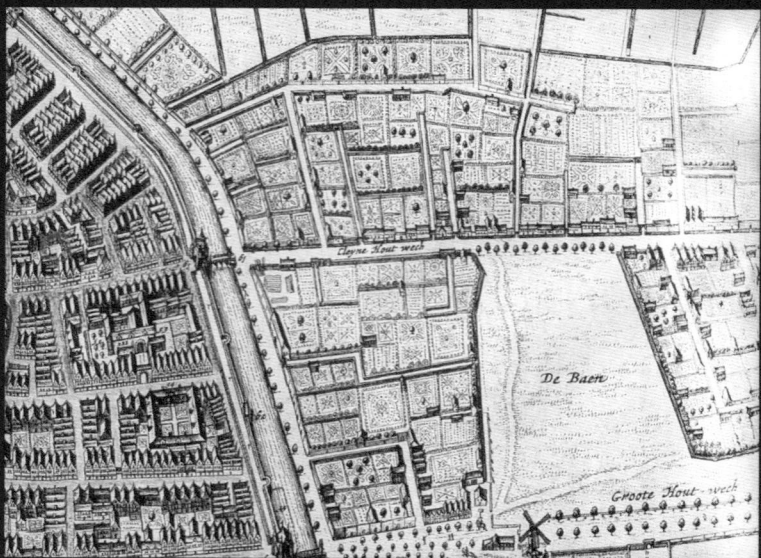

亨里克·波特创作的《花神和傻瓜》，画中的花神弗洛拉和她的崇拜者——也就是郁金香交易者们坐在沙滩艇上加速冲向毁灭。克里斯·范德帕斯后来据此创作了一副内容更具体、讽刺更尖锐的铜版画版本。

1646 年版本的哈勒姆地图中的一部分，显示的是城墙外的花园区域。这里就是第一批专业郁金香种植者培育球根的地方。

世界上最受人追捧的花朵及其
掀起的非凡热潮的故事

（Henrick Lucasz.）在一个由约斯特·范·哈弗比克（Joost van Haverbeeck）组织的拍卖会上购买了两种郁金香，一个是红色系的塞依布洛姆·范·科宁（Saeyblom van Coningh），一个是紫色系的拉图尔郁金香（Latour）。在德·米尔德作为瓦证人的情况下，卢卡森承诺为这两个球根分别支付 30 荷兰盾和 27 荷兰盾的价款，但条件是出土时的重量分别不得低于 7.5 分和 16 分。而事实上，出土时的重量仅为 2 分和 13 分。所以卢卡森要求范·哈弗比克退还他已经支仵的定金，而以脾气暴躁闻名的范·哈弗比克愤怒地拒绝了，最后事情还闹到了法务官面前（要说卢卡森算是走运的了，当时的记录显示范·哈弗比克和他同样暴躁的父亲曾多次向客户发出暴力威胁，而且他们还是 1635 年冬天德·米尔德的花园遭肆意毁不的头号嫌疑人）。

其他的买卖形式彑是有可能的。对于昂贵的球根，贫穷的花商开始合资购买，约定每人占有球根的一定比例。有一个叫扬·阿德莫垔尔（Jan Admirael）的阿姆斯特丹种植人就把三个球根的一半所有权卖给了一个叫西蒙·范·珀尔齐（Simon van Poelenburch）的客户。阿德莫里尔还与一个叫马腾·克里瑟（Marten Creitser）的商人达成了一项复杂的交易，同意用一些球根和 180 荷兰盾的现金交换克里瑟拥有的 11 幅油画和一个雕刻品。140

郁金香热

　　然而，按重量销售的方法并不意味着同一品种的郁金香在荷兰共和国的价格是统一的。在一个无论多重要的信息也只能靠人骑马传递的时期，根本不可能及时准确地把郁金香价格的变化从一地传达到另一地。因此，郁金香没有统一的市场，每个城镇郁金香的价格都有所差别，有的地方整体价高，有的地方则便宜一些。

　　另一个让本就混乱的定价体系更混乱的原因是，定价不仅受个体花商个人偏好的影响，还要受哪些郁金香刚刚买入、哪些刚刚卖出、哪种花朵最近比较流行、哪种球根产量增多等因素的影响。还有大个的球根每分的单价通常比小个球根便宜些，等等。如果把这些因素都考虑进去，在同一地同一天买的球根，价格差别都会很大。在阿尔克马尔方圆一到两个小时路程的范围内，7个豪达球根售出的价钱从6荷兰盾3荷兰币每分到10荷兰盾2荷兰币每分不等。这也就意味着，总价款为765～1500荷兰盾每个球根不等。还有一种叫"完美的范·代夫特"（Paragon van Delft）的郁金香，3个球根在几分钟之内，单价先从1荷兰盾14荷兰币每分涨到2荷兰盾4荷兰币每分，然后又涨到4荷兰盾2荷兰币每分。而重量分别为92分、214分和446分的范·德·艾克司令，则分别以710荷兰盾、1045荷兰盾和1620荷兰盾的价格售出。

1635～1636 年上半年，球根价格疯长带来的后果是，本来只把球根卖给鉴赏家或圈子内部流通的种植人和交易者们也意识到新的赚钱机会来了。他们开始把自己的球根卖给涌入这个市场的花商们。顺理成章的下一步就是，一些种植人联合起来好让资金和库存达到最大化，有的还成立了一些专门经营球根的公司。在 1635 年 9 月，一个叫小科内利斯·博尔（Cornelis Bol the Younger）的商人和一个叫扬·库珀（Jan Coopall）的种植人合伙开了一家公司，其中博尔出资 8746 荷兰盾 2 荷兰币作为公司的资本。1636 年 12 月，又有两个哈勒姆人亨利克·雅各布森（Henrick Jacobsz.）和罗兰德·维尔罗斯雷腾（Roeland Verroustraeter）联手阿姆斯特丹的菲利普·杨森（Philips Jansz.）和马缇斯·布勒姆（Matthijs Bloem）共同做起了生意。公司的章程里面说明了生意如何运作的一些细节。35 岁的维尔罗斯雷腾本来就是个有经验的贸易商，他是唯一被授权可以对外交易球根的，还可以使用另外三个股东筹集的资金买卖郁金香。同时 4 个股东都保证只能以公司的名义，而不能以个人名义进行交易。

到 1636 年秋天，无论是郁金香交易公司还是专业种植人都不得不慎重思考一下，该把哪些库存种植下去以备来年。最值钱的品种——司令、将军、大元帅及它们同属的品种——因为过于昂贵，根本不是普通花商买得起的。

141

郁金香热

所以市场最底层贫穷的交易者们都要求供应一些相对不那么出名但是数量巨大，因此价格也能便宜得多的品种。17世纪30年代初，上上等郁金香的交易是整个郁金香贸易的主要内容，这些郁金香被称为"单件货"，也就是按每个球根单独计价出售的品种。而那些价格便宜的球根则甚至都不按每分计价，而是按每千分。当时以这种方式销售的品种中还包括一些后来变得知名的品种，比如红色花纹的"大雁"（Rotgans）和"奥德内"（Oudenaers），还有罕见的白纹紫底的莱克·范·莱恩（Lack van Rhijn）。这些花因为它们相对强烈、普遍的颜色搭配而不受当时的鉴赏家和种植人的喜爱，但是却比那些稀有的、花纹清浅的上等郁金香更为今天的园丁们所熟知。

一些有野心的手工业者在1634年或1635年就开始倒卖郁金香了，但似乎有记录的法律文件显示直到1636年夏天，大部分的郁金香还是由种植人直接卖给以种植为目的的客户。到当年秋天，整个市场就被以倒卖盈利为目的的花商占据了，而且到1636年12月和1637年1月，还有大批新的花商加入。

这些新加入的花商来自各行各业。根据当时的一个小册子作者的列举（可能考虑到诗句押韵的需要），花商们的本行包括玻璃工、伐木工、水管工、拆房工、木匠、铁匠、鞋匠、铜匠、泥瓦匠、卖肉的、卖糖的、磨咖啡的、

142

酿酒的、看门的、制皮的和制革的，更别提还有农民、商人、小贩、理发师、老师和磨坊主。

没有什么关于 1636 年底两三个月，郁金香交易达到疯狂地步的记录留存至今。但是有一个短系列小册子里面讲到了酒馆交易的内容。这个作品虽然是小说化的，但是内容比较可信而且能够代表当时的现实。这三本小册子叫《讲真话和贪婪鬼之间的对话》（以下简称《对话》）(*Samenspraecken tusschen Waermondt ende Gaergoedt*)，这部作品是 1937 年初出版的，作者的真实姓名未知，出版者是阿德里安·罗曼（Andriaen Roman），也是当时哈勒姆最主要的出版商。

书中的贪婪鬼原本是一个织布工，他抛弃了自己的手艺成了一名花商，靠抵押自己的工具筹集了买花的资本，然后一个城镇一个城镇地倒卖球根。偶然一次他回到家里，遇见了以前的老同行讲真话。讲真话还没有被卷入郁金香交易的风潮，他用葡萄酒和啤酒热情地招待这位老朋友。贪婪鬼企图说服讲真话也加入买卖郁金香的行列，这样他们就可以同样变得富有。他跟讲真话说，你辛辛苦苦经营自己的生意才能挣到 10% 的利润，但是买卖郁金香能挣 100% 甚至更多："没错，十倍、百倍，还有时千倍。"

《对话》对于郁金香交易的观点是有预见性和教育性的。贪婪鬼是个极端傲慢的形象，而且愚蠢地坚信球根的价格会永远上涨。他吹嘘自己已经靠倒卖郁金香挣了一大笔钱，足可维持生计。而他的朋友们——其他的织工和园丁们——也都很有钱，都可以乘坐华丽的马车走村串乡，到各个酒馆中谈买卖。

讲真话则被作者塑造为困惑但是诚实的入门者，他不相信一个织工能挣到那么多钱。在他的一再追问下，贪婪鬼不得不承认自己的交易虽然达成了，但是却并不能拿到钱，而是要等到第二年夏天郁金香再出土时才能兑现。但是他还是坚称"这项交易很稳定"，再做一两年，他就可以挣到足够的钱让自己一辈子衣食无忧。最后他还说，要用挣到的钱买一个啤酒厂，一个地方官的职位，甚至是一个贵族身份。

讲真话并没有轻信贪婪鬼的话。他觉得这整件事好得过分，肯定有问题。他不明白那些感染上郁金香狂热的人们为什么敢于把全部家当甚至是借来的钱都押在郁金香交易上。尽管那些关于利润的描述很诱人，他还是告诉他的朋友自己不愿意冒这个风险。

在 1636 年秋天，一定有很多荷兰人像讲真话一样认为郁金香交易好到不真实。但是也有成千上万的人不这么认为，他们倾尽所有存款、押上全部财产，只为了加入这喧嚣躁动的球根交易。

很多新手根本没什么闲钱，但是已经进入市场的花贩和花商正好可以抓住机会把他们的存货卖给这些对郁金香的价值完全不懂行的人。很快。交易就演变成卖方不但接受现金，还接受实物。对于那些没什么钱财的花商而言，他们全部的财产不过就是自己手头有的那点东西，也就意味着，为了买球根，只能有什么就给什么。小说里的贪婪鬼就用了够做一件大衣和一套套装的布料，还有一夸脱的李子代替押金。而现实里的花商，如果是手工业者，可能会用工具、布料和家庭生活物品交换；如果是农民，可能会用牲畜或谷物；如果是富裕一些的人，可能会用油画或其他奢侈品来代替押金。余额只有到球根实物交付时才支付，也就是到球根出土的时候。有时候，支付时间还可以更灵活：曾经有一个协议里就规定，一个哈勒姆小店主埃特·杜森（Aert Ducens）以 1600 荷兰盾的价格把自己整个花园卖给了当地的一个叫泽维林·范·德·霍伊费尔（Severijn van de Heuvel）的绅士，同时约定支付费用的期限为 1638 年元旦，距协议达成日期有一年之久。

145

《对话》里面还有其他一些例子，讲的也是当用实物代替押金成为习惯之后，一些没有经验的郁金香商人达成的各种各样的协议。贪婪鬼在给讲真话介绍自己账本上标注的与别人达成的协议时就提到，一次他以 525 荷兰盾的价格卖出了一包"白王冠"（Witte Croon）球根，得到的押金就是 4 头牛。还有一次，他买了一大批根滕

郁金香热

（Genten）球根，付出的押金是"我最好的一件短外套，一个玫瑰勋章，和一个连着银链子可以挂在孩子颈上的钱币"，并且答应球根实际交付时再支付 1800 荷兰盾现金。还有一些协议比这些更复杂。不过，在《对话》中提到花商有时会用一个品种的球根交换另一个品种的球根。贪婪鬼最奢侈的一次交易就是用一个价值 60 荷兰盾的银餐具，一批"黄王冠"（Gheele Croonen）和 200 荷兰盾现金换来了同等数量的白王冠郁金香、马匹和一辆马车、两个银碗和 150 荷兰盾的现金。

146　　　1636 年秋冬交替之际，郁金香交易形势良好。花商的数量和流通中的球根的数量都在不断增加，价格稳步上升，产生了巨大的利润。然而现实是，花商们打造的交易建立在一个最不稳定的基础上。

　　这不仅仅是市场能否支撑球根价格如此快速增长的简单问题。当一个花商无法检查他所购买的球根时，所有的问题都出现了。首先，没人保证球根在种植过程中能得到适当的照料。哈勒姆档案中就记录了一个案例，当地有一个叫耶鲁恩·扬森（Jeuriaen Jansz.）的面包师傅。1636 年他在马腾·克里瑟在阿姆斯特丹的花园里看到了一种美丽的利夫肯司令郁金香。杨森于是与主人达成协议要购买一个子球。几个月后，面包师在酒馆喝酒的时候遇到一个花商，并被告知他预定的球根还没长好就被从土里挖出来，很可能已经损坏了。杨森不得不威胁要采取法律行动才让克里瑟免除他依原约定购买子球的义务。

即使是富有的鉴赏家也可能买到损坏的商品。科内利斯·居尔登维根（Cornelis Guldewagen）曾经是哈勒姆的市议员，他从海牙的安东尼·范·弗洛赖（Anthony van Flory）手里买了 1300 多个郁金香，并且雇佣贝伦特·卡多斯把这些花种在护城河畔城门附近的花园里。但是给球根拆开包装后，卡多斯和他的助手却发现这些球根被从土里挖出来时一定是非常随意的，至少有一半都被严重损坏了。

再有就是当时还不被理解的杂色现象也引发了严重的问题。任何购买子球的人都要冒的一种风险，就是可能买到的是不能杂色的繁殖球根，而不是他想要的已经出现杂色的郁金香。在 1633 年 5 月，阿姆斯特丹一个著名的郁金香商人亚伯拉罕·德·戈耶尔（Abraham de Goyer）在一个拍卖会上买了两个"完美的席尔德"（Paragon Schilder）。这个拍卖会就是由创造出这一品种的亚伯拉罕·德·席尔德（Abraham de schilder）本人组织的。"完美的席尔德"在当时是个新品种，非常受追捧。由席尔德举办拍卖会的日期来看，德·戈耶尔肯定是在那之前几天已经见到过这种郁金香盛开的样子并且深深为它着迷。反正以当时的标准，德·戈耶尔是花了不菲的价钱购买了两个球根，分别

147

是 50 荷兰盾和 41 荷兰盾。德·戈耶尔把球根种在自己城外的花园里。在 9 个月漫长的等待之后，郁金香终于在 1634 年春天盛开，然而被寄予厚望的郁金香开出的根本不是德·戈耶尔期待的样子，席尔德的花园中让他着迷的纯白花瓣和生动的红色花纹完全不见踪影。他花了 90 荷兰盾买来的不过是颜色浑浊的低等单色郁金香。不过这个倒霉的种植者在 18 个月之后依然可以要求卖家退款，因为当时普遍认为，若子球不能达到母球的质量，一个有良好声望的球根交易者应当认定交易无效。

最严重的是一些明目张胆的诈骗行为，这在一个利润如此丰厚而管理又极其不规范的市场中肯定是难以避免的。就算是同一种类的球根，外表上也可能完全不一样。一个名贵的总督球和一个不那么值钱的紫色系球根看起来就没什么差别，比如范·英格兰司令（Admirael van Engeland）的球根就是这种情况。所以，要判断到底是蓄意的欺骗还是无心的错误是很难的。荷兰共和国的法律档案中记录的案子里没有几个是被确切证明了的。在《对话》中，贪婪鬼就曾经听自己也有郁金香交易经历的表兄说，有人以为自己买到的是白王冠，实际得到的却是根本不值钱的普通郁金香。当然，因为所有球根看起来都很像，所以诈骗也都是到第二年春天郁金香开花了才能被发现。

尽管这些问题让一些保守、谨慎的荷兰人担忧，但是

148

1636年秋天蜂拥加入交易市场的那些花商眼里依然只能看到交易带来的利润。因为对球根的需求每天都在增长，价格也上升得越来越快。当时的编年史作者莱乌韦·范·艾策马（Lieuwe van Aitzema）就记录道：但凡可以被称作郁金香的东西，即使是几个月前还因为毫无价值被扔到粪堆里的球根，现在也变得值钱了。

从各个层面上说，让郁金香价格疯涨至巅峰的所有因素都已经齐备了。很多不同的新品种被创造出来，其他品种不那么受欢迎但是易于买到。一小拨专业园丁致力于创造新的品种，同时供应少量既存品种。一大批有能力有热情的业余爱好者，数量绝不低于几百人，在自己的花园里种植郁金香，几乎每个城镇都可以看到郁金香的踪影。交易原则初步建立，还刮定了评定花朵价值和级别的标准，由上上等至下等。主导市场的交易者和种植人之间由数以千计的花商衔接，他们愿意为了球根舍弃全部家当。最后，价格终于涨到了从来没有的高度。万事俱备，只差一个能把这些有抱负的郁金香交易者聚集到一起交易的地方。 149

10

金葡萄指示牌

150   在阿姆斯特丹市的核心位置，也就是这个城市以之为名的大坝上，有一个讲究的四方形 4 层建筑。这栋建筑是依佛兰德式样修建的，顶上还加盖了一个细高的钟塔。它对面就是中央银行，旁边则是市政大厅。这样的地理位置更能凸显它在这个城市乃至整个联省的中心角色。这就是阿姆斯特丹的新骄傲——市证券交易所。

    短短几年前，现在在证券交易所的 123 间办公室里进行证券交易的这些人，还是在室外的阿姆斯特丹新桥上交易的。若赶上阴天下雨，则只能到圣奥拉夫教堂或城里的老教堂里。由于阿姆斯特丹在 17 世纪初期迅速扩张，再加上海外贸易涌入，证券交易自然需要有一个不受天气影响的固定场所。于是新的证券交易所应运而生，于 1610

151 年开门营业。一些多疑、保守的阿姆斯特丹市民本来认为证券交易是种让人不放心的事，但是交易所大楼仅凭它宏伟的外观，就让阿姆斯特丹人折服了。

    当时在证券交易所里进行交易是受到严格限制的。

每天只有正午到下午两点一个时间段开放，一天的交易都要在这短短两个小时里完成。钟塔上的时针一指向 12 点，交易所里就会爆发出吵闹喧天的疯狂景象，难怪市民对证券交易颇有微词。因为交易时间仓促，几年前商人之间达成协议时还要仪式性地握手以示庄重，现在则变成了随便的、粗鲁的相互击个掌，然后就各自奔向下一个客户。

不少交易者都拿到了在交易所里进行交易的执照。到 17 世纪 30 年代，大概有 400 个正式的交易所交易员。另外还有 800 多个没有执照的自由交易者，可以在这里做一些低价、小额的证券交易。当代作家约瑟夫·德·拉·维加（Joseph de la Vega）在对证券交易的记述中这样描写过一个自由交易者："（这个交易者）一会儿咬指甲，一会儿拽手指，一会儿又闭上眼睛，踱了四步，还四次自言自语，以掌抚颊，好像牙痛似的，同时不断神秘兮兮的咳嗽出声。"维加没有说他描述的这个无关紧要的交易员凭自己仅有的那点钱是想买还是想卖。依 1636 年的情况而言，他的选择不可谓不丰富：至少有 360 种货物在阿姆斯特丹交易所交易，从贵金属到法国白兰地，应有尽有。然而郁金香却不在其中。

这点可能会令人感到惊讶，尤其是那些主观认定，像郁金香狂热这样著名的金融灾难肯定不只是程度深、范围 152

郁金香热

广，还应该对当时的股票市场、贸易和整个荷兰经济都有重大的影响的人。然而事实却恰恰相反！郁金香投资顶多只算荷兰经济生活的边缘地带。进行郁金香交易的都是业余新手，而不是专业的贸易商。郁金香交易也从来不遵从于股票交易的规范或习惯。事实上，郁金香交易是对交易所中正规交易的一种粗劣的模仿。这些人本来就是穷乡僻壤的村夫或生活拮据的市民，既不是金融家，也不了解交易，他们开始贩卖球根以前，大概连股票是什么都不知道。

郁金香虽然不在交易所里进行交易，但也不是完全没有规矩的。事实上，它很快就发展出一套复杂甚至有些仪式化的流程，买卖双方都要在见证人的见证下进行交易，承担各自的义务，并以书面形式留存证明。像以前的交易员都聚集到新桥上交易一样，郁金香交易者们也需要一个供他们交易的场所。也还是像以前的交易员们一样，有些花商选择在教堂，尤其是狂热爆发后，当地教堂更是成了所有人的普遍选择，不论是花商交易还是结婚仪式都在教堂。还有好多人则觉得，在酒馆交易是个更舒适方便的选择。郁金香交易的主要场所就是当地的酒吧，除非你真正理解了球根交易的情景——深更半夜的酒馆，醉醺醺的酒鬼，烟熏雾绕的房间——否则郁金香狂热将永远是个解不开的谜。

旅馆在联省是非常普遍的。1613 年，阿姆斯特丹的旅馆数量就已经很多，约合每 100 人就拥有 5 家旅馆。到 1636 年，哈勒姆城里的旅馆数量大约有两百多，要知道这个城市的面积比海德公园大不了多少。喝酒的地方也很多，从设施齐全的酒馆地窖，到药剂师的店铺都可以。这些场所中大概五分之一是没有执照也不合法的，而且想尽办法逃避加在啤酒上的重税。这些税收是为了和西班牙打仗用的。当局不得不经常采取突击检查，以确保了解这些场所的情况。

但是，只有规模大名声好的旅馆才能提供郁金香交易者需要的那种私人包间。一些有名的大旅馆包括：魔王、喜鹊、狮子和链锁撒旦等。这类旅馆是城内城外都有的。

在哈勒姆，很多酒馆都聚集在城市南边，在树林间的空地和小路上，因为这里离城外最早的郁金香花圃比较近。我们完全有理由认为，有些酒馆组织过花商团体交易活动。如果是这样，酒馆里肯定还有其他旅客或闲杂人等。卖淫在哈勒姆城里是法律所禁止的，至少表上面上是。于是在哈勒姆树林的酒馆经常私下充当妓院的角色。声名狼藉的妓院很容易辨识，当时的记录里就说是"城外路口的红房子"①。 154

---

① 在荷兰语中是 Cruyspoort。

郁金香热

我们无法弄清在 1636 年，哈勒姆有多少酒馆曾经接待过为郁金香而疯狂的商人们，但至少有一个地方是可以基本确定的，就是一家规模和名气都很大的名叫"金葡萄"（De Guld Druyf）的旅馆。金葡萄的地理位置非常好，就位于集市广场和城里最主要街道的交汇处。这里的主人是奎克尔家的两个兄弟扬和科内利斯，不过这两人并不管理日常营业。他们的父亲叫科内利斯·格里特森·奎克尔（Cornelis Gerritsz. Quaeckel），也是以开旅馆为生的，他也是荷兰省里最重要的种植郁金香的先锋之一。他在 17 世纪前 25 年就至少培育出了 5 种郁金香新品种，并且都以他的名字命名，以纪念他的成就。其中就包括白色和紫罗兰色相间的"白紫色奎克尔"（Lack van Quaeckel），黄色和锈色相间的黄色系郁金香"奎克尔的奇迹"（Mervelye van Quaeckel）。老奎克尔 1632 年去世时已年近七十，他最小的儿子扬继承了父亲的遗志，在郁金香生意上非常活跃，经历了整个郁金香狂热期，高峰之后也不曾放弃。他会在自家酒馆包间里接待郁金香交易者真是再顺理成章不过了，他的酒馆不但位置绝佳，同时也是哈勒姆城里最受欢迎的酒馆之一。

假设，有个人在 1636 年秋天打算到阿姆斯特丹，光临金葡萄并且看看进行中的郁金香交易，那么他会看到什么呢？

　　午后从阿姆斯特丹出发，沿着新开掘的运河航行——
这也是联省第一条专门连接两个城市的运河——大概黄昏
时刻就可以到运哈勒姆了。这段行程只需要两个小时零一
刻钟，正是因为快速又方便，新潮的阿姆斯特丹人把需要
清洗的脏衣服都送到哈勒姆的洗衣店去而不再自己劳动。
坐在船上的人们可以相互谈天论地，或者翻阅一下专为渡
船乘客准备的叫《话两船》（*schuitepraatijes*）的小册子来
打发时间。在 1636 年秋冬，这种渡船绝对是人们谈论郁
金香狂热新发展的好地方。随着渡船靠岸，游客第一眼看
到的哈勒姆，就是一条长长的红棕色屋顶连成的线，当然
还有无数烟囱中冒出的一缕缕白烟和城市周围的大片牧
草。接下来就会看到低矮的砖砌城墙围绕着城市，外面还
有一条护城河围绕着，河上总共有九座吊桥。向溪边远
望，在城市屋顶之外，可以看到远处起伏的巨大沙丘，几
乎与荷兰特色的灰暗天空连成一片，那里也是荷兰北部的
海岸线。向南看，就能看到巨大、丑陋的哈勒姆滩地。一
大片让人看着就不舒服的浅滩，暴露在剧烈暴风雨下，不
断受到海水的侵蚀，河岸耕地面积越来越缩减，仅剩下了
距离哈勒姆城墙不到几英里的这片地方。这片水域还以危
险著称，已经吞噬了太多鲁莽地航行于其中的船员的生
命，所以哈勒姆人管这里叫"水狼"。

　　从渡船上下来就到了城墙脚下。从阿姆斯特丹来的人

郁金香热

会发现自己站在一个叫"阿姆斯特丹关口"的大门前。哈勒姆的执政者们在这里树立了一个令人恐怖的装置。它由三根砖垒的柱子加上铁质的横梁和一些木制的杆子组成，上面捆着最近行刑的罪犯的尸体。荷兰省的行刑官就居住在哈勒姆，他的完整头衔是"荷兰省高级事务长官"，负责从阿姆斯特丹遣送来的和哈勒姆本地的罪犯，所以这个装置上总是不缺少尸体。1634年威廉·布里尔顿爵士从这里经过时，就看到了这个装置。当时上面不但有两副已经不见血肉的骷髅架子——是两个被绞死的罪犯的，还有一个已经残缺不全的女人尸体——她的罪名是谋杀了自己的孩子；最后还有一个已经发黑的乞丐的尸体，他是因为差点把整个村子点着而被绑在木桩上烧死的。

由"阿姆斯特丹关口"进入城中，游客会首先注意到哈勒姆独特的气味。酪浆和麦芽的臭味混合着漂白厂和啤酒厂的香气。漂白和酿酒是哈勒姆的两大支柱产业。这里生产了荷兰省五分之一的啤酒。城墙之外的亚麻漂白厂也非常著名，每天要使用成百上千加仑的酪浆来漂白布料，全欧洲的人都把布料送到这里染成漂亮的白色。酪浆注满了西边城墙外几个巨大的染坑，每天晚上，用过的酪浆被排到护城河里，最后流入斯帕尔纳河（River Spaarne），甚至把河水都染白了。

在深秋时节的荷兰共和国，夜晚来得很早，城外来的游客不得不摸黑找到去集市广场的路。哈勒姆的街道像迷宫一样，异常狭窄，有的甚至窄到街两边的住户可以相互握手的地步。为了抵抗严寒而拉上的百叶窗缝隙中透出的油灯微光或炉火的光亮就成了唯一的照明。这个城镇已经太过拥挤，白天喧嚣吵闹，晚上倒是安静很多。除了例行巡逻的民兵队经过时咔嗒咔嗒的脚步声，大多数街道上都空无一人，偶尔看到赶着去酒馆喝酒的人，也都是埋着头快步穿过小巷。

每每有客人走进金葡萄，迎面而来的温暖还在其次，最强烈的感觉其实是呛人的浓重烟雾。17世纪的酒馆都是这样烟熏雾绕，让人忍不住流泪，连房间里有什么都看不清。一方面，开放式的壁炉是当时唯一的取暖方式，壁炉栅栏里面的泥炭被堆成中空的金字塔形状，熊熊燃烧的炉火可能是导致烟雾的原因之一（黄金时代泥炭的开采量巨大，但是荷兰人消耗的速度也同样惊人，不得不继续挖掘新的沼泽）。但是像彼得·芒迪这样的游客认为，荷兰的泥炭燃烧时"芳香清洁"，尽管其中的硫黄使得聚在一起的火苗"暗淡灰白，像鬼火一样"。所以，金葡萄里面的烟雾，主要还是来源于客人烟斗的吞吐。

1636年，抽烟斗在荷兰特别盛行，几乎成了一种民族特色。烟草大多是从美洲进口的，但也有联省人开始自己种植。烟斗都是烟管细长的陶制烟斗。吸烟者几乎无时

郁金香热

无刻不在吞云吐雾，不单单是因为这时期的医生们把烟草宣传成包治百病的灵药，不但能够预防瘟疫，还能治牙疼、蠕虫。事实上，关于烟草会吸收人体里重要液体，导致男性失去生育能力的说法完全没有让吸烟的人们退缩。走进金葡萄，就像是走进一个使用过度的、变味的房间，就像是 20 世纪的公司因为工作场所禁烟后，单独开辟的吸烟室的味道。

等你的眼睛终于适应了这种阴暗的环境，就会发现其实屋子里面非常拥挤而活跃。有些细节在现代人看来会觉得奇怪，但是在当时的哈勒姆人看来却再寻常不过了。举例来说，进店时，身上有武器的要交出来放在门口，这是由于当时有太多持刀斗殴事件发生（黄金时代的荷兰人对于这一类的搏斗有一种危险的热情——"一百个荷兰人身上就有一百把刀"，连谚语都这样直接地警示当时的人）。另一点特别的，就是墙上展示的画作质量之高。艺术作品在荷兰黄金时代极其常见，而且价格极低，不过几个荷兰币或一两个荷兰盾一幅。所以酒馆墙上的精美油画或挂毯，在烟熏火燎的环境里变黄变黑都没有人心疼。

然而，最让人惊讶的其实还是酒馆里面纵情酒色的程度。虽然饮酒在当时是非常普遍，醉酒也是司空见惯的，但荷兰的酒鬼在整个欧洲都是出了名的。啤酒很便宜，畅

饮一个晚上也花不了一个荷兰盾。威廉·布里尔顿爵士说 159
他去过的酒馆里，几乎找不到一个清醒点的人。不算嗜酒
的英国人会抱怨荷兰省人对啤酒的沉迷，还指责他们把醉
酒的坏习惯出口给了英国。

事实上，每个荷兰人都是这个或那个酒馆的常客。甚
至连一些没什么家世教养的女人和孩子也会光顾酒馆。酒
馆里的气氛是愉悦和包容的，但是在一些不怎么正规的地
方，欺诈顾客的嫌疑也是有的。最常见的，有给烂醉的顾
客少找钱，或是在啤酒里兑水，还有的会用向日葵给葡萄
酒染色，或是在客人的酒罐底部放上一团布料以减少盛酒
量。

来访者总是对荷兰人喝酒的一套流程感到诧异。荷兰
人很少有一个人独自喝酒的。他们要么是结伴而来，要么
是加入到某个已经开始喝起来的人群里。通常，每轮酒上
桌之后要先来上一段祝词，这也是后来郁金香商人们积极
地继承下来的仪式。一个叫蒂奥菲力·德·维奥
（Theiphilef de Viau）的法国人在观察了一个他造访的酒
馆之后写道："这些绅士们喝醉前还要有这么多规矩和仪
式，这种繁文缛节和过度饮酒都让我受不了。"

无论如何，在 17 世纪不喝啤酒是不可能的。漂白工 160
厂的废水导致河水不适宜饮用，尤其是在哈勒姆地区更是
如此。茶和咖啡在当时还是没什么人知晓的奢侈品，葡萄

酒则相对较贵，所以人们几乎餐餐要喝啤酒：早餐时喝的是加热的啤酒，里面还要撒上香料和糖；中午和晚上则是单独饮用。并不是所有哈勒姆人喝的啤酒都是酒精浓度很高的。这里的啤酒分为"低度"和"高度"两种，前一种是解渴用的，后一种才是会上瘾的，但是无论哪一种，喝多了的话都是会醉的。在16、17世纪之交，哈勒姆的人口才3万人，其中还包括女人、孩子甚至是还在襁褓中的婴儿。然而当时啤酒的消耗量却达到每天12万品脱，即550万加仑每年。这其中有三分之一的量是在酒馆里消费的。为了满足人们对啤酒的需求，哈勒姆本地就有上百家酿酒厂，其中50家是具有相当规模的。事实上，酿酒厂不仅能赚钱，还是城市中的一种政治力量，一个由21个酒厂主组成的团体实际上从1618年起，连续多年控制着哈勒姆的政府。

城市里的花商们每周会约定在金葡萄的包间里见两三次面，这里既能享受安静的环境，又能避开这个城市和酒馆里难闻的气味。在郁金香贸易初期，这类约见通常不会超过一两个小时。但是随着郁金香狂热的发展，村民们在一起谈论的时间变长了，有时甚至从前一天早上一直持续到第二天凌晨。每谈成一笔生意，都免不了点上红酒庆祝，这在一个以喝啤酒为主的省里，当然也是为了炫耀财富。因为在荷兰人的酒馆里，红酒都是用灰白色的大罐子装着送上来的，容量从 2 品脱到 1.5 加仑不一，所以郁金香交易也难免都是在醉醺醺的朦胧状态下达成的。毋庸置疑，就是朋友间的互相吹捧，加上持续到深夜的纵情谈笑，使本来解释不通的狂热交易机制，看起来也在情理之中了。

在一些重要的方面，酒馆里聚集的团体看起来做的是一种完全独立于其他郁金香交易的生意。他们交易的多是便宜的和容易买到的球根。而且这个群体里，虽然也有少数几个商人或是富裕的参与者，但最多的还是来自劳动阶级。这些人和鉴赏家或是有成就的种植者们完全打不上交道，甚至连他们掌握的关于郁金香、理财、股票交易，或是执政者和大商人们如何做买卖的知识也都是二手的。

乡村里的客户群体似乎是有意模仿股票交易的形式。可能是因为这种交易让花商们觉得能提升自己的重要性，让他们自以为是在进行一种真诚的、有规范可依的商业活动。球根还被拿到拍卖会上拍卖，有名的种植者和交易者也会参加这类拍卖会，而且会到律师或法务官那里对自己的交易进行公证，以避免任何纠纷的可能。而花商们则偏爱快捷廉价的交易方式，把交易记到自己的大账本上就完了。每个村子还会选出一位秘书，记录提交到他面前的交易情况。

在酒馆里进行买卖的郁金香，就算不是绝对，也是极少会有让亚伯拉罕·德·戈耶尔这样的大鉴赏家或富商们

162

钟爱的品种。最初可能还有一些二等品种的球根，再后来，当需求进一步扩大，连二等球根都变得稀少之后，村民们就开始贩卖那些最不受追捧的也最常见的品种。这些品种被戏称为"破布"（*vodderij*），好听点的说法是"普通商品"（*Gemeene Goed*）。这些花大多是单一颜色或杂色斑驳的郁金香，是最早进入荷兰的郁金香品种的后代。因为时间长，而且没有富商们争抢，这类郁金香在 1636 年底很容易买到。

"破布"类的球根不是按分销售，而是放在筐里，按半磅或一磅销售的（在哈勒姆，一磅等于 9728 分，在阿姆斯特丹，一磅等于 10240 分）。花商们的行话管这叫磅货，以区别按分或千分记重销售或按件单独销售的球根，那样的叫作单件货。一磅重的一个篮子里，球根数量能有 50 甚至上百个。所以即使在郁金香狂热的最高峰，最贫穷的交易者也能买得起几个球根。

成百上千的新手花商在 1636 年到 1637 年的秋冬涌入郁金香市场。他们开始都是从交易少量的磅货开始入手，不久球根价格出现了惊人的膨胀，这无疑是郁金香贸易活力和郁金香狂热席卷酒馆乡村的体现。一包最便宜的磅货球根，比如"黄王冠"在 1636 年 9、10 月的价格最低可以到 20 荷兰盾，到次年 1 月底竟然要价 1200 荷兰盾。比"黄王冠"更受欢迎一些的"斯维策"郁金香（Switsers），

163

其实也属于颜色单调乏味的品种，在 1636 年秋天的价钱是 60 荷兰盾每磅，到 1637 年 1 月 15 日的价格是 120 荷兰盾每磅，到 1 月 23 日则是 385 荷兰盾每磅，再到 2 月 1 日则是 1400 荷兰盾每磅。这个种类的价格峰值依记录为 2 月 3 日的 1500 荷兰盾每磅。

尽管郁金香的历史一直以来都是不平常的，但是直到 1636 年 12 月至 1637 年 1 月，人们对球根的狂热真正达到了顶峰，郁金香交易升级为郁金香狂热。不幸的是，没有留下亲身经历 1636 年这个非凡冬天的人记录的当时郁金香酒馆交易团体的情况，或是关于郁金香球根究竟是怎样买卖的描述。事实上，三部《对话》的作者似乎对乡村酒馆的了解非常深入，而且在他的作品里生动地描写了郁金香狂热最高峰时的情景。

在第一本小册子里，就是那个变成花商的织工贪婪鬼，试图说服他的朋友讲真话也改行做郁金香生意。他表示会教授讲真话所有酒馆交易的秘密，并且承诺会告诉他如何加入一个酒馆交易团体并且做成第一笔买卖。随后，贪婪鬼又邀请讲真话和他一起喝酒。他吐露道："郁金香这种生意就是要喝醉了谈，而且是越离谱越好。"要想用一句话形容郁金香狂热时期的价格疯涨，真是没有能比这句更恰当的了。

贪婪鬼是这样向讲真话传授经验的：你要先找一个有

郁金香热

花商聚会的酒馆，问问店主能不能带你去郁金香交易者的
包间。因为你是个来抢生意的新人，所以已入伙的花商可
能会讥讽几句，甚至说你是妓院里的新妓女，对他们的话
不用在意。

一旦进入了这个团体，你就可以开始交易球根了。首
先，你要知道没有人是非常正式地拿出球根叫卖的。相
反，花商们喜欢说一些模棱两可的暗示。比如你可以这么
说："我的黄色郁金香太多了，想要弄点白色的。"当你
确定交易能够达成了，这时有两种方法可以选择，这取决
于你是要买还是要卖。无论哪种情况，被选为乡村秘书的
人会记录所有交易，每一笔生意的达成，都意味着买家要
贡献一笔"葡萄酒钱"（*wijnkoopsgeld*）给卖家。

第一种方法是"价格板"（*met de Borden*），这种方法
是买家应当选用的。买卖双方各自拿到一个木质背面的石
板，想要买花的花商要在板子上写下自己愿意出的价钱，
他通常会写一个比自己看中的球根应有价格低得多的数
字。卖家同样要在自己的板子上写下他愿意出卖的价格，
自然也会是比合理价格高得多的数字。两份出价会同时交
由双方提名的中间人，中间人则会商定出一个他们认为公
平合理的价格。这个价格肯定是介于两方出价之间，但不
必须是绝对的中间。中间人把这个折中之后的价格写在板
子上，再交还给花商。

到此时，买家和卖家既可以接受也可以拒绝这个仲裁　165
结果。如果接受，就算双方以此价格成交，这笔交易也会
被登记在杭里的交易记录中。买方还应当按成交价支付每
荷兰盾1荷兰币的手续费，若成交价是120荷兰盾或更
多，手续费最高限3荷兰盾。这就是所谓的"价格板"
的方式。但是，若买卖双方中有一方不认可指定的价格，
他可以把板子上的字擦掉，以此作为拒绝交易的表示。若
双方都拒绝，则交易失败；若只有一方拒绝，则此方需要
支付2～6荷兰币不等的罚金。所以，"价格板"的交易
方式是可以鼓励交易实现的。

对于卖家而言，则可以采取另一种略微不同的交易方
式，叫作"在O里面"（*in bet ootje*）。这个词在今天已经
成了一个荷兰俚语，表示拖某人后腿的意思。但是在郁金
香狂热时期，它指的是一个粗略的图形，是拍卖时乡村秘
书用来记录出价是否有效的一个符号，大致如下：

166　　　用此种方法出售球根时，每个人的板子上都写着同样的数字。想要卖花的花商会在符号下端的 O 里写下他愿意支付给买家的回扣或者说手续费。这个数字是卖家依据对自己的球根的估价决定的，可能在 2～6 荷兰币不等，大概就是喝一轮到两轮的酒钱。有意的花商则会提出愿意支付的价格，秘书在符号上记录竞价的结果。超过 1000 荷兰盾的报价写在靠上的半圆里，过百的写在靠下的半圆里，个位数的，写在竖线下面。竞价结束后，秘书会在符号上画三条线，再用一个大 O 把整个内容圈起来，这个过程就和现代拍卖师喊的"出价、成交"差不多。拍卖结束后，卖家可以选择是否接受最高价成交，如果他拒绝，他也还是要按自己写下的数字支付手续费给出价最高的买家作为罚金。这种交易球根的方法显然也是鼓励卖家不要拒绝适当的报价。

　　　到此为止都还不错，而且很显然酒馆俱乐部为郁金香交易提供了交易的场所，这里有温暖舒适的环境，还能让交易在酒醉的糊涂和冲动中完成。若是没有别的帮助，那至少也是确保了郁金香价格的疯涨，接下来的郁金香狂热

167　也就顺理成章了。事实上，酒馆交易的方式还有其他重要的影响。

　　　首先，如我们所见，村民们愿意交易的不仅仅是实体的花朵，还包括对还生长在地里的球根的所有权。因此就

避免了郁金香交易的季节局限性，使它从一种只在出土后几个月内可以进行的交易变成了全年可以进行的交易。别忘了，很多交易者根本没有花园，购买球根也不是为了冬天种花，他们在意的只是如何使球根的利润最大化。而且交易活动还能保证时刻有"葡萄酒钱"流入每个人的口袋。其次，村民们完全没有意识去核实他人是否有能力偿还欠款，或是否真的对交易中的球根有所有权。酒馆俱乐部因此纵容了无约束的投机，而对破产和诈骗行为则没有任何防范措施。所以，一个根本没有球根可卖的花商，也可以加入交易，只要能在他需要支付之前，把购买球根的义务转卖给别人，就可以用赚来的利润进行新的买卖。同样，一旦郁金香价格下跌，这个本来赚钱的人瞬间就会倾家荡产。

在《对话》中，贪婪鬼吹嘘自己靠郁金香交易，在4个月内就挣了6万荷兰盾。在1636～1637年的这个冬天，真正的郁金香狂热者完全有机会实现这个小说中的情节。

11

沃特·温克尔的孤儿

　　郁金香狂热使沃特·巴特尔米森·温克尔（Wouter Bartelmiesz. Winkel）成了阿尔克马尔市最有钱的人之一。他不过是个酒馆老板，是镇中心一家叫作"老市民警卫室"（oude schutters-doelen）的旅馆的房东。比他富有的市民，一只手就数得出来。但是和其他郁金香商人一样，他们共同的困扰都是，对于自己的钱财，他看不着也摸不到，因为它们还以球根的模样埋在地里。

　　沃特·巴特尔米森的老家好像是温克尔村。这个村子在阿尔克马尔以北大约 10 英里，是荷兰省的最北端。他的父母即使称不上富有，也算得上衣食无忧。他的哥哥劳里斯（Lauris）完成了学徒期之后成为一名金匠，这也是手工业里面收入最高的一个行当了。1621 年沃特和伊丽莎白·哈曼斯（Elisabet Harmans）结婚。他许诺自己的新婚妻子他能养得起一大家人。他们有 7 个孩子活过了婴儿期，到 1636 年，只有最大的威廉，到了可以自己挣钱养活自己的年纪——14 岁。所以，可以想象，这一家人都是靠酒馆和温克尔的球根交易养活的。

　　阿尔克马尔在联省算是较小的市，但是对于从温克尔来此的村民来说，这里无疑就是大都市了。这里是荷兰省北部地区的集市所在地，相类似的还有霍伦市和恩克赫伊曾，这几个城市之间自古就是竞争关系。阿尔克马尔一直以来都以其独立性闻名，不愿意追随整个联省共和国的趋势。例如，阿尔克马尔的女人们是荷兰唯一不戴麻布小帽的。她们有自己独特的流行风格，就是把头发编成辫子交叉缠绕在一起，看起来有点像头盔。

　　自中世纪起，阿尔克马尔周边的乡村面积大幅缩小了。此前它还有效地控制着荷兰省北部大片地区甚至是须德海中的一些岛屿。不过如今它周围依然围绕着富饶的农田，还把南边几个湖泊里的水抽干了改造成耕地。阿尔克马尔人特别擅长制作腌肉制品和乳制品，他们生产的大个轮子型奶酪让联省在整个欧洲都以此闻名。

　　这个温克尔家庭在阿尔克马尔过了一段好日子，但是也如当时其他的荷兰家庭一样，随时都可能遭遇不幸。即使是在其黄金时代，17 世纪的荷兰共和国也要经历那些让其他欧洲国家同样头疼的问题。那一时期战乱不断，人们的预期寿命很短，还有周期性出现的瘟疫和过高的婴儿死亡率。当时的医生数量也少，而且他们对于一些常见的疾病也束手无策。他们开出的药方本身可能比他们要治疗

170

的小病症还要致命。当时没有哪个家庭敢奢望不会过早失去某个家庭成员，可能是一两个孩子，也可能是丈夫或妻子。

在这个温克尔家庭中，最先离开的是妻子伊丽莎白·哈曼斯。她是在1631年到1635年之间去世的，可能是由于疾病或难产，留下她的丈夫独自抚养3个儿子和4个年幼的女儿。温克尔没有再婚的记录，他最年长的儿子会帮忙照顾弟弟妹妹，或许还有一个仆人，或是有旅馆的服务员们帮忙。

当时，荷兰的孩子们7岁开始上学，所以整个家里，只有最小的儿子——6岁的克莱斯（Claes）还没入学。这说明，温克尔不一定需要雇人看孩子。即便如此，无论是财务上还是感情上，失去妻子的损失还是显而易见的，本来由伊丽莎白承担的缝纫、打扫和做饭现在不得不雇人来做，所以郁金香交易的利润对这家人来说就更加重要了。

171　　　沃特·巴特尔米森算是较早加入球根交易的人。可以确定1635年他是在进行球根买卖的。那时离市场真正爆发还有一年多，而且可能他开始交易的时间还要比这再早一两年。正是由于加入早，再加上一点运气和对花卉交易的充分了解，使得他攒下了一批绝对高质量的郁金香。

到1636年春天，酒馆老板已经拥有了70多个上等甚

至是上上等的郁金香，涵盖 40 多个品种。此外还有超过
3 万分的价格稍低的单件货球根。他的郁金香里还有一些
整个联省最值钱的品种，比如一种非常稀有的紫色系郁金
香范·恩奎岑司令，还有两个总督和五个不同种类的布拉
班森（Brabanson）；另外还有三个著名的红色系郁金香范·
德·艾克司令球根，一个利夫肯司令，一个"棕紫郁金
香"球根（Bruyn Purper），一个"完美的席尔德"和 7
个以上越来越受追捧的豪达郁金香。在狂热最高峰，以上
这些球根里随便哪个的交易价格都不会少于 1000 荷兰盾，
而且实际成交价通常还会高得多。能够收集如此之多的高
质量郁金香，在整个联省范围内都算得上让人震惊的壮
举。这绝对是共和国数一数二的球根收藏，因为再没有相
关记录能证明谁的球根在数量和种类上哪怕是接近沃特·
巴特尔米森的了。

　　然而，最让人印象深刻的是，温克尔的收藏不仅种类
多、质量高，而是他是切实地拥有球根实物。沃特既不是
鉴赏家，也不是花商，而是种植者。也就是说，相对于其
他大部分交易者而言，他的资产是实实在在的，而其他人
拥有的不过是一纸期票，上面写着价格和理论上的交货时
间，根本不能保证球根的质量甚至是存在与否。而温克尔
的资产就是实实在在的球根，就种在离他旅馆不远的花
园里。

172

郁金香热

不幸的是，沃特也没能活到他精明的郁金香交易为他挣来巨大利润那一天。1636 年春天郁金香盛开的时候他还好好的，到初夏却不知是因病还是因事故去世了。他去世时可能只有三十几岁，或者最多刚过四十。他去世不久，当地孤儿院派来的一群面目阴沉的代表就来到"老市民警卫室"，把酒馆主人的孩子都带回了阿尔克马尔的孤儿院。

从某些方面说，孩子们的处境并不像表面上那么可怕。在 17 世纪，父母双亡的孤儿并不少见，而在照顾孤儿的问题上，联省共和国也算做得比较好的。不论地方大小，各地都有自己的孤儿院。这些孤儿院是城镇政府出钱设立的，并组建董事会代表孩子的利益进行管理，还有全职的工作人员负责资金的募集和机构的顺畅运行。有孤儿院的地方通常也有养老院，男女是分开的，符合一定条件的老人都可以入住。这种早期的社会服务是荷兰独有的，让很多外国人看了都羡慕不已。

尽管如此，如果沃特·温克尔的孤儿们留在阿尔克马尔孤儿院生活，他们将会面临未知的未来。孩子们的监护人是他们的叔叔劳里斯·巴特尔米森（Lauris Bartelmiesz）和菲利普·德·克勒克（Philip de Klerck）。虽然他们都愿意尽己所能帮助孩子，而且政府在一两年内也会免费负责他们的吃住和上学，但是这种免费的食宿只能持续到他们可以自己挣钱养活自己的年纪。之后他们就会被送到某些工厂、磨坊或是小作坊里学习谋生的手艺，以确保他们今后不再成为政府的负担。孩子们几乎不能选择自己被送到哪里，虽说这样的结果也不见得比别的手工业者家的孩子差多少，但是，温克尔家的孩子们还有另一个办法可以确保自己过上更宽裕的生活，那就是卖掉父亲的郁金香。

迫在眉睫的举措是先要确保郁金香的安全。这一点非常有必要。由于价格不断上升，每个种植者都很担心自己的球根会被偷走，有些人已经开始采取复杂的预防措施。有的人和自己的郁金香睡在一起；还有一个布洛克村（Blokker）的人，在球根四周缠上线，线上再挂一个铃铛直接吊在自己床前。由于父亲去世，孩子们又被带到了孤儿院，温克尔的球根就特别危险。好在不久就是出土时节，一两天内，球根都被收集好，锁在了孤儿院里安全的地方，由孤儿院管理者指定的托管人负责考虑如何进行下一步。

以上是发生在 1636 年 7 月的事。一个叫彼得·威廉姆森（Pieter Willemsz）的园丁负责把所有球根仔细分类并称重，之后又种到了地里。直到 12 月，托管人才终于开始授权销售球根。 **174**

不知道这种延迟是由于孤儿院繁杂的官僚作风所致，还是某个董事看出了价格增长的趋势，打算等到最好的时机再出售温克尔的球根。总之不管是故意还是巧合，拍卖直到 1637 年 2 月 5 日才最终举办，地点是阿尔克马尔的新市民卫队大楼。这真是最好不过的时机了。从沃特去世后，郁金香的价格已经不知翻了几番。新加入市场的买主众多，这些珍贵的球根比以往任何时候都更受追捧。

孤儿院管理者指定的托管人在销售宣传上做足了工作。2 月份的最初几天，阿尔克马尔的旅馆里住满了蜂拥而至的花商和种植者，旅馆老板们的生意都异常红火。准备竞标的人都被邀请参加预览为本次拍卖特别制作的宣传图册。这本图册是由孤儿院管理者定制的，里面包含郁金香水彩画 124 幅，百合、银莲花和康乃馨共 44 幅。这本图册既可以被看作一本拍卖品目录，又可以被视为对竞标人的承诺：只要你竞拍成功，一两个月后，如此的美景就将盛开在你的花园中。

阿尔克马尔的这次拍卖正赶上郁金香狂热的最高峰。被吸引来的竞标人可不是什么平民百姓，拍卖成交后也别想交点定金就把球根拿走。这个拍卖会是专为鉴赏家和富商们举办的，拍卖的是实实在在的球根，一手交钱，一手交货。

拍卖会开始前，就有坚决的买主计划私下里找董事交易，目标当然是本次拍卖的大热门——紫色系的范·恩奎岑司令郁金香。这朵郁金香在前一个夏天从土里挖出来

175

时，母球上已经结出了一个小的子球，到新一年它就能长成可以独自繁殖的母球。这个子球为本来就已十分珍贵的母球又增色不少，董事们给它的定价是惊人的 5200 荷兰盾，几乎接近了 1636 年"永远的奥古斯都"的价格。此外，这位富有的买家还以 3200 荷兰盾的价格买入了一对越来越受欢迎的淡紫色火焰纹的布拉班森，以及其他一些稀有的郁金香、百合、康乃馨和银莲花。这些各种各样的珍品又花了他 12467 荷兰盾。仅这一笔生意的成交额就达到了令人咋舌的 21000 荷兰盾。这笔钱足够在阿姆斯特丹的凯泽舍夫买两套大房子了。

这笔获利颇丰的私下交易为即将开始的拍卖奠定了基调。不知是郁金香画册起了作用还是温克尔的名声在外，竞标者都认定此次拍卖的球根肯定是质量最好的，所以这也是在联省难得一遇的买到最受追捧的郁金香球的最好机会。竞价进行得非常激烈，除极个别交易外，阿尔克马尔拍卖会上的成交价都成了有记录以来的最高价。

最好的品种都被安排在拍卖会一开始竞价。第一个拍卖的是中等级别、红白相间的博特曼（Boterman），重量为 563 分，成交价为 263 荷兰盾，约合 0.5 荷兰盾每分。第二个拍卖的是一个很小的西庇阿球根，重量仅为 82 分，价格被推至 400 荷兰盾，合 5 荷兰盾每分。之后

176

的"完美的范·代夫特"成交价为 605 荷兰盾。温克尔
著名的"棕紫郁金香"——一种淡紫色花纹中夹杂一缕
棕色的精致品种，成交价为 2025 荷兰盾，合 6 荷兰盾 7
荷兰币每分。

随着拍卖会的进行，一个又一个最高价不断出现。拍
卖会第一阶段，70 件拍品中仅有 2 件的成交价没有超过
100 荷兰盾；超过 1000 荷兰盾的有 19 件。最昂贵的球根
是两个大个头的总督球根，重量分别为 658 分和 410 分，
售价分别为 4203 荷兰盾和 3000 荷兰盾。若论每分单价最
高的，则是红色系利夫肯司令球根。这个球根的重量只有
59 分，是当天重量最轻的一个球根，比一个子球大不了
多少，而成交价却达到了 1015 荷兰盾，相当于 17 荷兰盾
4 荷兰币每分。

到最后，当所有上等郁金香都以高价成交之后，便宜
的单件货才开始被拍卖。500 分的紫色系"大雁"以 805
荷兰盾和 725 荷兰盾的价格分别被两个买主买走。一个哈
勒姆的种植者扬·卡斯特勒恩（Jan Casteleijn）在坎普巷
（Campeslaen）南边一个花园里种出的 1000 分的球根被以
1000 荷兰盾的价格买走。

177　　旁观者不难看出，即使以当时郁金香狂热时期的标准
来看，沃特球根的拍卖价也算很高了。除了拍卖会之前私
下交易的 21467 荷兰盾之外，前 70 个郁金香拍卖的总价

款达到了 52923 荷兰盾，另外 22 种按重量拍卖的球根拍卖总额达 15610 荷兰盾。整个拍卖会和私人交易的最终所得达到了 9 万荷兰盾。

一两个小时的时间里，沃特家的孩子们从清贫的孤儿一跃成为格外富有的先生和小姐。我们不知道拍卖会筹来的这笔巨款是怎样收齐的，又有多少手续费和税费产生，但是最终，七个兄弟姐妹每人可以得到总额的 1/7，大约 13000 荷兰盾。这个数目相当于一个普通手工业者家庭年收入的 40 倍还多。一个有雄心的男孩儿可以用这笔钱开始任何他想做的事业；要是安于现状的话，也足够一辈子日常生活所用。若是哪个姑娘有这么一笔巨额嫁妆，绝对可以找到相当好的婆家。

荷兰的郁金香商人们无疑都认为阿尔克马尔的这次拍卖绝对是值得纪念和庆祝的大事件。拍卖之后没几天，一个一页纸的宣传单就出现了，题目取得倒还算低调，叫《1637 年 2 月 5 日拍卖成功的郁金香名录》。内容是简单介绍拍卖会的情况和细节，并列出了 99 个拍品的成交价格。有些作者本来建议将这篇传单作为避免过度涨价的警示，但它实际的作用其实是助长了郁金香交易的自信，让尽可能多的人关注球根达到的惊人价格。

这个传单在一定程度上起到了这样的作用，即它的流通量之大使得其上列出的价格被视为某种官方甚至是典型

178

郁金香热

定价。当时一些关于郁金香的书籍也将阿尔克马尔拍卖的价格视为不同种类郁金香的成本价，而事实上这些价格是远远高于狂热初期的实际成交价格的（据推测，那些作者都是为了说服潜在购买者以更高的价格购买郁金香）。这就是为什么当次拍卖中每分单价最高的利夫肯司令，在1636年6月时每分价格仅为6荷兰盾12荷兰币；而另外3个在拍卖会上卖出了7荷兰盾14荷兰币每分的范·德·艾克司令，前一年7月的每分单价还是2荷兰盾10荷兰币。

在1637年1月最后一周到2月第一周这段时间，整个联省的郁金香狂热都到达了最高峰。在这非凡的14天之内，人们为球根一掷千金。哈勒姆有一个叫亨德里克·彼得森（Hendrick Pietersz.）的面包师，以100荷兰盾的价格买了一个仅重7分的豪达球根，每分单价高达14荷兰盾，这也是有记录的交易中，每分单价最高的郁金香。阿尔克马尔市的法律档案中保存了一份账本摘要。

179 这个账本是属于一个叫巴托洛梅乌斯·范·根纳普（Bartholomeus van Gennep）的哈勒姆商人的。摘要中显示，他在1月底向另一个交易商亚布拉罕·费尔斯赖（Abraham Versluys）支付了3200荷兰盾购买一批二流球根。其中甚至根本没有一样是狂热期间受追捧的品种，具体价目如下：

2 磅黄王冠和红王冠	385 荷兰盾
1 磅斯维策郁金香	280 荷兰盾
3000 分 森腾（Certen）	380 荷兰盾
0.5 磅奥德内	1430 荷兰盾
1000 分 大郁金香（Le Grands）	480 荷兰盾
1000 分 飞翔的库恩哈特（Gevleugelde Coornharts）	220 荷兰盾
70 分基斯特美克（Kistemaecker）	12 荷兰盾
410 分 飞翔的纽兰特（Gevlamde Nieulant）	54 荷兰盾

总计 3241 荷兰盾

对球根交易的热情主要还集中在几个重要城市，如哈勒姆和阿姆斯特丹，但是也开始向荷兰省外甚至是西弗里斯兰省蔓延，肯定还发展到了乌特勒支省和格罗宁根省，更有可能其他省也有。事实上，在园艺家亚伯拉罕·蒙廷（狂热期间他还是个孩子）的记录中，虽无具体细节，但是也提及在法国北部还兴起过第二轮郁金香投机狂热。

整个联省参与郁金香买卖的人数肯定要以千计。留存下来的具体文件中有一个就提到，像乌特勒支这种根本算不上球根交易中心的地方，在 1637 年 2 月已经有至少 40 多个专业的种植者。这就意味着会至少有几百个依附于他

郁金香热

们的花商在这个地方交易。从北边的梅登布利克到南边的豪达，仅荷兰省和邻近的西弗里斯兰就有十几个城市和地区盛行球根和花卉交易。据此可以估计，在荷兰中部，被卷入郁金香狂热的人数至少超过 3000。如果是这样的话，在荷兰共和国 200 万人口中，郁金香狂热最高峰时期，种植者和花商的人数大约为 5000 人，而且这个估计还是比较保守的。

如此众多的交易者买入卖出的郁金香总价必然是令人惊愕的。某些地方权威指出，在狂热最高峰，一天之中一个球根就可能倒手 10 次之多，价钱也必定是一手比一手高。因此，虽然球根老老实实地待在地里，但是它的拥有者已经从织工变成玻璃工，又变成漂洗工，再变成书记员了，整个过程就发生在 24 小时之内。一个球根从种下到出土也要增值 5～10 倍。据阿尔克马尔拍卖的结果，一个最珍贵的球根可以价值 4000 荷兰盾或 5000 荷兰盾，就算在新市民卫队大楼拍卖的价格是例外得高，那么说一个上上等的球根可以卖几千荷兰盾也不为过。有记录证明略逊一筹的品种，如红白相间的森腾郁金香可以卖到 1000 分 350 荷兰盾；更流行的黄色系"莱顿的红与黄"则可以卖到 750 荷兰盾。就连最不值钱的磅货也能卖到 250 荷兰盾～1500 荷兰盾每磅不等。因此，按最保守的估计，在一个郁金香交易的中心城市，比如哈勒姆或阿姆斯特丹，

181

按我们之前推算的 400 个花商，每周四次聚在村子里交易，那么一个城市旦在狂热流行的 3 到 4 个月之间的交易额就能达到 7 位数。就算一个普通的花商以 250 荷兰盾的平均价，1 天只买入 1 磅球根，那么 1636 年 10 月初到 1637 年 1 月底这段时间里，一个城镇的交易总量就可以达到 700 万荷兰盾。

　　还有些花商交易更活跃。在 12 月至次年 1 月这段狂热顶峰时期，一个叫彼得·范·罗斯文（Pieter van Rosven）的哈勒姆郁金香交易者在短短 6 周内，购买了价值 2913 荷兰盾的球根，其中大部分是从阿尔克马尔的沃特·塔尔科恩（Wouter Tulckens）手中购得的。塔尔科恩是给几个种植者做经纪人。他卖给范·罗斯文的球根中，有一个就种在一个叫科内利斯·费尔沃尔（Cornelis Verwer）的种植者的花园里；另一个种在一个加尔文教牧师亨里克斯·斯沃米厄斯（Henricus Swalmius）在哈勒姆南边的球根巷里的一小片花田中；第三个则原属于一个叫弗兰斯·格雷贝尔（Frans Grebber）的画家。以上这些信息能在阿尔克马尔的法律档案中留有记录，是因为塔尔科恩因为没有如期交付球根而被范·罗斯文告上了法庭。而在这一短暂的时间里，他买卖的球根可能远不止这些。

　　范·罗斯文的例子绝不是个案。在《对话》里，贪　182
婪鬼就讲了一个他去过的酒馆交易团体的事。因为球根大卖，而且价格又都很高，庆祝达成交易的葡萄酒钱——超过 120 荷兰盾的交易扣的 3 荷兰盾——就像"下雨天茅草覆盖的房顶上落下的水滴一样密集"，"我常常去旅馆吃大鱼大肉"，"有鸡肉，兔子肉，还有美味的点心。从早上就开始喝酒庆祝——红酒、啤酒——一直喝到第二天凌晨三四点。到回家时，反而比来之前更富有"。当时的编年史作者莱乌韦·范·艾策马猜测，在一个荷兰城镇，在狂热期间有共计价值 1000 万荷兰盾的郁金香被交易。可以说，他是低估了当时贸易的疯狂程度。

人们很难不如此认为：在当时严峻的经济条件下，郁金香狂热达到了一个无可匹敌的高度，至少以联省标准而言是这样的。若我们认为范·艾策马的推断是正确的，那么在 1633 年到 1637 年间，在哈勒姆和阿姆斯特丹，大概有价值 2000 万荷兰盾的球根被买卖。假设在其他 10 个交易中心，每个中心的交易额总计大约为这两个城市交易额的 1/10，那么荷兰球根贸易在这四年里，纸面上的总交易额也可以达到将近 4000 万荷兰盾。如果荷兰省的花商真的如批评球根交易的人所说的那么冲动和不负责任，再假如参与交易的人不是以千计而是以万计的话，那么这个交易总额可能就要翻一倍或更多。相比之下，在 1636 年到 1637 年间，富商们在阿姆斯特丹银行的储蓄额才只有大约 350 万荷兰盾，最有权势的荷兰东印度公司，也是当

183

· 184 ·

时全欧洲最大的贸易组织，其资本才不过650万荷兰盾。

当时的小册子作者在1636年12月还发表了一个生动的价目单，能让人对郁金香价格的意义有形象的认识。作者指出，一朵花的价格是3000荷兰盾，看看这些钱能买下多少东西吧：

8只肥猪	240荷兰盾
4头公牛	480荷兰盾
12只肥羊	120荷兰盾
24吨小麦	448荷兰盾
48吨黑麦	558荷兰盾
2大桶葡萄酒	70荷兰盾
4桶8荷兰盾的啤酒	32荷兰盾
2吨黄油	192荷兰盾
1000磅奶酪	120荷兰盾
1个银酒杯	60荷兰盾
1包衣服	80荷兰盾
1张附赠床垫和寝具的床	100荷兰盾
1艘船	500荷兰盾

总计3000荷兰盾

从这个角度说，在1636~1637年秋冬时期，荷兰省

184 的郁金香贸易是健康而蓬勃发展的。随着狂热达到顶峰，酒馆交易团体里面才开始出现一些令人担忧的坏事将至的征兆。

第一个警示就是花商们无止境地追求新奇品种。只有一两种像总督这样的品种是公认的顶级，而对于哪些品种属于第二档则众说纷纭，而且这种争议随着越来越多相似品种的出现变得更加严重了。即使是郁金香专家也无法分辨出哪个是范·英格兰司令，哪个又是范·霍伦司令（Admirael van Hoorn）。一个村庄或城镇偏爱这一品种；另一个地方又偏爱另一品种，潮流和观点时时都在变化，再加上新品种不断涌现，挑战已有品种的地位。正因为如此，球根贸易不仅仅是不稳定，而且先天性缺乏逻辑。没有稳定性和可预见性的市场是不可能永久昌盛的。而荷兰的郁金香交易就是两种要素都不具有的典型。

一个花商疯狂寻找新品种的著名例子就是对黑色郁金香的追求。这种传说中的稀有品种若是能找到哪怕一株，也肯定比"永远的奥古斯都"还要昂贵。法国小说家大仲马写了一部名著就叫《黑色郁金香》，故事的主人公是一名年轻的医师，名叫科内利斯·范·巴尔勒（Cornelis van Baerle），他因为第一个培育出黑色郁金香而赢得了一笔巨额奖金。大仲马似乎是从一个偶然听说的狂热巅峰时期的传说而得来的灵感。而这个荷兰悠久传说的另一个版本其实是这样的：一个哈勒姆的花商财团听说，在海牙有一个补鞋匠成功培育出一株黑色郁金香，于是下定决心要将其买下。他们来到补鞋匠的店铺，一番讨价还价之后，鞋匠终于同意以 1500 荷兰盾的价格出售自己的黑色郁金香。完全出乎他意料的是，当他把球根交给花商之后，花商却把球根摔在地上踩了个粉碎，一边踩一边大喊："你这个白痴。我们也有一株黑色郁金香。现在你的被毁了，我们的就是世上仅有的了。你想要的话，我们可以 1 万荷兰盾卖给你。"哈勒姆的花商成功确保了自己的黑色郁金香是独一无二的，自然也是可以漫天要价的之后，满意地回家去了。而倒霉的补鞋匠，因为自己丧失的财富捶胸顿足，当晚就因为精神上的打击去世了。

185

　　关于黑色郁金香的故事当然只是传说。类属生物学已经证明，就是如今也根本不可能培育出纯黑色花瓣的郁金香，即使有几个所谓的"黑色"品种，也不过是极深的紫色显示的效果。无论如何，黑色郁金香的传说在狂热时期流传如此之广，可能也让一些敏锐的花商警觉到：市场需求的品种、有限的培育时间内能够引入市场的新品种、荷兰种植者们能够用来培育新品种的植物学意义上的郁金香数量，这三者之间的巨大差距在不断拉大。

　　更让人担忧的是，在 1636 年秋天，磅货开始畅销。

郁金香热

这些之前一文不值的球根在 1637 年初却以惊人的价格被买卖。这本应当足以让花商们停下来好好思考一下。上等郁金香的价格升得再高也是有道理的，因为在狂热时期，仅存的一些真实的需求就是老派鉴赏家对真正上等郁金香的需求。他们是唯一会把郁金香种在土里，但不是为了交易的人。但对于磅货则完全没有任何市场需求。鉴赏家们对这些品种不屑一顾，而酒馆花商们更是从来没有种植的打算。这些磅货被交易只是因为它们存在，而当 1 月过完 2 月来到之时，连最疯狂的郁金香交易者也开始不安地意识到这个市场已经失去控制了。

阿尔克马尔拍卖的成功让人们相信球根价格依然很高，但即便如此，一些谨慎的交易者也开始怀疑郁金香的价格还能持续上升多久。开始有零星的花商在出售了手中的球根后就不再投资。在遍布荷兰省的酒馆交易团体里，竞争的交易者们都怀疑卖家是不是知道什么他们还没掌握的信息。他们可能在想，也许自己也应该出售一两个球根了。

此时是 1637 年 2 月的第一周，市场的繁荣已经走到了尽头。

12

崩　盘

2 月的第一个星期二，一群花商集中到哈勒姆的酒馆187
准备像往常一样开始交易，郁金香价格暴跌就是从此时此
地开始的。

当天的交易照例由一位资深的花商起头，这第一笔交
易也主要是为了探探市场的行情。他打算卖的是一磅白王
冠或斯维策，开出的价钱也是比较保守的 1250 荷兰盾。
在通常情况下，立刻会有几个热切的买家竞相出价，他们
都会领到石板和粉笔写下报价，最终价高者购得球根，一
天的交易也随之火热开场。然而在这一天，竟然没有人愿
意以 1250 荷兰盾的价钱购买这一磅球根。拍卖师不得不
以 1100 荷兰盾的价格重新起拍，可是依然无人问津。第
三次起拍时价钱已经降至可笑的 1000 荷兰盾，竟然还是
卖不出去。

很容易想象当时令人尴尬的寂静对这些围坐在酒桌前　188
的花商们而言是多么突然的打击。随着这次滑稽的拍卖继
续往下进行，举着半杯啤酒的手僵在半空，端到嘴边的酒

杯也放下了。花商们突然意识到发生在他们面前的这一幕有多么可怕。交易者们紧张得你看看我、我看看你，谁也不知道该如何应对这样的情况。沉默只持续了一两秒，就被爆发的喧哗取代了。每个在场的花商都开始紧张得议论起来。

这些花商在过去几天内十有八九花过类似的价钱购买类似的球根，并且期望着转手卖出就能大赚一笔。然而现在，不过一两分钟的时间内，他们的期望就被现实无情地击碎了。人们不得不提出一个最严峻的问题：球根交易将何去何从？显然，当天的交易不可能再正常进行下去了。可能还有少数一些人仍然试图销售其他球根，但也都没有成功。酒馆里的人几乎是马上停止了所有交易。所有人都处于困惑之中，但个别人已经跑去通知所有亲戚朋友了。没过多久，哈勒姆的所有酒馆都知道了这个消息，城里城外所有花商心中只剩下一个念头，就是：卖！

恐慌弥漫整个联省只用了几天时间。一个接一个的酒馆、一个接一个的城镇，花商们发现一两天前还价值上千荷兰盾的球根，现在却一文不值。少数几个交易者试图通过举办假拍卖会刺激市场让价格回升，但是他们的努力毫无成效。在很多地方，酒馆交易崩溃得如此彻底，以至于价格跌至狂热时期的四分之一甚至十分之一。郁金香交易的市场就这么凭空消失了。

189

不少花商发现自己和书中的贪婪鬼处于一样的困境中。《对话》的作者是这样描写这位原织工的境况的。意料之外的价格暴跌出现后，贪婪鬼的第一反应是出去继续自己的买卖。他强自镇定地对自己，也对讲真话说："花神只是病了，但绝不会死。"而他自己的妻子已经开始痛哭流涕地埋怨他不该变卖了织布机和其他纺织工具。贪婪鬼来到酒馆，却发现市场已经崩溃，所有交易都停止了，一个买主也找不到了。终于清醒的贪婪鬼意识到自己为了购买球根、开辟花园欠下的高额债务，不禁惊慌失措。倒霉的织工只好向自己的朋友讲真话求助，讲真话的建议一针见血：郁金香交易已经彻底完蛋了，没有任何办法让它重新复活。花商们唯一的选择就是捡起自己的老本行，回到自己本来的生活中。唯一能期盼的就是有机会体面地还上欠账。

在一个繁荣的市场中，参与者对市场的信心就意味着一切，而郁金香市场崩溃得如此之快恰恰证明，一些不那么乐观的花商肯定是在市场崩溃前几天，就已经对连续上涨的球根价格感到不安了。狂热发生的年代还没有报纸，人们无法确切知道 1 月最后一个星期到 2 月最初几天之间所有事件发生的确切顺序，但是球根交易肯定不会是在完全没有预警的情况下突然停止的；也不会因为一个哈勒姆酒馆里的一桩拍卖失败就彻底停止了。在此之前一周甚至

190

更长，在荷兰省任何地方交易球根肯定已经开始变得困难了。拍卖师发现无法再像以前一样迅速地把价格推高，一些种类的价格已经达到峰值，所以很多交易者迫切希望在此时将其抛出，这就使得想要抛售的卖家人数开始多于想要买入的买家人数。在哈勒姆这次决定性的拍卖之前一两天，人们肯定已经开始感受到一种担忧和恐慌，就像须德海上弥漫的湿冷浓雾一样蔓延在哈勒姆和阿姆斯特丹的酒馆里。其实郁金香交易者们都知道终有一天会有大事发生，现在大事真的发生了。

在 2 月 3 日哈勒姆的这次决定性的拍卖会之前，已经有传言说郁金香的价格已经没有上升空间了。某些卖家对于投入的收益也不再抱有信心。最早至前一年的 12 月底，有一名住在格罗宁根的药剂师兼球根种植者，名叫亨里克斯·蒙廷（Henricus Munting），他做了一笔大买卖，以 7000 荷兰盾的价钱把几个球根卖给了一个阿尔克马尔人。为了让买家放心，他承诺若是 1637 年夏天以前价格下跌，买家可以取消这笔交易，只需支付全部价款的 10%。市场崩溃前两天，哈勒姆的彼得·维恩森（Pieter Wynants）在家中举办宴会，他的弟弟亨里克（Henrick）对一位客人软磨硬泡，企图说服人家花 1350 荷兰盾买下一磅的斯维策郁金香。亨里克的目标是一个名叫格特鲁伊特·舒特（Geertruyt Schoudt）的富有的老寡妇。老人起初没有答

191

应，直到另一个客人，也是当地的一名染工雅各布·德布洛克（Jacob de Bloek）愿意提供担保，保证价格8天之内不会下跌之后，老人才同意购买球根。

2月3日之后的价格暴跌得如此彻底，以至于没有留存下1637年春天球根价格相关的文件。看起来市场上唯一仍愿意购买郁金香的只剩下鉴赏家和少数几个不以郁金香交易为主业的富有花商，而且他们会购买的也只是最稀有和珍贵的品种。根据当时的记录，一个在价格暴跌之前价值5000荷兰盾的郁金香，之后只需要50荷兰盾就可以买下；到了5月，一花圃的郁金香仅售6荷兰盾，而它在1月时的价格曾达到600荷兰盾~1000荷兰盾；在狂热时期能够卖到400荷兰盾的一套球根，现在才值22荷兰盾1荷兰币。这些价格变化显示，就算还有能卖得出去的郁金香，其价格最高也不过是过去的5%，大多数连1%都不到。

这次的价格暴跌绝对是一个惊人的事件。每个感染狂热的城镇就算不是完全同时地经历价格暴跌（也很有可能就是同时的），整个下跌的过程最多不超过3个或4个月，这比历史上最臭名昭著的金融灾难——1929年华尔街股灾和随后的大萧条还要来得迅速和彻底。华尔街的股票是用了两年时间才跌至最低点，而且其最低点至少也维持在原价值的20%。

192

郁金香热

　　各种各样的困惑围绕着所有人，似乎没有哪个花商明白为什么球根交易会以这样惊人的方式急转直下。而纵观整个事件，不难看出价格暴跌从一开始就是无可避免的。太阳之所以燃烧得明亮而稳定是因为有持续不断的燃料供给，同样的，郁金香狂热要想持续下去，也必须不断有球根供应到市场中来。在 1636 ~ 1637 年冬天，对郁金香的需求全方位迅速增长，速度远胜过球根供给的增长速度，再加上狂热的爆发，最终的结果就是，人们用尽了所有可用的资源。连磅货和单一颜色的郁金香也被拿来贩卖，且在此之前无人问津的斯维策和白皇冠之类都能卖到 1000 荷兰盾每磅的高价。荷兰省的花商们已经把能找到的所有球根都用来交易了。

　　当这些"破布"都被用来交易之后，市场上再没有新的品种能以人们可承受的价格进入市场了。低价球根的断货就意味着，没有新的花商可以加入到这个市场中。因为即使最便宜的球根也动辄成百上千荷兰盾，谁能买得起呢？再说，已经有一小部分交易者开始出售他们的球根以获取利益。一个数量上不断缩小的花商群体，掌握着有限的资金，不知怎么竟维持了这么久的价格急速上升。即使是那些还相信郁金香交易本质上是一种健康的交易的人或早或晚也终将无法承受新一轮的价格上升，并且犹豫还要不要继续投入。因此，到了 2 月初，无论是资金还是球

· 194 ·

根，这两种郁金香狂热发生的根本动力，都已经完全被耗
尽了。如同燃烧尽最后一滴燃料的太阳，郁金香狂热也成
了超新星，以最疯狂的交易爆发引领即将到来的大崩盘。

这就是狂热覆灭的原因，但还不是价格暴跌程度如此
彻底的原因。后者的原因在于，在狂热最高峰，球根转手
速度过快。在牛市中，有一些人会保留自己的资金等待价
格下跌时再购入，这样他们就可以以较低的价格买入价值
很高的股票。但是在郁金香狂热的最后一两个月里，主要
交易的都是磅货或一些以 1000 分计的品种，这些东西本
身是没有价值的。对这些品种并不存在真正的需求，鉴赏
家永远不会种植它们，只有在交易此类货物的人眼中它们
才是有价值的，所以这个市场中根本没有熊市买家想要利
用的机会。

更糟糕的是，郁金香狂热把每一个酒馆交易团体中的
人都榨干了。本来就没有几个花商是靠手头的闲钱加入郁
金香交易的，现在又全被卷入一个甚至多个郁金香买卖的
复杂交易链中。大部分人是靠出卖或抵押自己的家当来筹
集资金的。现在这些处于绝望境地的人们面临的不仅仅是
金钱的损失，更是彻底的毁灭。在 17 世纪，即使是在荷
兰共和国，毁灭不仅意味着穷困，更意味着终生被工厂奴
役或者饿死，早逝也是很有可能发生的结果。人们最不想
做的就是再为一株郁金香竞价，所有人此时都成了卖家。

194   当然也不是说整个联省郁金香交易的价格是同时瞬间跌破的。个别花商会走乡串镇，但大多数还是只固定在一个地方交易。所以价格下跌的消息也需要一两天时间传播。不管怎么说，荷兰球根交易事实上有多个分离的市场，每个被郁金香狂热影响的城镇都是一个市场。一个城市的价格变动可能落后于另一个城市；不同城市的花商交易的球根品种也有所不同；在这个酒馆里进行交易的一拨人，也可能和另一个酒馆中的一拨人不同。

　　因此，在哈勒姆的郁金香交易已经崩溃之后，别的地方还继续兴盛了很短的时间。灾难的消息大概是周三传到阿姆斯特丹的，但是到 2 月 6 日周五那天，交易仍然火爆，在一个叫门诺婚礼（Mennonite Wedding）的酒馆里，还有人以 1065 荷兰盾的高价买下一磅斯维策郁金香。但是到了第二天，也就是 2 月 7 日，阿姆斯特丹的郁金香交易似乎也达到了与哈勒姆类似的危机顶点。一个叫约斯特·范·盖克（Joost van Guyck）的花商在从一个叫安德里斯·德·博斯赫（Andries de Bosscher）的人手里购买价值 1100 荷兰盾一磅的普通斯维策时，他开始犹豫这样的交易是否明智，并且要求德·博斯赫担保价格不会下跌。德·博斯赫于是请了一个叫彼得·范·德·克鲁伊斯（Pieter van de Cruys）的人承诺将来以 1200 荷兰盾的价格购买这一磅斯维策。但是这依然不能让范·盖克放心，他怀疑这个范·德·克鲁伊斯到时是否真的能够信守承诺。于是在2月11日，他和德·博斯赫一起到当地一个公证处把整个协议书面记录并公证了。在哈勒姆花商无法再以1000荷兰盾每磅的价格出售球根8天之后，在阿姆斯特丹还有 195 这样的交易生效，这就意味着，阿姆斯特丹的郁金香在最早的崩溃出现之后依然坚持了至少一周。即便如此，范·盖克的担忧至少证明，当哈勒姆的坏消息传到阿姆斯特丹后，恐慌已经开始破坏人们对这个还在运行的市场的信心。

　　同样的事也发生在南部。在海牙，2月4日的时候交易还能顺利进行。其中一笔就涉及著名的画家扬·范·戈延（Jan van Goyen）。他是联省最有影响力的风景画作家。范·戈延的父亲是个鞋匠，他作为画家成名后，过上了小时候想都不敢想的富裕生活。他的父亲也是艺术的业余爱好者，不算富有但至少拥有自己的房子。后来因为精神方面出现了问题，不得不住进了莱顿的收容所。年轻时候的扬曾经给哈勒姆的画家埃萨亚斯·范·德·费尔德（Esaias van de Velde）当学徒，后来靠画沙丘和河景出了名。尽管从来算不上富有，但是他把挣来的钱都花在了置产和郁金香上。在1637年1月27日，戈延从一个叫阿尔伯特·范·拉文斯泰恩（Albert van Ravensteyn）的海牙市长手里买了10个球根，8天之后又买了另外40个球根，总共花了 912 荷兰盾外加他的两幅画作。范·戈延的第二笔交易，也是更大的一笔，实际付出了 858 荷兰盾，就是在哈勒姆崩盘后第二天达成的。画家同意购买后不久，海牙的球根价格也迅速下跌，他很快发现自己陷入了非常绝望的财政困境。

196　　市场崩盘已经够球根交易者绝望了，但是雪上加霜的是，像《对话》中的贪婪鬼一样，大部分花商仍然有义务履行他们签订的购买合同。基本上每一个交易者都面临着同样的窘境：他们已经支付了定金，买到的郁金香变得一钱不值，可他们却有义务在球根出土时支付巨额的尾款。对很多人来说，除了拖延别无他法。

　　郁金香交易的崩溃对于那些在价格暴跌前已经售出球根，看起来获利不菲的人也是有严重影响的。这些被影响的人里面就包括沃特家的孤儿们。阿尔克马尔拍卖至少导致了两起法律纠纷。其一是与一个叫格里特·阿姆斯特丹（Gerrit Amsterdam）的当地交易者，他声称自己花 263 荷兰盾买下的 563 分改良版博特曼球根实际上只是普通的博特曼球根，所以根本不值这个价钱。其二是与一个叫威廉·罗利森（Willem Lourisz.）的人，他是哈勒姆附近的海姆斯克（Heemskerk）的花商。罗利森花了 512 荷兰盾购买了红色系"安特卫普维图斯"（Anvers Vestus）球根，说好球根开出令买家满意的花朵之后才付钱，而实际上，拍卖一年半之后，罗利森依然没有付清欠款。所以，孩子们在孤儿院的监护人雅各布·范·德·梅尔（Jacob van de Meer）和雅各布·范·德·吉斯特（Jacob van de Gheest）最终只得将罗利森告上法庭。罗利森给自己找的蹩脚的辩护理由是：他曾经与范·德·梅尔约定，1637 年 5 月的某日清晨，双方在种植此郁金香的花园外见面，但是监护人没有到场，他等了半个小时还没见到人就离开了。范·德·梅尔愤怒地反驳说芝商从未约见过他，而且郁金香开出的美艳花朵持续了数周，随时都可供查验，因此花商理应按约定付款。

相比于花商，种植者的境况稍好一点。即便在酒馆交易停止以后，依然有鉴赏家愿意支付大价钱购买郁金香。在 1637 年 3 月 17 日，一个叫迪克·博尔滕（Dirck Boortens）的哈勒姆商人就卖出了不少高质量的球根，包括利夫肯司令和塞依布洛姆。买家名叫彼得·范·威尔森（Pieter van Welsen）。他为这些球根总共支付了 11700 荷兰盾。在 4 月中旬他去验货时发现有些球根的质量不好，于是博尔滕同意少收 300 荷兰盾。范·威尔森并不太担心郁金香价格崩溃的事，他仍然乐意支付余下的 11400 荷兰盾并且同意分三次结清：6 月支付 4000 荷兰盾，8 月底支付 3700 荷兰盾，剩下的 3700 荷兰盾在 1638 年 2 月第一天支付。这笔交易是两个纯粹的郁金香爱好者之间的交

197

易。他们可能压根没关注过什么郁金香狂热，而且他们完
全有能力为这种只能开花几星期的植物支付上万荷兰盾或
更多。不过，就算是在富有的和上流阶层的郁金香交易者
中，也难免有人对市场的情况过于乐观。金葡萄的主人，
也是富有的种植者的扬·奎克尔在哈勒姆郁金香价格下跌
的第二天还去参加了阿尔克马尔的一个拍卖，并且很有信
心地花了 3260 荷兰盾购买了沃特·温克尔的一些好球根。
扬·阿德莫里尔也是一位时髦的阿姆斯特丹交易者。他住
在王子运河边，在房子后面的私人花园里种植郁金香。
1637 年 5 月，他跟自己的一个客户帕卢斯·德·霍格
（Paulus der Hooge）保证说，从自己花圃里卖出的郁金
香，在接下来的 12 个月里，至少增值 20%。

　　酒馆交易的崩溃不仅让花商破产，还影响了一大批种
植球根的农民。这些人不但卖花给花商，也卖给鉴赏家。
任何在狂热期间抵挡不住诱惑扩大经营的人都受到了影
响。这次危机严重到让专业种植人不得不以史无前例的最
快速度来应对这一事件。最早在 2 月 7 日，也就是价格下
跌后第四天，荷兰省和乌特勒支省的种植者就在阿姆斯特
丹组织了一次大规模的会议，来探讨如何将价格暴跌引发
的损失最小化。即使是以联省的大小而论，有些城镇之间
至少也是两天的路程，所以种植者们能够如此快速地做出
反应已经非常惊人了，而原因当然是出于对他们自己未来

的严重担忧。

此次会议上只缺少鹿特丹的代表，但是那里的种植者
们送信来说愿意遵守会议上由多数意见达成的决定。受影
响最严重的十几个城镇和地区都自行集会，并选派了代表
来参加这次大会。一些著名的大种植者都来到了阿姆斯
特丹，比如菲亚嫩约弗朗西斯科·达·科斯塔、哈勒姆
的贝伦特·卡多斯和威廉·舍瑙（Willem Schonaeus）、   199
乌特勒支的弗朗索瓦·斯沃茨（Francois Sweerts）。还有
一些不那么有名的种植者，比如莱顿的 W. J. 斯罗廷
（W. J. Sloting），以及作为施特雷克（Streeck）地区代表
的克莱斯·黑尔腾（Claes Heertgens）——这个地区是一
片特别适于种植球根的狭长地带，位于霍伦、恩克赫伊森
和梅登布利克这三个西弗里斯兰省城市之间。

这次种植者大会是在 2 月 23 日举行的。当时各地的
郁金香交易都已经彻底混乱了。起初代表们还在考虑如何
使郁金香交易复苏，但显然只是浪费时间，于是他们直接
转移到了探讨如何减少损失的议题上。

在某些方面，种植者面临的问题和花商面临的几乎一
样严重。他们其中大部分人在过去的一年中都投入了大量
金钱购买球根和子球，然后种在自己的花圃里精心培育。
为了满足不断增长的市场需求，基本也都扩大了种植面
积。而现在，他们面临的问题是，很多购买球根的人只付

了一小部分定金，而且之后球根肯定又多次转手。很多交易中，由于狂热时期交易者们创造的长而复杂的交易链，所有权的归属已经弄不清楚了。只要这个链条中任一环节上的花商无力支付，整个链条就会崩溃，那么最起点的种植者们想在 6 月拿到欠款就根本不可能了。

200
在阿姆斯特丹的大会上，这些问题肯定都被讨论到了。种植者最终达成的解决方案的核心思想就是：假装狂热从未发生过。随着大会接近尾声，大多数人支持的方案是：认定上一次播种前达成的交易仍然有效。而 1636 年 11 月 30 日以后达成的协议，买家可主张取消交易，但仍应支付价款的 10% 作为赔偿。阿姆斯特丹的代表是唯一没有在决议上签字的。

种植者们悲观地推行这一妥协办法，以期盼能尽量减少损失。他们知道，大部分在 11 月 30 日之前卖出的球根是由付得起钱的鉴赏家和富商买走的。只有 12 月和次年 1 月的交易，才是贫穷的花商大批涌入市场之后带来的，也直接导致了郁金香交易爆炸式发展，最终造成郁金香狂热爆发。想让这些花商付钱几乎是不可能的，阿姆斯特丹大会的决议也证明了人们都看到了这个事实。

在《对话》中，讲真话向贪婪鬼解释种植者的计划在现实中如何实行。如果一个球根本来卖 30 荷兰盾，然后三次转手，价格分别是 60 荷兰盾、100 荷兰盾和 200

荷兰盾。那么花 200 荷兰盾的买主要交钱拿花。如果他想取消交易，可以支付 20 荷兰盾的罚金给他的卖主，则两人之间的交易就算取消。球根的所有权于是回归到花了100 荷兰盾购买球根的花商手里，他可以选择付全款留下球根，或是交 10 荷兰盾的罚金把球根再退给花了 60 荷兰盾购买球根的人。讲真话没有说下去，但是可以推断种植者的意图是如果链条上所有人都按约定全额付款，那么作为根源的种植者也可以拿到自己那份；如果没有一个花商还想占有球根，那么球根的所有权就会回归到种植者手中，他可以拿到 10% 的赔偿，还可以把球根再卖给别的想要的人。

　　我们还不知道阿姆斯特丹的代表为什么拒绝批准这一决议，但是可以想象他们对于种植者其他建议的解决办法中做出的重大牺牲感到震惊。毕竟，依据当时的法律，球根种植者完全有权利要求买家支付全款。不得不接受的一个现实是：无论谁对谁错，通过法院追究成百上千已经失去偿还能力的债务人的法律责任，是一种毫无意义的行为。只有彻底的实用主义才能说服大部分种植者认可这个决议，并自愿放弃本来可以属于他们的几千荷兰盾的欠款。决议中的 10% 指的是最初购买价格的 1/10，而不是狂热时期价格顶峰的 1/10，这已经是种植者们认为能在灾难中挽回一点损失的唯一办法了。

郁金香热

种植者的问题是，虽然他们的要求已经很低了，却依然无法照此执行。他们可以建议自己的客户考虑这种选择，但是却无法强迫他们接受自己的建议。事实上，大多数花商的情况是，如果他们收不回转卖的货款，那他们连1/10的罚金都付不起。所以除非万不得已，没有哪个花商愿意选择这个解决办法。就像《对话》中的贪婪鬼敷衍自己的债主时说的："只要我的买主付了钱，我就可以付你钱了。只不过我连他的人都找不到了。"

这就是为什么，球根交易的困境无法由球根交易本身来解决，而只能靠权威来判定。1637年2月以前成交的这几千个球根究竟归属于谁？更重要的是，谁应该为它们埋单？不论什么样的折中办法，最终要靠法律的强制力来保障实现。

狂热最终成了法院的问题。但是当郁金香的案子开始审理时，郁金香的评论家们又有话要说了。

202

13

娼妓女神

在联省，没有人比阿姆斯特丹的克莱斯·彼得森（Claes Pietersz.）更热爱郁金香。他大概是共和国里最时髦的医生了。其他人可能只是种花、卖花，甚至因此发家，但没有人像彼得森一样，把自己的姓氏都改成了杜普，也就是荷兰语郁金香的意思，于是他成了名副其实的郁金香博士。

从1621年起，克莱斯·彼得森改名为尼古拉斯·杜普。当时，郁金香才刚刚在荷兰最富有的上流社会阶层中兴起。他用郁金香的图形作为个人徽章。当他在1622年当选为市议员之后，按惯例要选择盾徽，杜普先生自然选择的是用精致的、大红火焰颜色的红色系郁金香图形来装饰自己的盾牌。他的郁金香图形议员印章在他批准的上百封官方文件中留下了红色的郁金香蜡印。当他为这个城市操劳了一天，终于回到家中之后，迎接他的是一幅郁金香为主题的画作，画的是一朵最上等的司令，据说，这幅画就装饰在他王子运河边豪宅大门的名牌上。

郁金香热

当时，年轻的杜普博士（他改姓的时候还不到 30
岁）就已经居于高位。后来他又成了伦勃朗的朋友，并
且还是伦勃朗的名作《杜普教授的解剖课》中的人物。
画中的杜普是一位杰出的医生，又高又瘦，蓄着唇髭和胡
须，正忙着解剖一个刚被行刑的罪犯。杜普先生当时的身
份是一位植物学家，他极力宣扬茶的药用功效，并将其作
为缓解疲乏和痉挛病等症状的良药。杜普还是一位成功的
政治家，曾 4 次当选阿姆斯特丹的市长。众所周知，这位
坚定的加尔文教徒尤其鄙视荷兰传统婚礼上的醉酒狂欢，
于是他发起了一项让人们至今还会偶尔谈起的立法，即
《1655 年禁奢令》，其中规定婚宴宾客人数不得超过 50
名，婚宴持续时间不得超过两天。

杜普博士会厌恶酒馆团体的过度饮酒当然毫不令人意
外。他 1652 年从医师行业协会退休时，向他的老同事们
赠送了一个银质的酒杯。杯子的形状是一朵郁金香，花茎
上还趴着一只蜥蜴。杜普希望他们在以后的协会宴席上，
能用这只杯子做最后的祝酒。私下里，他直到晚年都是一
名鉴赏家。而在公开场合，特别是在 1637 年之后，尼古
拉斯·杜普不愿人们将他和这种著名的、他用来作姓氏的
鲜花联系在一起。他在王子运河边的豪宅大门上的郁金香
标识被撤下了，盾型纹章也被放置在不那么显眼的地方。
杜普博士为郁金香狂热的荒唐无度感到惭愧。

205

　　和杜普博士有同感的人并不在少数。接替克劳修斯在莱顿的职位的阿多夫·福斯蒂斯（Adolphus Vorstius）教授就是其中之一。他在他的植物园中每周教授两堂植物学课程。福斯蒂斯教授厌恶商人们对球根的歇斯底里和露骨贪婪，所以他和助手骑马出门时，只要发现球根，他就要把它毁掉。即使是那些没有加入郁金香狂热的人也多少继承了鉴赏家们对花商的恶评。在狂热的最后阶段，很多普通人开始嘲弄地称酒馆团体中的花商为"呆子"（kappists）。这是一种相当严重的蔑称了，对于黄金时代的荷兰人来说，这个词让人想到的就是带着小丑帽子的傻瓜。

　　并非所有对郁金香狂热的批判都停留在笑话和羞辱上。荷兰社会中一些更具有宗教性质的团体则采取了更严厉的态度，指责球根商人将基督教义中的慈善和谦卑抛诸脑后。即使是在郁金香市场彻底崩溃之前，就有不少激烈的反对者把自己对球根交易的批判印刷出版。他们采取的主要形式就是小册子。从1636年12月起，整个荷兰省泛滥着各种关于郁金香狂热的册子。

　　这些作品的内容大多是对郁金香狂热的粗俗不堪的嘲讽，无一例外的都以罗马女神弗洛拉为主角。她一向被视为最放纵的天神。传说弗洛拉是罗马时代早期一个声名狼藉的交际花，但是她靠这种不道德的营生积攒了大量财富，在她去世时，这笔钱财就留给了罗马。罗马人为了感谢她，206

就把她奉为神灵崇拜。从此她便成了花之女神，也是妓女们的守护者。荷兰人的小册子里喜欢拿这个罗马妓女和珍贵的郁金香作比。在狂热高峰时期，这种小册子的传播速度极快。作者警告他的读者们，弗洛拉总是把自己卖给出价最高的人，而她的价格不断地上涨，以至于没有一个人承担得起长久拥有她的开销。尽管她的每一个爱人都比上一个更富有、更大方，但弗洛拉总是有更荒淫的要求要他们来满足，这样才能证明对她的忠诚。即便是她已经升入拉丁神殿、嫁给了泽费罗斯风神，依然难改旧习，没多久就背叛了她的丈夫，与大力神赫拉克勒斯打情骂俏去了。

无信的伴侣、贪婪的情人——在小册子作者的眼中，荷兰省的球根交易商们就是弗洛拉石榴裙下拜倒的最新一批傻瓜，为了妓女之神抛家舍业，最终换来的只是她无情的背叛。很多小册子的题目都暗示了花商们的财务困境，比如《花神的病榻》；也有更直白一些的，如《花园中的妓女倒下了》和《恶毒女神弗洛拉》。其他还有一些小说化的作品，比如交易者发现自己被异教偶像迷惑以致陷入困境后的抱怨。有一个题材就是，一个织工气愤地指责花神如何色诱他。另一个题目为《异教和土耳其郁金香球根的罪名》的文章中写道，花神和其他精灵判定郁金香和其他一些花草都必须回到创世时设计好的地方，否则痛苦和疾病以及恶劣天气就将降临世上。所有作品的基调是尖刻和充满敬意的，指责许诺了一切的女神最后却让傻得相信她的人一无所有。

随着小册子上嘲讽诗句的流行，漫画作品也开始涌现。最初一些值得记住的艺术作品，对郁金香狂热的描写都是入木三分的，显示了对狂热过后失去一切的花商的嘲讽。有一副彼得·诺尔普（Pieter Nolpe）的画作［这幅作品后来还被一个叫科内利斯·丹克特斯（Cornelis Danckerts）的艺术家改编成了铜版画］，题目很拗口，叫作《花神的傻瓜的小帽，或1637年一个傻瓜孵出另一个傻瓜的奇特景象，无聊的有钱人失去了财产，聪明人失去了理智》。诺尔普的作品描述了这样一个场景：球根交易者聚集在一个酒馆里，酒馆门口有一个巨大的小丑帽形状的招牌，上面写着酒馆的名字"愚蠢的球根"。而酒馆门口，还有两个人在打架。画作最显著位置是一个人提着一篮、还推着一车已经一文不值的球根去扔到粪堆上；旁边有三个花农在看着，而他们后面则是《圣经》中的魔王别西卜举着钓竿，等着毫无价值的郁金香交易合同上钩。在他右手边，撒旦手里拿着一个沙漏，显示郁金香交易的时间已经快走到尽头了。画的背景是一座废弃的房子，花神骑在一头驴上经过，示意不远处愤怒的人群不要靠近。画作下面的解释说明文字是："花神因为她淫荡的恶行而被驱逐了。"

郁金香热

类似的对于球根交易过度的尖锐攻击到几年之后还时有出现，所以这些艺术作品就支持了郁金香狂热对于那些没有真正加入交易的人也有巨大影响的观点。在1640年，克里斯·范·德帕斯（也就是20年前，为郁金香做画册《植物花卉》从而推动了郁金香风尚的那个人）创作了一幅著名的插画，名为《花神和傻瓜》。画中的花神是一位健康的年轻姑娘，穿着领口开得很低的连衣裙，坐在一辆装饰华丽的沙滩艇上，里面坐满了喧闹畅饮的戴着小丑帽子的傻瓜。这些有讽刺意味的形象都带着自己的标签，比如"空想""醉鬼"和"囤积货物"。画中的沙滩艇正穿过哈勒姆城外的沙滩，艇上还挂着狂热期间当地一些作为主要集会地点的酒馆的招牌，比如"白衬衫""小母鸡"及另外四五家酒馆。一只猿猴爬上桅杆，在花商们头顶上方便。花神坐在船尾，手里拿着一捧曾经最抢手的郁金香：左手是博尔将军、范·霍伦司令和必不可少的"永远的奥古斯都"；右手是豪达和珍贵的总督，眼睛则看向车轮下碾压过的沙石。这个奇特的组合直直地向着海中驶去，后面还有成群的想要成为花商的人紧追不舍，急于加入通往毁灭的短暂冲刺。这些人都是织工，而且因为跑得太急，把老本行的工具都扔到地上踩坏了。在这幅作品的四个角上，画家还画了四幅小插图。一个是球根种植者亨里克·波特贝克在豪达的著名的花园，其他三个都是哈勒

姆和霍伦的酒馆交戾场景。画面中间的核心——快速移动
的沙滩艇是一个强有力的暗喻，预示了风中的交易必将走
向灭亡。　　　　　　　　　　　　　　　　　　　　209

　　范·德帕斯创作《花神和傻瓜》的同一年，一位更
年轻的画家小扬·布罗海尔（Jan Brueghel）也创作了一
幅宏大的作品，名为《郁金香狂热的寓言》。布罗海尔是
黄金时代涌现的以花朵为创作主题的最有影响力的画家之
一。尽管有些当代评论家认为的他的画风有一些僵硬，但
他画的花朵总是鲜艳明快，尤其是微小细节的处理，比如
叶子上爬行的小昆虫，仿佛给画中的鲜花也赋予了生命。
《郁金香狂热的寓言》是一幅格外生动的作品，内容非常
丰富，像克鲁克香克和吉尔雷的卡通一样充满各种插曲。
画家描画了二十多个类人猿花商在进行球根交易中的各种
仪式。一个花商指着一片盛开的郁金香；另一个一手捧着
郁金香，另一手则拿着一袋钱；在他们后面，是一群猴子
正在为谁应该为现在一文不值的郁金香付钱而打作一团，
还有一个年轻的投机者被抬进他的坟墓。在画面的右边，
一对猿猴在分享花商的传统宴席，而另一个则因为拖延债
务，被拉到地方官面前受审。在另一个角落，一个尤为不
满的猴子正在对着一花圃的郁金香球根撒尿。

　　这些羞辱性的讽刺无疑产生了巨大的效应。100年之
后，郁金香狂热仍然是所有荷兰人精神上一碰即疼的新鲜

伤口。多亏了黄金时代大量的小册子作者和漫画家，球根可以卖出高价的想法在今天看来完全是可笑的。无论如何，关于狂热的小册子之所以重要，并不是因为其物质价值，这种东西使用寿命短，用劣质的木刻印版在劣质的纸上印刷，只为快捷和便宜。印好的册子就由小贩们随便沿街兜售，不过几个荷兰币一份；小册子之所以重要，是因为促使它产生的原因。只有少数人是纯粹为了娱乐目的而创作这些小册子的。在荷兰共和国，识字率是较高的。对于阿德里安·罗曼这样的哈勒姆政府印刷机构来说，印刷小册子是一种成功且有利可图的副业。出版一般的市井民谣，一般可以卖出 1000～1250 册，而罗曼出版的《讲真话和贪婪鬼的三次对话》是当时的畅销书，多次重印，读者数量可能达到 15000 人。

　　大多数人出版小册子的目的当然还是专门为了影响民意。这一类小册子通常是由缺乏文采的有钱人出钱找人代笔创作的。因为他们没有足够的能力表达出自己想要表达的观点，所以他们花钱雇佣写手来把他们的看法转化为诗句，然后再由出版商出版，以达到散播观点的目的。这些作品实际的作者，比如史蒂芬·范·德·拉斯特（Stephen van der Lust），是哈勒姆的专业剧作家，他写了 4 本关于狂热的小册子。另一个扬·泽特（Jan Soet），是一个笔风犀利的讽刺作家，他也写了两本小册子。像他们这样的作家，一般都是出身清贫，靠写诗写剧本，在酒馆里向听众宣读为生；相反，他们背后的资助者则多为执政者和有权势的贵族。

这样看来，1637年春天在荷兰共和国出版的很多小册子都是具有宗教启发性的作品。暗中出资出版这些册子的贵族们认为球根交易违反了教义而且是不道德的。他们借此谴责那些为了贪图暴利而被卷入狂热的商人。另有一小部分小册子似乎旨在为老牌种植者和鉴赏家们正名，认为他们也和最严厉的狂热批判者一样为这疯狂的景象所震惊。这类的作品一般选择叙述性和辩解式的题目，比如《关于鉴赏家的新歌：他们不去酒馆，应当把他们与花商区别开来》。这类小册子试图说明郁金香爱好者和狂热的发生没有关系，他们应当得到应有的尊重。总体看来，对那些对球根交易充满恐惧和厌恶之情的人来说，他们的这种辩解听起来比较空洞。而且不由你不信，越是尖酸刻薄的讽刺作品，销量往往越大。

随着联省的作家和艺术家们极尽所能地挖苦那些因为郁金香狂热而失去一切的人，共和国的政府则开始慢慢着手处理问题，以挽救这次金融灾难。

第一个最难解决的问题就是，如何处理数以千计的巨额郁金香交易合同。唯一可以确定的是，大部分协议将做无效处理。几乎在所有案例中，原本的买家都失去了购买的意愿，更重要的是，失去了购买的能力。但是将合同作废的前提是依照种植者建议的条件——也就是支付原售价的 10%，还是按照花商希望的那样（一分钱都不付），就是另外一个问题了。

在通常情况下，应当由每个发生狂热的城镇的执政者来判定适用哪一方的建议，或是提出他们自己的判定意见。但就这些相关城镇的实际情况来说，情况往往过于复杂，远远超出了管理者解决的能力。

在我们最熟悉的哈勒姆，市议会在短短一个月多一点的时间里，连续出台了三部法案，每个法案里提出的解决花商之间纠纷的办法都各不相同。第一个法案是在 3 月 7 日颁布的，宣布凡属于本市管辖的、在前一年 10 月以后的合同全部无效，买家不需要给卖家任何补偿。不到 5 周之后，第二个法案又公布生效，实际上推翻了前一个法案。这一次，议员们的决议是，凡是在酒馆和饭馆里达成协议的买卖，买方仍有义务向卖方支付费用（但是议员们没能解答数以千计的名义上已经破产的花商该去哪里筹钱）。这第二个法案颁布后不到一周，哈勒姆的执政者们再次改变了主意。这次他们干脆不再提供解决方案，直接撒手不管了，新法案建议所有纠纷当事人到上一级协调机关，也就是位于海牙的荷兰省议会解决争议；同时他们还建议纠纷双方参考采用 2 月 23 日种植者大会上提出的折中建议。

这种犹豫不定绝不是哈勒姆政府的一贯风格，而且他们的朝令夕改在很大程度上是受到利益各方组成的游说团体轮番轰炸的结果：种植者要求行使他们的权利，收取全额价款；花商们则乞求免除债务。整个 1637 年的春天，议员们无穷无尽地争论探讨这个问题，郁金香交易各方都企图说服议员采用对自己有利的解决方案。议员们对这个状况也是不胜其烦，这从他们 3 月 17 日颁布的法令上就可以看出：该法令禁止印刷和销售以狂热为题材的有煽动性内容的小册子，并且要求书商和印厂上交此类作品的库存集中焚毁。议员们决定把这个问题推给上级机构解决，就是因为他们知道自己无论如何也不可能想出一个让所有人满意的万全之策了。

类似的抗议行动在其他地方可能也发生了，所以包括哈勒姆在内的一些城市联合向荷兰省政府请愿，希望省政府能够找出一个让花商和种植者的损失都最小化的解决办法。到 3 月中旬，霍伦市的市长通知他们在海牙的代表，要尽一切可能加快解决办法的出台。但是省政府像各市的执政者们一样，很快意识到郁金香狂热是一个从来没有出现过的新问题，需要慎重考虑。而且省政府缺乏第一手资料作为提出解决办法的基础。以哈勒姆为例，1636～1637

郁金香热

年，54 个执政者中，仅有两人介入了郁金香狂热，更是没有一人亲自介入球根交易。一些城市提交的关于事件情况的只言片语的总结，根本无法给在海牙的官员们提供足够的信息。因此省政府也倾向于由省最高司法机关——荷兰省法院来裁决。补充调查需要一定的时间，在裁决做出前，官员们又去各忙各的了。

214 　　3 月中到 4 月底这一个多月的等待，对于所有卷入狂热之中的花商和种植者而言都是煎熬。几个星期以前价值不菲的郁金香此时正处在盛放之季，鲜艳的色彩让联省遍地单调枯黄的土地都靓丽了起来。然而数以百计的花商们却被对破产的恐惧折磨着，还有成千上万悬而未决的买卖合同，涉及金额超过百万荷兰盾。

　　对于那些陷入狂热的人而言，他们最担忧的无疑是如何度过这次财政灾难。同时，他们也对市场为何突然崩溃充满疑问。当然，几乎没人愿意承认他们自己就是造成现在困境的推动力之一。他们更愿意相信自己是受害者，而像任何地方的受害者一样，他们为自己找各种理由开脱。

　　很多人选择相信球根热其实是一种诈骗。有人甚至极端地猜想自己是被花商同行或是拍卖师欺骗了。另有一小群人坚信，郁金香交易本身就是个阴谋。一位匿名作者称，整个郁金香交易市场是被一个由二三十个最富有的种植者和交易者组成的阴谋团体控制的，他们恶意操纵价格以从中牟利。但是作者却无法解释，这个团体如何能同时协调控制全国十几个被狂热感染的城市的郁金香市场。

其他地方也出现了对狂热的指责。上面那个怀疑有阴谋团体的作者同时还提出郁金香交易的荒唐过度是破产者、犹太人和门诺派教徒操纵的结果。这三个群体是荷兰社会中的特殊群体，因此也是最方便拿来当替罪羊的。破产者被认为是没有坚持量入为出这一神圣的荷兰准则，而且被迫为他们的罪行负责，所以想要伺机报复。犹太人在荷兰得到的对待比在德国或法国好一些，但是依然习惯性地被与高利贷或其他不正当牟利行为联系在一起，而且长久以来被禁止与本地人自由融合，犹太男子与当地荷兰女人对话都会被阻止，犹太人若雇佣基督徒为仆人则是违反法律的。门诺派教徒也是同样的弱势群体。他们从着装上很容易被辨识（通常是一身黑的长外衣和宽松的裤子），他们属于再洗礼教派，反对婴儿受洗礼。而笃信正统东正教派的荷兰人则认为婴儿受洗不仅是道德上的义务，也是在当时婴儿死亡率居高不下的情况下采取的必要措施。此外，门诺派教徒还是和平主义者，他们拒绝随身携带武器。由于当时联省还处于与西班牙交战的状态，这点也成了门诺派教徒不受欢迎的原因。

以上这些谴责都经不住仔细推敲。事实上，没有任何证据能证明，有除了花商本身之外的任何团体推动或影响了球根热的整个过程。确实有一些门诺派教徒也加入了交易的大潮。一个叫雅克·德·克勒齐（Jacques de Clercq）的商人，曾经在波罗的海和巴西做生意。他在 1635 年冬天就已经在买卖 400 荷兰盾左右的球根了。但是很多教派的成员对郁金香交易都是持批评意见的，而且劝阻那些进行交易的人尽早停止。类似的，联省的犹太人人数很少，有记录表明的，唯一确实参与了郁金香交易的，就是著名的葡萄牙种植者弗朗西斯科·达·科斯塔。而他的名声一向很好。至于破产者，就更没有任何记录证明他们与郁金香狂热有半点关系。

大概只有极少数的花商会相信这种阴谋论。但是有不少人确实怀疑个别交易者有人为哄抬市价的行为以牟取暴利。通过举办假拍卖的方式垄断价格是个由来已久的惯用伎俩。一些狡猾的商人会通过假拍卖的形式，把自己的球根"出售"给同伙，为的是把高价记录在案，以刺激别人以这样虚高的价格购买球根。

还有很多花商把责任推给种植者，指责有些种植者囤积球根，或是在出售时许诺第二年会以更高的价格回购球根。还有的种植者被指责销售时以次充好。一个阿姆斯特丹的种植者就被怀疑有这类的欺诈行为。他为了避免郁金香开出花来暴露自己的骗局，会先用针把球根里面破坏掉，让球根根本不能发芽。最后他的行为还是暴露了，因

为一个愤怒的购买者仔细检查了自己的球根，并且发现了 **217**
球根表面细小的针眼。

不可否认这些行为都是存在的，但是这类事件都是偶
有出现，肯定没有达到能够实质性地影响球根价格的地
步。事实上，完全没有必要捏造什么复杂的阴谋论来解释
球根热的荒唐过度。考虑到当时的需求和有限供给之间的
巨大差距，这些贪婪的、没有经验的花商就是把郁金香交
易激发成郁金香狂热的最主要原因。

在 4 月的最后一周，荷兰法院最终给出了解决郁金香
狂热的意见书。此时距阿姆斯特丹种植者大会提出他们的
解决建议已经过去了八周；距花卉交易在全省范围内的崩
溃已经过去了三个月。但是，当博学的法官们最终做出决
定之后，他们仍然不得不先承认，即便是他们也没有搞清
楚究竟是什么引发了球根热，又是什么让它彻底失控。

不过荷兰省法院的法官们十分确定的一件事是：他们
希望尽可能地不插手狂热引发的这些纠缠不清的棘手问
题。所以，他们建议存在争议的买卖双方，即花商和种植
者，应当回到自己所在的城镇，在当地解决纠纷。法院还
建议，城市的管理者应当开始收集关于郁金香交易的具体
信息。只有当他们足够了解发生的事情之后，他们才有可 **218**
能开始着手判定纠纷。在收集必要信息的这段时间，所有

购买球根的合同应当视为暂缓执行。若有个别案例无法在地方解决，可以再提交至海牙，但是暗示这是一种机会渺茫的救济方式。法院的判决非常明确：每个城市的问题，应当由每个城市自己解决。

法院意见书的最后还给出了一些明确的解决问题的方法。荷兰省政府在执行法院的建议上没有浪费任何时间。到 4 月 27 日，即法院提出法律意见两天后，各地在海牙的代表也通过了一项决议，其中综合了法院提出的关于解决办法的建议，并且使之对各城市都有约束力。就这一决议的说明信以最快的方式送到了全省各城。因此，到 4 月 29 日，每个受狂热影响的城市的市长都收到了指导他们如何解决摆在面前的上百起争议的办法。

荷兰省法院的判决书中最关键的一点就是要求在对郁金香狂热进行彻底的调查之前，所有买卖合同都要中止，但这个建议是暂时的，事实上，法院也认可，一旦获得足够的信息，各地政府就可以决定是否强制执行已经签订的买卖合同。意见书中还说，如果判定应当履行，还应当允许卖家追究买家延迟支付的责任。日子一天天过去了，被卷入郁金香狂热的这些城市一直没能像法院要求的那样收集到足够的信息，而海牙也没有再采取任何后续措施。荷兰省的执政者们为自己不用接管这个烫手的山芋而暗自欢喜。一个本来打算作为暂缓之计的措施，最后反而成为清

219

算狂热的根本办法。

　　对花商而言这是个好消息。大多数城市中，执行荷兰省决议的措施就是命令当地法官或地方官对狂热相关的事管得越少越好。比如在哈勒姆，管理城市的执政者们指示律师和公证员不得再向郁金香交易者颁发许可状；连接受抗议和送达传票的信使也被指示不要接收与球根热相关的任何文件。在豪达和三个弗里斯兰省城市——恩克赫伊森、梅登布利克和霍伦的管理者也向下属提出了类似的建议。

　　那些认为自己除了拖延抵债没有任何其他路可走的花商，现在可以无所畏惧、名正言顺地拖延了。成百上千的手工业者里，有一半人以为自己难逃破产的命运了，现在凭着这个对他们有利的政策，又有了喘息的机会。还有一些卷入郁金香狂热的人，本来算得上是富人，有能力支付自己的债务，这其中就包括那个花了7000荷兰盾购买亨里克斯·蒙廷的球根的阿尔克马尔人。他提议支付700荷兰盾的罚金然后取消合同，并且将球根退还给卖家。但是，如哈勒姆的律师阿德里安·范·博斯维尔特（Adriaen van Bosvelt）观察到的，诚实守信的花商几乎一个不存在。范·博斯维尔特写道：整个荷兰省里有大批的人不愿支付罚金。即使那些提议部分清偿债务的人都不愿前来支付理应付给种植者的10%的罚金。仅有的一些愿 220

意赔偿的人，只愿意支付 1%、2%、3%、4%，最多 5% 的费用。

对郁金香交易的一律禁止很快达到了理想的效果。种植者和花商们不得不自行和解，执政者们则不必再被狂热的后遗症烦扰。但是即便是如此，纠纷的彻底解决还是经历了很长一段时间。据我们所知，在哈勒姆，各种清算过程甚至拖到了 1938 年之后。很大一部分原因是一些郁金香交易者不愿依照荷兰省法院的建议解决纠纷。而且在哈勒姆以外的其他城市，情况恐怕也是如此。

在这次事件中，很多被卷入狂热的人是按执政者们希望的那样自行寻找解决之道的。不少协议即便是没有达到各方赞同，也起码是协商终止了。在阿尔克马尔，所有的郁金香合同实际上都被视为无效了。种植者们为了尽量挽回自己的损失，把成千上万根本没有出土售卖的球根都储存起来了（不难想象，已经没有什么人再有兴趣购买球根了，但是还是有少数很稀有的品种仍然以不低的价格出售给了鉴赏家）。那个倒霉的哈勒姆染工雅各布·德·布洛克就被要求兑现他为格特伊特·舒特做的担保，全价支付已经不可能再转卖出去的一磅斯维策郁金香，所以他把球根拿到阿姆斯特丹，盼望能在那里把球根处理掉。

也有一些人下定决心要为找回失落的财富而战。最走运的是那些在阿姆斯特丹酒馆里做交易的人。阿姆斯特丹是唯一允许就郁金香相关案件到法院起诉的城市。几周之 内，就有不少种植者利用了这种有利的情势，把以前的买主都告上了法庭。

最活跃的诉讼当事人中，有一个叫亚伯拉罕·德·戈耶尔的。他出生自一个古老的执政者家族，他本人是个种植者，至少有两个花园，一个在阿姆斯特丹城外雷居里门（reguliersport）附近的辛格尔（cingel），另一个在城墙边上的沃尔帕茨（walepadt）。6 月 10 日他起诉要求亚布拉罕·瓦赫特敦克〔Abraham Wachtendonck〕支付前一年秋天购买 4 个晚花型布莱波奇（Late Bleyenburch）球根和一磅奥德内的 950 荷兰盾欠款。第二天，德·戈耶尔又对利贝尔·范·阿克塞尔（Lieber van Acxel）提起诉讼，要求他按照双方 10 月 1 日达成的协议支付货款。两人的协议内容是，范·阿克塞尔愿意支付 1100 荷兰盾购买一个"最好的尤雷"（De Beste Juri）子球和一个"棕紫郁金香"，另外还愿意支付 750 荷兰盾购买一个"紫白范·奎克尔"（Purper en Wit van Quaeckel）球根（它属于老科内利斯·奎克尔培育的紫色系品种）。为了支持自己的诉讼请求德·戈耶尔请一个叫 B. J. 弗比克（B. J. Verbeeck）的公证员到他在沃尔帕茨的花园里，在他的公证下，出土了两个球根，并确认每个球根上都发育出了两个子球。德·

郁金香热

戈耶尔似乎对与另一个买主之间可能发生的纠纷也早有预料，这次涉及的球根是种植在一个叫威廉·威廉森（Willem Willemsz.）的人的花园里。德·戈耶尔出土这个利夫肯司令的时候，也要求弗比克在旁进行公证，以确认球根上长出了一个子球。

其他一些在阿姆斯特丹有生意的种植者也都利用这个机会主张自己的权利。一个叫汉斯·贝尔特（Hans Baert）的哈勒姆卖家就要求他的阿姆斯特丹买家亨德里克·范·贝戈姆（Hendrick van Bergom）为他所购买的2000分的格鲁特·格普马塞尔德（Groote Gepumaseerde）支付140荷兰盾。曾经苦口婆心劝说帕卢斯·德·霍格购买自己球根的扬·阿德莫里尔在德·霍格无法付款后立刻变了脸色，并向自己的律师咨询。另一个哈勒姆人威廉·舍瑙要求弗朗索瓦·科斯特支付6000荷兰盾的欠款。倒霉的科斯特是在2月3日购买了大量"破布"和一些单件货时欠下的这笔债务，具体内容如下：

4磅 斯维策郁金香	6000荷兰盾
2000分 马克森（Maxen）	400荷兰盾
1000分 波斯梅克（Porsmaeckers）	250荷兰盾
	—————
	总计6650荷兰盾

　　并不是所有花商对于禁止就郁金香交易的纠纷提起诉讼这条规定都欣然接受，尤其是在哈勒姆这样的城市，不少花商找各种借口、搞各种伪装也要到法院解决。在1637年11月就有这样一个案子：一个叫彼得·卡卢瓦尔特（Pieter Caluwaert）的当地种植者，故意等到球根不得不下种的最后时节，把1磅白皇冠、2磅斯维策、5个奥德内和3个马克森球根送到了雅克·德·克勒齐的家中。这是德·克勒齐在将近一年之前答应购买的，后来就一直在躲避卖家——同时也是他以前的同行。所以卡卢瓦尔特开始提起诉讼，理由是德·克勒齐拒收货物。

　　总之，即使是在阿姆斯特丹，也只有极少一部分郁金香案例能够有机会在法庭上解决。原因非常简单：花商们已经破产，打赢了官司也拿不到钱。德·戈耶尔、阿德莫里尔和贝尔特起诉的都是富有的买主，能够付得起欠款。而大部分深陷在狂热呈的花商则没有什么钱，所以把他们捜到法庭里也没有意义。

　　即便如此，还是有很多人不愿接受赔钱的现实。他们拒绝废止过去的郁金香交易合同。在1638年1月，也就是价格暴跌1年之后，还有成百上千的纠纷没有解决。这些纠纷通常都是具有破坏性的，不但让亲人朋友反目成仇，而且就像一条丑恶的伤疤，时刻提醒人们郁金香狂热时的荒唐过度，而这恰恰是荷兰人最迫切想要忘记的噩梦。如果当地政府不采取进一步措施，这些纠纷将永远看不到解决的希望。

所以到 1 月 30 日，哈勒姆当地政府组建了一个仲裁委员会来审议未解决的案件。此类专家组在整个联省一直都有，仲裁员通常被称为"朋友制造者"，而且就像威廉·布里尔顿爵士在他 1634 年游历荷兰省时发现的那样：在大多数荷兰城市里都可以发现仲裁员，这些人的当选主要是因为他们正直诚信和通情达理。布里尔顿还发现，朋友制造者"有权力要求询问与案件有关的任何人；他们以友善的方式调解和仲裁，并且处置和解决争议"。仲裁委员会的另一大好处就是，不同于传统的法院判决，仲裁是完全免费的。

224　　　在阿姆斯特丹的一个类似的仲裁庭审理的一些案件的记录留存了下来，从中可以看出当时的朋友制造者是如何决断的。有一个案子，争议双方分别是扬·阿德莫里尔和威廉莫斯·蒂博尔留斯（Wilhelmus Tyberius）。后者是阿尔克马尔一所拉丁语学校的校长。仲裁员判定阿德莫里尔支付蒂博尔留斯 375 荷兰盾以达成和解，但是仲裁决议的条款是比较公正宽缓的，给了阿德莫里尔 10 个月的时间筹措欠款，然后纠纷到此为止。

起初，哈勒姆的市长们给朋友制造者的权力很有限，只能解决最突出的郁金香案例。而新成立的专家组有 5 名成员，每局集会两次，可以传唤任何不愿蹚浑水的证人到场询问。但是仲裁结果却没有约束力。而且很多敌对的花商也不愿接受仲裁机构建议的妥协方案。从留存下来的证据来看，仲裁团在解决哈勒姆积存的争端上没有太大进展。

直到 1638 年 5 月，城市里的执政者们才终于决定彻底解决他们面前的难题。这也是种植者大会决议流产后 18 个月以来第一次有针对解决争议的明确的指导文件出台。市议会判定，买主可以要求解除合同，但需要支付合同规定原始价款的 3.5% 作为补偿。买卖合同终止后，球根的所有权回归种植者。这项建议是截至此时最可能实现也最可以执行的和解方案，同时议会还判定自此以后仲裁员的仲裁决议对所有案件都是有约束力的。

这个折中办法的出台意味着即使是身背几千荷兰盾债务的花商也可以只付 100 荷兰盾甚至更少的罚金，这个数目是最贫穷的荷兰人也能够通过分期付款还清的。同时，虽然这个解决方案在本质上对种植者不甚公平，但是至少保证他们可以获得最低限度的支付，基本上可以抵消他们的成本，所以他们与狂热爆发之前的水平相比，也只是亏了一点。

郁金香狂热于是就这么结束了。正如荷兰省法院所希望的，通过强行和解，避免了昂贵的诉讼活动。事实上狂

225

郁金香热

热不过是穷人和野心家们的一次疯狂，根本没有像流行理论鼓吹的那样给荷兰经济造成严重影响。它的出现也没有引发后续的经济衰退，而且那些在狂热中为清偿债务挣扎求生的花商，比起狂热之前也未见得更贫穷了多少。他们纸面上的亏损和盈利基本持平，即便是最富有的花商也没有因为拖延债务而被正式追究责任。

事实上，到此为止，最令人震惊的其实是那些提交到省市法务官面前的案件却没有留下任何著名的庭审或判决、定罪的记录。这说明种植者和他们的买家们无一例外地还是要通过庭外和解来了结纠纷。即便是在阿姆斯特丹，与狂热相关的债务清偿实际上也只是花商之间和解和妥协的过程。

最后一个由球根热引发的案件是在 1639 年 1 月 24 日开庭的，此时几乎已经是价格崩溃的两年之后了。一个叫布鲁伊恩·登·杜波尔登（Bruyn den Dubbelden）的种植者要求阿尔克马尔的买家扬·科沃尔（Jan Korver）支付2100 荷兰盾的货款，因为他们曾承诺购买 800 荷兰盾一磅的"黄王冠"和 1300 荷兰盾 2 磅斯维策。我们没有找到任何判决记录。可以推断杜波尔登如其他种植者一样，会被迫接受 3.5% 的赔偿金，然后一个价值哈勒姆普通手工业者 7 年工资的天价合同，靠 73 荷兰盾 10 荷兰币协商解除了。

226

即便到此时，极小一部分案件因为无可追究的历史问题而依然无法解决。不走运的画家扬·范·戈延就是仍然在为投入球根交易而饱受折磨的倒霉鬼之一。他此后的一生都在被债主讨债。市长范·拉文斯泰恩从未停止要求倒霉的画家全额支付自己所欠的货款，尽管范·戈延如约交付了自己的画作，但是他几乎把所有的资金都投到了郁金香上，所以郁金香价格暴跌后，他再也无力回本。整整三年的时间里，画家一直专注于球根市场，几乎没有什么创作，而现在，他不得不重拾画笔谋生。

养活一家人的压力让范·戈延几乎无力还清他拖欠范·拉文斯泰恩的所有债务，直到 1641 年市长去世之时也没有还清。范·拉文斯泰恩的继承人们继续向范·戈延催债。范·戈延一直挣扎在破产的边缘，至少有两次都是因为急于用钱，而不得不仓促拍卖自己的作品。

范·戈延是 1656 年去世的，也就是那场毁了他一生的球根热覆灭 20 年之后。他到去世时都是资不抵债的状况，留下了 897 荷兰盾的欠款和一大批优秀的风景画作品。要是他当初在郁金香贸易中赚了大钱的话，这些作品可能根本不会被创作出来。

范·戈延也是为人们所知的最后一个郁金香狂热受害者。

14

郁金香国王的宫廷

　　1639 年初，关于郁金香狂热的资产清算进入了尾声。很多荷兰人从此对郁金香产生了一种轻微的厌恶。然而这个插曲并没有阻止那些真正富有的收藏家对稀有品种的热情。在此之后的 100 多年里，他们仍然愿意为了一个球根一掷千金。在联省，人们对郁金香的热情渐渐淡去了，此时已经不可能靠倒卖花卉迅速地赚钱了。

　　但是，郁金香狂热并非从此就绝迹了。就像黑死病这种奇怪的疾病一样，它可能爆发一阵，然后表面上好像结束了，但事实上它只是进入了休眠期。可能几十年后，在另一个地方，就又会卷土重来，剧烈程度甚至不逊于以往。

　　狂热的这次重生就发生在奥斯曼帝国。在 17 世纪上半叶，郁金香在土耳其已经失去了以往的光辉。大概1595 年前后，新苏丹穆罕默德三世（Mehmed Ⅲ）即位。他是一位沉迷于女色而非花草的君主，更愿意把精力花在 与后宫佳丽共度春宵上。继他之后的几位君王，先是极其厌恶女人的穆斯塔法一世（Mustafa Ⅰ），他下台以后，被他的敌人关在了地牢里，并且安排了两名女奴每天裸体相伴作为对他的惩罚。后来有倒霉的奥斯曼二世（Qsman Ⅱ），他的结局也非常凄惨，据说是被他自己的士兵捏爆睾丸而死。总体来说，历任君王不是无能就是残暴，鲜有兴趣关照他们在恩赐之地里的花园。

直到穆罕默德四世（Mehmed Ⅳ）即位，奥斯曼帝国才又重新建立起稳定的局面。他在位的时间是 1647 ~ 1687 年。尽管他的父亲——疯王易卜拉欣（Ibrahim the Mad）（这个行为放荡的国王曾为了能遴选新欢而下令将自己后宫已有的 280 名妃子全部淹死）也是著名的郁金香爱好者，但是穆罕默德才算得上近半个世纪以来第一个对园艺全身心投入的国王。穆罕默德是第一个在第四庭院全部种植郁金香的国王，他让郁金香在今后的一个世纪里都能在这里繁盛绽开。他还是第一个颁布法令要求所有郁金香的新品种必须经过注册和分类的君主。为了监督这个过程，苏丹组建了一个正式的花卉专家委员会来专门评定新品种，记录他们的特点并且为最珍贵无瑕的品种定名。他们选取的都是为土耳其人所热爱的具有诗意的名字，比如"石榴长矛"和"风姿绰约的女人"。这个委员会在穆罕默德去世后仍然继续存在，并且在之后的 100 年里一直负责鉴定郁金香新品种。

230　　　　不幸的是，穆罕默德的帝国可比他的花园难打理得多。在他执政末期，在巴尔干半岛出现的一系列军事祸患，严重削弱了他的统治。同样糟糕的是，伊斯坦布尔的面包价格上涨为原来的四倍，导致首都动荡不安。到1687 年底，这位苏丹被自己的大臣们密谋罢免，并由一个比他愿意受摆布的异母兄弟取而代之。

　　在整个 17 世纪，土耳其人像是被诅咒了一样总是遇到疯狂的或恶劣的足以导致奥斯曼帝国覆灭的苏丹，原因就在于苏莱曼大帝之后，伊斯坦布尔的情况发生了改变。土耳其皇族不再依靠古老的方式决定帝王之位的传承，他们曾经的活力也渐渐消散了。在巴耶济德时代之后，科索沃地区的胜利者——伊斯兰教的君主之位的继承变成了谁有本事抢到就归谁。前有巴耶济德的血腥例证，新苏丹们更是为了争夺地位不惜屠杀自己所有的兄弟以避免他们觊觎自己的皇位。在征服者穆罕默德之后，这个致命的传统实际上被编入了法典，所以在 1597 年穆罕默德三世即位之后，有不下 19 名兄弟被用丝巾绞死。这其中甚至有还在襁褓中的婴儿，他们被处死之前，先要受割礼，以确保死后能够进天堂。正是这种残忍至极的制度造就了一系列果决无畏的苏丹，他们同时也以冷酷无情而闻名。然而到了 1607 年，当时在位的艾哈迈德一世（Ahmed Ⅰ）实在无法任由一个自己深爱的孩子谋杀其他自己同样深爱的孩

子，于是他决定修改这一法定许可谋杀兄弟的旧政策，将
其改变为允许苏丹将其不需要的兄弟囚禁在后宫里的一小 　231
片区域中，这个地方被称为"鸟笼"（*kafes*）。

　　鸟笼其实是第四庭院里靠西边的一栋套房，那里能够
勉强看到无花果树林、奥斯曼天堂花园和博斯普鲁斯海峡
的景色。套房里只有宦官和一些无生育能力的妾侍陪同，
不受宠的王子们在这里的生活并不美好，除了一成不变的
无聊之外，还有对可能依然躲不过的死刑的恐惧与忐忑。
当一个奥斯曼统治者去世后，他的长子就可以离开自己一
直生活的牢笼，继承王位。而其他的皇室血脉则依然只能
继续他们平淡绝望的生活，靠仅有的一些许可他们进行的
活计来打发时间，比如刺绣或是制作象牙戒指。

　　到 18 世纪初，王位传给了穆罕默德四世的儿子艾哈
迈德三世（Aḥmed Ⅲ）。他人生的前 29 年都是生活在鸟
笼里。他即位之后，不仅成为继苏莱曼大帝之后最老练、
最文雅的苏丹，更是历史上最狂热的郁金香爱好者。艾哈
迈德对郁金香的喜爱是受他父王的启蒙。在漫长的牢笼生
活时期，他经常站在大理石阳台上充满渴望地凝视着不远
处奥斯曼帝国最美艳的花园。本来他是根本不被允许走进
这个花园的，可是艾哈迈德现在当上了帝王，突然之间拥
有了无限的资源来满足自己曾经的幻想。

　　哪怕是哈勒姆酒馆团体里最热切的交易者，也没有艾　232

郁金香热

哈迈德对郁金香狂热。新苏丹简直是沉醉于这种花卉，以至于郁金香成了他长久的统治时期的最突出的特点。土耳其历史学家艾哈迈德·雷菲克（Ahmed Refik）将土耳其历史上的这一段时期命名为"郁金香时代"（*lale devri*）。从艾哈迈德三世即位的1703年起，郁金香狂热在伊斯坦布尔又一次爆发了，并且在土耳其首都持续了近30年。

事实上，这个郁金香的时代同时也是奥斯曼帝国开始衰落的时代。无论是在非洲沿海地区，还是在战乱不断的巴尔干地区，土耳其在各地的势力都在逐渐衰落。1699年签订的《卡尔洛夫奇条约》将匈牙利和特兰西瓦尼亚都割让给了奥地利，不但让奥斯曼帝国在欧洲的扩张脚步停滞不前，还让帝国前线边界退回了离伊斯坦布尔只有几百英里的地方。成为郁金香时代标志之一的郁金香花卉节和它的盛况不过是苏丹的大臣们在作秀，为的就是转移人民对政治现实的注意力，也好让他们的君主能暂时逃避对这个衰落帝国的担忧。

公正地说，艾哈迈德不是一个只知道赏玩郁金香的统治者。他带领军队打败了俄国人，而且还是一个藏书家。他在位期间派遣了第一批土耳其使节到欧洲收集信息和知识。他还在托普卡匹皇宫外建立了艾哈迈德三世喷泉，这也是帝国首都最华丽、最为人们喜爱的建筑作品之一。无论如何，他统治的时期是一个即便在土耳其历史上也算得上非常独特的享乐主义至上的时代。在 30 年左右的时间里，原本好战的土耳其人沉迷在数不胜数的节日庆典中。 **233** 这些庆典都是由君主和大臣们主办的，有的庆典会持续几天甚至几周时间，人们尽情歌唱、大摆宴席。艾哈迈德的密友，也是宫廷诗人的奈迪姆写下的诗句可以作为这一时期通俗哲学最好的诠释："欢笑吧，玩耍吧，让我们尽情享受世界上的一切美好。"

逃出了"鸟笼"的囚禁并不意味着自由，艾哈迈德不得不开始享受权力的囚禁。他发现作为帝王中的帝王也不是一点不便没有的。有一次艾哈迈德就抱怨说他的寝殿里有太多私人侍从，他不得不谴退了至少 35 个人，只留下三四个人之后才觉得换衣服不那么尴尬。当然，当苏丹也有当苏丹的好处。艾哈迈德为自己最喜欢的女儿办婚礼时，让宫廷糖果师用糖果搭建出了可食用的凉亭，每个都有 18 英尺高，婚礼客人坐在凉亭里就可以拿装饰的叶子吃。在其他一些场合，游客穿过花园，也可以随处看到杂要表演、摔跤表演、侏儒以及奥斯曼帝国独有的人造树木（*nahils*）——高度约 60 英尺，是用蜡和金属丝做成的，树上挂满了镜子、花朵和珠宝。

最需要大肆庆祝的奥斯曼节日首先是苏丹继承人们受割礼的仪式。通常在仪式前一年甚至更早就要开始筹划，庆祝活动可能持续数周之久，活动的高潮就是将王子被割下的包皮放在金盘里呈现给王子的母亲。在 1720 年，艾哈迈德三世为他四个儿子受割礼以及两个女儿结婚而举办的

234 庆祝仪式总共持续了 15 个日夜。他不仅为每个小王子建造了 44 棵人造树，还组织了全国 5000 个土耳其男孩儿与他的王子同时受割礼。此外在博斯普鲁斯海峡上聚集了许多前来参加庆典的船只，船与船中间挂了绳索，还有驾车走钢索的表演。后来国王的女儿都出嫁了，儿子也都受过割礼了，于是艾哈迈德和他的大臣们就把全部热情都投入到了在托普卡匹宫殿最深处举办的一年一度的郁金香花卉节上。

郁金香花卉节在每年 4 月举办，因为此时正是郁金香盛开之时。节日定在满月的两个夜晚，届时，鲜花将被精心地展示出来。在第一个夜晚，苏丹会坐在花园中建造的凉亭里，听着树上悬挂的鸟舍里鸟儿的鸣叫，接受大臣的敬拜。而其他客人则可以在花圃间漫步赏花，但必须穿着能与郁金香颜色和谐映衬的服装。花圃间有烛光闪烁映照，这些蜡烛都是被固定在移动缓慢的乌龟身上的。在第二个夜晚，是没有男性宾客入内的。苏丹在这晚会与后宫佳丽一起娱乐，在花丛之间藏宝寻宝，可能是糖果，也可能是宝石。在每一晚的最后，主管宫廷财政的基督徒白人宦官总管与主管后宫的阿比西尼亚黑人宦官总管会将锦袍、珠宝和钱财等礼物分发给苏丹喜欢的客人和妃子。

艾哈迈德对郁金香的热情极高。但是苏丹喜欢的品种并不是荷兰人追捧的那些，而是修长、花瓣成尖状的伊斯坦布尔郁金香。受苏丹的影响，首都各个阶层很快也追随效仿。连理发师和鞋匠都开始培育球根。还有奥斯曼帝国最高级的牧师——伊斯兰教主也加入了这一潮流。人们对稀有球根的需求很大，一个"爱人"球根可以卖到1000个金币。但是可能是因为有荷兰人的教训在前，艾哈迈德颁布法令限制可以在首都经营的花商数量，并固定最受追捧的品种价格，以此来避免交易狂热的出现。在奥斯曼帝国其他省份，采取的措施更加严格，就是为了降低投机出现的可能。最后，在伊斯坦布尔以外买卖球根一律被视为犯罪，犯罪之人甚至可以被判处流放。

235

经过几个世纪的努力，到艾哈迈德时期，郁金香的品种已经极其丰富。当时一份关于最著名培育品种的指定价格表里面列举出的品种就超过820种。他在位期间，还有新的杂交品种不断被培育出来。人们对郁金香的兴趣如此之大以至于每当有新品出现，就会作诗以示纪念，并且采用以大写拉丁字母表示年代的方法将这一吉时写入诗篇的最后一句。

然而，在一些重要的层面上，土耳其的郁金香还是太有限、太落后了。在17世纪大部分时间里郁金香都是被忽略的东西，以至于到艾哈迈德登上王位的时候，土耳其人早就失去了自己在培育郁金香上的领先地位。郁金香最

郁金香热

初是从土耳其传入欧洲的，而现在土耳其每年却要从荷兰和法国进口成千上万的郁金香球根。无论如何，土耳其人对于什么是完美的花朵有着相当固定的认知。由艾哈迈德的首席园丁谢伊赫·穆罕默德·拉雷扎里（Seyh Mehmed Lalezari）编写的一本《花卉手册》中，就列举了20条评判郁金香美丽程度的标准，其中包括：花茎应当长而苗壮；6瓣花瓣应光滑、牢固并且大小统一；叶子不能掩盖住花朵；花朵应当直立坚挺；不能被自己的花粉沾染；若非单一花色，那么底色应当是纯白色。

这种刻板的描述当然不能满足奥斯曼人对诗意语言独一无二的迫切需求。拉雷扎里的另一份留存至今的手稿现在被保存于柏林的一家档案馆里，题目是"合格的美丽"，其中是这样形容完美的郁金香的：

> （花瓣）弯曲如新月，颜色的分配恰到好处、干净且比例协调；形如杏仁，末尾成尖状，花瓣上有美丽的放射性花纹。里层的花瓣像井，外层的花瓣略张开，白色花瓣是最完美的。这就是花中的珍品。

毋庸置疑，那些满足这些标准的郁金香都可以在艾哈迈德的花园里见到。

苏丹的仆人很快就被君主的热情所感染，不少人也成

了郁金香爱好者。奥斯曼舰队司令穆斯塔法帕夏
（Mustafa Pasha）就培育出了 44 种新品种。有野心的小官
吏发现可以用上好的郁金香买通升职的途径。而拒绝向君
王中的君王献上他想要的花卉则不是明智之举。有一次，
一个欧洲使节赠送给君王的稀有球根丢失了，当时的大维 237
齐尔派遣传令官走遍伊斯坦布尔最窄小的街道，公告将重
赏找到球根的人。

　　艾哈迈德三世在位初期曾效仿他的前一辈，依靠替换
频繁的维齐尔来辅佐料理国事。法兹尔帕夏（Fazil
Pasha）就是其中之一：他为人诚实，工作努力，而且祖
辈都服务于皇室；但是他也是个怪人，他总认为自己的鼻
尖上落着一只苍蝇，赶走之后又会飞回来。在 1718 年，苏
丹任命了一个名为易卜拉欣的帕夏（Ibrahim Pasha Kulliyesi）
为奥斯曼的大维齐尔，易卜拉欣是个精明的善于控制皇室
阴谋的人，他把所有的精力都花在了如何拉近自己与苏丹
的关系上。他最成功的妙计就是与艾哈迈德的长女结婚，
之后他就有了"驸马"这一绰号。在一个出任维齐尔等
于任期短甚至有可能惨死的国家里，驸马易卜拉欣却掌权
长达十几年。

　　驸马做事的政策是小心谨慎、缓慢推动。这正是这个
已经开始衰落，但仍十分保守的帝国所需要的。正是易卜
拉欣说服了艾哈迈德向西方派遣使节学习先进的理念。易

郁金香热

卜拉欣还建立了土耳其第一支消防队，建立了官方印刷局出版科学和地理方面的图书。他还征缴了新税，补充了皇室财政，并且保证了大部分帝国领土的和平。最重要的是，大维齐尔通过纵容艾哈迈德对珍贵花卉的沉迷而获得了他对自己推行改革政策的支持。

当时一位法国大使让·索旺·德·维尔纳夫（Jean
238 Sauvent de Villeneuve）这样描述一个在易卜拉欣自己的郁金香花园中举办的娱乐活动：

> 每四朵鲜花旁边都立着一根蜡烛，高矮与花冠持平。通道上挂着鸟笼，里面有各种各样的鸣禽。棚架上装饰着无数的鲜花，都是装在瓶子里的。还有数不尽的各色玻璃灯照射着鲜花。玻璃灯是挂在为了此次宴会专门从临近树林里移植过来的灌木的绿色枝干上的。灌木就摆在棚架的后面。这些景物的颜色，加上无数面镜子映射出的灯光组成了一幅美不胜收的画面。

维尔纳夫还说道：只要郁金香没有凋谢，这样的灯光就会整晚亮着，所有开销都是易卜拉欣自己承担的。

依据土耳其赴法国使节对法国枫丹白露宫令人兴奋的描写以及参考了路易十五在马利的城堡样式，大维齐尔为自己也建造了一座准欧洲风格的别墅。别墅就坐落在伊斯坦布尔北边的博斯普鲁斯海峡。1721 年的春天，驸马易卜拉欣在这里款待了艾哈迈德之后，印象深刻的苏丹立即下令在附近建造一座类似的皇家宫殿。选定建造的宫殿的位置处于两条溪流交汇之处，它们被称为欧洲的甜水河，河水从这里穿过大草原流入海洋。在这里，艾哈迈德的建筑师们为他建造了一座专为奢侈享乐的宫殿，名为"幸福的宫殿"（Sa'adabad）。宫殿的施工只用了短短三个月时间，也就是 1722 年一个夏天就建好了。花园的样式是完全的欧洲风格，由林荫道通向整齐规划的郁金香花圃。甜水河两边也修上了大理石河岸，河水被引入喷泉和小瀑布，在中心形成了装饰性的小湖泊。 **239**

通过确保伊斯坦布尔低廉的粮食价格以及充分满足苏丹对节日庆典的要求，驸马易卜拉欣在整个 18 世纪 20 年代都能稳居高位。但是最终他的好运也走到了尽头。在幸福的宫殿花园之外发生的事已经超出了他的控制。各种滥征的税收，不仅仅是维持宫廷光鲜外表的必须，还要支撑 18 世纪 30 年代初爆发的土耳其与波斯之间的战争。再加上饥荒引发了各省动乱。更糟糕的是奥斯曼军队在东部前线的迅速溃败以及充满仇恨的波斯人收复了 18 世纪初土耳其人从他们手中抢走的大片土地。当帝国战败的消息传到伊斯坦布尔的时候，曾经的市井流言升级为了对变革的巨大呼声。

即使是大维齐尔也无法阻止这些坏消息传到苏丹的耳朵里了，而艾哈迈德三世也再不能坐视不理了。到了1730年秋天，一个阿尔巴尼亚旧衣服收购商帕托纳·哈里尔（Patrona Halil）领导伊斯坦布尔民众围攻了托普卡匹皇宫，要求惩办罪魁祸首。艾哈迈德知道自己的统治正面临被推翻的巨大危险，如果他不能平息群众的怒火，恐怕连性命都要不保。在这次突发危机中，郁金香国王采取的权宜之计就是下令让园丁行刑者卫队，也就是首席园丁砍下了驸马易卜拉欣和穆斯塔法帕夏的人头，他们也是最主要的两个推行不受认可的西化改革政策的大臣。

至此，艾哈迈德和他的郁金香时代都开始走向终结了。刽子手们在大维齐尔的官邸里找到了他，将他绞死并斩首。之后，首席园丁又赶往穆斯塔法在幸福的宫殿附近的海滨别墅。他们到达的时候，大司令正在他的花园里愉快地移栽郁金香，对突然发生在首都的政治危机全然不知。可能前去处死帕夏的园丁迟疑了一下，让即将赴死的将军最后再看一眼自己创造出的40多个品种。如果他确实这样做了，他们肯定也不会想到，随着丝质弓弦在大将军的颈项上收紧，穆斯塔法就这么离开了他现实里的天堂花园而升入天堂里的花园，而郁金香的时代也彻底结束了。

242 •

艾哈迈德做得太少也太迟了，他终于没能拯救自己的王位。愤怒的民众拒绝解散，苏丹的王位已经岌岌可危。如果换做另一个果断的君主，一个军事能力强于组织花卉节日能力的君主，他也许还有能力集结皇室军队解救自己。但是艾哈迈德不是一个好将军，而且他在两天之内已经牺牲了最受重用的两员大将。随着暴乱者逐渐包围伊斯坦布尔，君王也失去了对首都的控制，苏丹开始相信自己想保命的唯一出路就是退位。

艾哈迈德的侄子马哈茂德（Mahmud）于是被从鸟笼里抓出来按到了王位上。他的继位无论对于帝国还是对于郁金香都是一个转折点。虽然很快他就残暴地镇压了这场罢黜了他叔叔的失控的暴动，焚烧了象征着艾哈迈德统治的郁金香凉亭，但新苏丹的兴趣显然是在别处。他是个有强烈偷窥欲的人，最喜欢的就是躲在后宫的栅栏门后监视宫廷里的妃子们。有一次，他甚至把妃子们沐浴时穿的淡薄的浴衣上的缝线拆掉，然后用胶水固定，这样在充满蒸汽的浴室里，胶水就会融化，方便他窥视每个女人的裸体。

这样一个君主永远不可能像艾哈迈德三世一样对花卉过分憧憬。尽管每年春天仍然会庆祝郁金香节，但是规模要比郁金香时代小得多，郁金香在土耳其的地位也自马哈茂德统治时期开始第二次衰退。这次衰退非常彻底，以至

郁金香热

于全部 1300 多种伊斯坦布尔郁金香慢慢地从帝国的花园和人们的记忆中彻底消失了。至今，没有一个品种留存下来。

而那个统治了郁金香最后繁茂时期的国王有怎样的结局呢？他勉强逃过一死，又被重新关进了鸟笼，在那里凝望着奥斯曼的无花果林，只能在梦里重温匕首一样的花瓣沐浴在满月的光辉中，将针尖一样的影子投射在恩赐之地的秘密花园中。

15

迟来的花期

以上就是郁金香狂热的结局。当奥斯曼鸟笼的大门最后一次在艾哈迈德面前关闭，郁金香也从历史书上彻底消失了。属于郁金香的巅峰时期已成过往，它再也没能如此俘获某个帝王的心，或是让半个国家沉迷于它带来的简单快速的赚钱机会。随着时间的流逝，人们反而开始思考，这样的疯狂究竟是怎么发生的？

不过就算郁金香已经不再是一种广泛的热潮，它仍然可以是私人的钟爱。如果认为球根贸易的崩溃终结了人们对于郁金香的一切兴趣；或是认为郁金香价格下跌至谷底并从此一蹶不振的话，就大错特错了。与此正相反，对于一些稀有和极受推崇的品种，球根需求量仍然是相当大的。

荷兰球根交易从崩溃到恢复平稳只用了一两年的时间。投机者消失了，但是花卉的市场仍在。剩下的购买者都是贵族收藏家，他们本就不属于酒馆团体之流，他们购买郁金香也是出于纯粹的对美好的追求。即使是在1637年夏天，距离球根价格暴跌六个月之内，一位哈勒姆的鉴

郁金香热

赏家艾尔特·许博森（Aert Huybertsz.）仍然以 850 荷兰盾的价格购买了一个优质的红色系玛娜席尔（Manassier）球根。而向他出售这个球根的卖家雅克·贝尔滕（Jacques Bertens）之前是花 710 荷兰盾买到这个球根的。也就是说他凭借这次交易获得了 140 荷兰盾的利润，相当于当地普通手工业者 6 个月的工资。

后狂热时期的郁金香鉴赏家之间流行的是种植品种数量越多越好，每一品种只种植一株。这就使得对于很多优良品种多少都是存在一定数量的市场需求的。而狂热的恶名反而给郁金香帮了忙，因为现在全欧洲都听说了这件事，很多人想要亲眼见识一下究竟是什么样的鲜花能引发这样的热情。荷兰种植者们在国内市场受的损失现在可以通过出口贸易弥补一些。甚至有一部分种植者的出口生意获得了相当的成功，荷兰花卉出口在国际上的主导地位从 17 世纪上半叶就建立了起来。

对于哈勒姆的种植者而言，这种稳定的生意的价值是无可估量的，尤其是当他们已经在狂热中流失了大量的客户之后。各种消息都说明，种植者尽一切可能将一些受人欢迎的品种的供应量保持在低位，所以他们才能长达几年都让价格保持在一个合理的水平上。他们特别小心地抵挡住了增加产量的诱惑，就是为了避免仅剩的有限市场出现饱和。

1637 年以后关于郁金香成交价格的记录留存下来的相对较少。一个叫彼得·芒迪的人在 1640 年游历联省时发现，仍然有人在以"惊人的价格"购买他称之为郁金香"花根"的球根，但是他并没有给出具体的例子。芒迪本人也是个富有的商人，但是他所谓的惊人的价格比起 1636 年到 1637 年间的价格还是低得多的。以前一个范·德·艾克司令球根每个平均售价约是 1345 荷兰盾，而在 1643 年的拍卖会上仅拍出了 220 荷兰盾的成交价。一个"大雁"以前能卖到 805 荷兰盾，此时也只能卖到 138 荷兰盾。鉴于我们不知道具体的球根重量，所以很难确切地说这个价格有比较的意义，但是在这两个例子中，球根的价格都跌至了狂热顶峰时期价格的 1/6，合每年下跌 35%。

如果稀有品种都是这样的境况，那不难想象，便宜球根的价格肯定下跌得更多。这样的品种是在狂热末期才开始升值的，而且完全是因为优良品种已经完全供不应求了。这些普通郁金香的颜色单调根本引不起鉴赏家们的兴趣。以白皇冠为例，在 1637 年 1 月的售价是半磅 64 荷兰盾，然后在阿尔克马尔急蹿至 1668 荷兰盾，再到 5 年之后售价仅为 37 荷兰盾 10 荷兰币。这个跌幅达到了惊人的年均 76%。

这样的价格根本不可能让所有投身郁金香种植业的人都维持下去。在狂热后接下来的一年，粗具规模的花卉产业就缩水了，大多数冲着郁金香的暴利而新加入的没有经

郁金香热

验的花商要么放弃了这项生意，要么是维持不下去不得不被迫改行。郁金香培育行业实际上收缩到了它最初兴起的根源，也就是哈勒姆周围富饶的沙质土壤。事实上，这个城市此时反而真正确立了自己在球根交易上的主导地位，这是它在郁金香狂热时期人人都种植郁金香的时候所不具有的。到17世纪末，本来属于土耳其强项的郁金香种植业已经敌不过哈勒姆的温室栽培，尤其是在艾哈迈德三世统治时期，哈勒姆的花农每年要向伊斯坦布尔的奥斯曼宫廷销售成千上万的球根。于是哈勒姆就成了高档花卉的代名词。以至于少数一些不在这里经营的花商，在散发品种目录和价格表时，也会循惯例在自己的地址前写上"临近哈勒姆"。因为他们知道自己不这么写就将自动被认为是低档品种。

此时的球根交易已经理性得多了。狂热之后到17世纪末都一直还有高级的球根被拿到哈勒姆的拍卖会上拍卖。能上拍卖会的一般都是刚培育出的新品种，因为稀少，才有可能卖出高价。用不了几年，这些新品就会失去吸引力，鉴赏家们则会把注意力转移至更新的品种。届时，曾经流行的球根就变成了相对普通的品种，种植者们也会开始向普通顾客销售或是卖给通过品种目录邮购的客人。从留存下来的此类拓展性球根交易的价目表中可以发现，有一个叫查尔斯（Charles）的德国郁金香爱好者，

他是巴登－杜拉赫的侯爵，曾在 1712 年按品种目录订购 246
球根。尽管少数一些品种的价格仍然能达到 10 荷兰盾、
20 荷兰盾甚至 40 荷兰盾，但平均下来，每个球根的价格
只有 1 荷兰盾。而到后一个世纪，球根的品种和数量将更
加丰富。侯爵的一份藏品清单上就显示，在 1736 年他已
经拥有 4796 个品种的 80000 多个球根。

人们对郁金香的审美到此时也没有太大的变化。侯爵
的郁金香就属于狂热时期培育的郁金香的后代。人们此时
依然没有发现马赛克病毒的奥秘，亮丽的颜色和火焰纹路
仍然是最受欢迎的花色。人们最钟爱的花朵必须具备的要
素与 17 世纪 30 年代的花卉交易者追求的差不多。亨利·
范·奥斯腾（Henry van Oosten）① 的作品《荷兰花园》
中就指出了完美的郁金香应当是什么样子的：

> 花瓣顶部圆润，不能卷曲……至于火焰纹，应当
> 从花瓣底部开始长出，从花瓣底部向上延伸至整个花
> 瓣，在花瓣边缘停止成贝壳形……至于花瓣底部，应
> 当是美丽的天蓝色，雄蕊应当看起来接近黑色，但是
> 实际上只是很深很深的蓝色。

---

① 英国人认为作者的姓名是这样拼写的。而正确的拼写应当是 Henrik
van Oosting，这显然不符英国出版商的发音习惯。

郁金香热

《荷兰花园》是尼古拉斯·范·坎彭（Nicholas van Kampen）在 1763 年翻译为英文的，里面又加上了一句"上等郁金香需要具备的条件"是修长的茎、比例适当的花冠和鲜活生动的颜色，花瓣底色以白色为最佳。

没有什么植物能够妄想永远流行，即便是郁金香也不可能。人们的品味时刻在变，其他花朵有其他花朵的美丽之处。尽管在 18 世纪的法国和 19 世纪的英国，人们依然对郁金香饶有兴致，但是郁金香已经基本降格为二流的花卉，而其他花卉则偶有风靡一时，甚至也能掀起迷你的狂热来。①

---

① 还有一些是与花卉狂热类似的对其他商品的热潮。在过去的 400 年中，类似的泡沫繁荣在世界各国都发生过（泡沫的意思是，商品价格飙升，但是对于除投资者之外的人都没有实际价值）。投资的标的各有不同，既有常见的股票和债券、土地、石油，也有一些不太常见的。比如 1630 年在联省兴起了投资运河摆渡系统的热潮，实际上有效地推动了运输系统的发展，很多人因此致富。到 17 世纪 70 年代，又出现了在公共场所立钟的泡沫繁荣，因为商人们认为立钟可以证明自己的社会地位。在所有的泡沫繁荣中，与郁金香狂热最相似的可能要数 1925 年的佛罗里达土地投机热潮。像郁金香一样，当时的佛罗里达对美国人来说是充满异国情调的一片地区，但是由于气候差加上沼泽湿地过多一直很难进入。然而，随着公路和铁路的修建以及湿地抽干等举措，再加上那里温和的冬季气候都让这片地区越来越充满吸引力。一些美国人开始在这里的迈阿密地区投资建房作为假日别墅。连穷人也纷纷效仿，当地的地产商很快就抓住了不动产需求增长这一机遇并加以利用。关于在佛罗里达买卖土地可以赚大钱的消息不胫而走。当时一位著名的律师威廉·詹宁斯·布莱恩 1912 年的时候在迈阿密买下了一套过冬用的房子，到 1920 年转手卖出，挣了 25 万美元的利润。（转下页注）

247

此类事件中最令人惊讶的大概就是 18 世纪前 30 年在
联省发生的风信子交易了。像郁金香一样，风信子也是在
16 世纪从奥斯曼帝国传入西方欧洲国家的。克劳修斯认
识这种植物并且将求根分发给了别人。风信子在荷兰被小
范围地培育了几十年，一直没有引发花卉爱好者的特别关

（接上页注①） 随后，1200 美元购买的小块土地几个月就可以以
5000 美元卖出。2500 美元买入的可以 7800 美元卖出，后来又卖
到 1 万美元，再后来 17500 美元，最后甚至卖到 35000 美元。最
后这个以 35000 美元买入的人，其实就是最初以 2500 美元将这块
地卖出而且一直后悔不已的人。1913 年鳄鱼溪水渠附近的土地价
值是 15 美元一英亩，到了 1925 年竟涨到了 2000 美元一英亩。在
迈阿密中部，曾经价值为 30 美元一英亩的土地要卖到 75000 美
元。最终，迈阿密的土地变得比纽约第五大道上的房产还要值
钱。这些土地其实都是投机者支付一小笔定金买下的，他们都是
指望在付款期限到来之前就能转手卖出。大量的钱财涌入佛罗里
达。从 1924 年秋天开始的短短 12 个月里，迈阿密的银行里票据
交换涉及的数目从 21.2 万美元上升为 100 万美元，土地交易量是
原来的 3 倍。1925 年发行的一期《迈阿密每日新闻报》全长达到
504 页，几乎全部都是不动产广告。这份报纸也创下了当时的世
界纪录。据说当时迈阿密有 2000 多家房地产代理，雇佣的销售
人员多达 25000 人。然而到了秋天，市场崩溃如约而至。投机者
们高估了对土地的真实需求量。到这里过冬的人只有预计的 1/10。
人们开始拖延偿还贷款，一个以 12 美元一英亩价格售出土地的人
曾经眼红地看着这块地又以 17 美元、30 美元甚至 60 美元一英亩的
价格卖出，但是到头来，高价购买的人都付不起欠款，这块地的所
有权最终又回到了最初的所有者手里。从 1926 年秋天开始，房地
产市场的崩溃导致佛罗里达一些银行倒闭。因为结算的总额从
1925 年的 10 亿狂降至 6.33 亿每年，到 1928 年则只剩 1.43 亿。再
下一年，《国家周报》报道称："迈阿密将成为美国最便宜的地
方……最自命不凡的海滩大厦，曾经月租 250 美元，现在只要 35
美元……"

注。然后，运气降临了。很多年来，种植者们一直试图培育出新的品种，结果碰巧长出了一种双头风信子——就是有两个花冠的风信子。因为这种植物没有种子，所以大多都被例行处理了，而风信子在花商心中的地位也一直是排在郁金香和康乃馨之后的。到了1684年，一个叫彼得·沃尔海姆（Pieter Voorhelm）的哈勒姆花农因为生了重病，有一段时间没能打理自己的花园。他康复以后正想处理本来就打算扔掉的一些风信子，却发现其中有一个非常漂亮的双头风信子已经开花了，而且还有顾客愿意支付比单头风信子更高的价钱购买这种新奇的双头风信子。

沃尔海姆于是继续培植这种新品种，而且销路越来越广。其他种植者也纷纷效仿，直到1720年前后，风信子成了当时最流行的花卉，让郁金香都黯然失色了。

接下来发生的风信子热潮与郁金香狂热不无相似之处，而且是在郁金香流行大约刚好100年之后。风信子价格也在1736年升到了顶峰，也就是沃尔海姆首次培育出双头风信子半个世纪之后。较早一些的时候，一个球根的价格最多30荷兰盾或40荷兰盾。到了热潮高峰时期，一种名叫"大不列颠之王"（Koning van Groot Brittannie）的双头风信子（这个名字是为了纪念奥朗日的威廉）——相当于风信子界的"永远的奥古斯都"——价格已经高达1000荷兰盾一个球根。

风信子的流行与郁金香的流行其实是出于同样的原因。要养成一个可开花的球根需要 5 年左右的时间，也就意味着流行的新品和球根的可供应量在相当一段时间内都会非常稀少。而新品种的花色可能是丰富多样的，有无尽的色彩搭配可能，以蓝色和紫罗兰色为主。一个叫埃格伯特·范·德·韦尔特（Egbert van der Vaert）的交易者在形容风信子的美丽时夸张地说道：若是宙斯见识过他刚买到的风信子有多美丽，那么他离开奥林匹斯山去引诱丽达的时候一定会化身为风信子而不是天鹅。

250

在 18 世纪 20 年代，球根的价格开始上涨。从一方面来说这是很奇怪的现象，因为在 18 世纪，球根培植相较100 年前已经发展为一个相当专业的行当了，新品种的双头风信子很快就大量生产并且充斥了市场，总共生产的数目达到了 2000 株。这足以满足市场的需求并且足以避免真正的狂热发生。但是哈勒姆的球根种植者们已经积累了足够的生意经，他们知道如果控制市场上最受追捧的球根的数量，就可以将价格推高，以赚取更多的利润。

到 1730 年，风信子的价格已经达到了相当的高度，让种植者们非常欣喜。沃尔海姆的球根花园此时是由他的孙子约里斯（Joris）经营的。这里仍然是球根贸易最繁盛的地方，但是其他的哈勒姆种植者也依靠风信子赚了不少钱。1733 年到 1736 年间风信子的价格到达了最高峰，然

后在 1737 年陡然下跌：价格最高时，最贵的球根达到了
不可能有人买得起的地步；而次一等的品种也升值到价格
严重超过实际价值，以至于没有哪个真正的花卉爱好者愿
意购买。价格最高峰两年后出版的球根品种目录中显示：
像"国之将领"（Staaten Generaal）这样值钱的双头风信
子曾经卖到 210 荷兰盾，而此时只需要 20 荷兰盾；曾经
卖到 141 荷兰盾一个球根的"镜子"（Miroir）现在只需
要 10 荷兰盾。"红色格兰特"（Red Grannats）从原来的
251 66 荷兰盾降到了现在的 16 荷兰盾，而"所罗门的珠宝"
（Gekroont Salomon's Jewel）从 80 荷兰盾降到了仅 3 荷兰
盾。

　　从这些数字上可以看出，风信子热时期的风信子价格
比郁金香狂热时期郁金香的价格低得多。一个"国之将
领"价格在 200 荷兰盾上下，而一个范·德·艾克司令
曾经的价格是 2000 荷兰盾。有记录的价格最高的双头风
信子售价为 1600 荷兰盾一个球根，这也不过是一个世纪
前最受追捧的郁金香价格的 1/3。除此之外，这时的个体
投机者似乎也比他们的先辈谨慎一些。风信子热时期的一
个突出的创新在于，购买某个特定高价球根的股份的实践
形式散布极广。这一定是种非常伤神的生意，因为股份持
有者必须等上一年甚至更久，才能等到母球产出子球，然
后他们才能得到属于自己的一个球根，但这至少是一种能

够低价买入风信子的办法。有一首荷兰长诗名为《花神的花间漫步》（*Flora's Bloemwarande*），其中就描写了这种新型的交易方式，还提到一个叫扬·博尔特（Jan Bolt）的花商把自己拥有的对一个球根的一半股权卖给了一个不大情愿的客人，只降价了 10%。

　　风信子交易之所以没有达到郁金香狂热的高度主要有这样几个原因。首先是风信子的培育过程要比郁金香之类的顽强山地野花困难得多，所以也就限制了园艺爱好者们购买的愿望；这就导致对风信子的市场需求相比郁金香狂热时期对郁金香的市场需求水平低得多；再加上风信子引发的关注远不如郁金香大，所以吸引的投机者数量也极少。最重要的是，没有任何关于风信子期权交易的记录，252 最多只有一两例购买球根后转卖给第三方的案例，仅此而已。

　　不管怎么说，在哈勒姆和海牙至少有一些个体狂热者似乎彻底地被卷入了风信子热，他们是以牟利为目的种植风信子的。在最高峰时期有相当多的人对这种新潮流表示不认同。人们对于郁金香狂热的悲惨经历记忆犹新，还有出版企业再版印制了《对话》，并重新作序批判当今的投机者与他们的先辈一样贪婪、一样被那个俗艳狡诈的弗洛拉欺骗了。还有人制作了新的小册子以警告世人避免风信子交易的过度。郁金香狂热的深刻教训还历历在目，人们

郁金香热

可能会说，这次新热潮最让人惊讶的其实是此类事件怎么还会发生。

从郁金香狂热之后到如今的情况可以用几句话概括。荷兰种植者经营并且主导了这种生意。事实上，18 世纪的大部分时间里，哈勒姆的一个花商团体实际上控制了整个行业。尽管这种寡头垄断在拿破仑战争时期被打破了，但是荷兰花农的盛名还是无人可及的。随着越来越多的人将打理花园当成一种爱好，全球范围对花卉的需求飙升。哈勒姆周围用于培育球根的面积也随之增长。第一个花卉农场

253 出现在哈勒姆以西的布罗门代尔和奥威尔维恩（Overveen）；然后培育行业向南扩展到西里格姆（Hillegom）和里斯（Lisse），这里属于中部的哈勒姆滩地，本来是沼泽，在 19 世纪被排干转变为农地。大概也是在这一时期，私人的花卉农场规模开始扩大，形成了巨大的郁金香花海，也成为荷兰省最受欢迎的明信片图画。随后，哈勒姆周边所有的可耕作土地都用来种花了，还有一部分球根交易不得不转移到别处。如今，更多的郁金香其实出产于荷兰省北部的农场而非哈勒姆。

此外还有其他一些重大的变化。球根种植者现在已经掌握了保证郁金香全年供应的培植技术。低温可以防止球根发芽，这样就可以让鲜花在任何人们希望的时间开放。

曾经让无数花卉爱好者抓狂的漫长等待就不会出现了，所以郁金香狂热发生的先决条件就不存在了。

最根本的是，郁金香本身也发生了变化。在狂热平息后的250年里，荷兰种植者引进了一些与原来的郁金香有本质区别的品种。包括鹦鹉郁金香，它有扭曲的叶子和鸟嘴一样的大花瓣；还有双郁金香，它有额外的花瓣；还有达尔文郁金香，它是19世纪培育的一种杂交的巨型郁金香。曾经红极一时的杂色郁金香现在已经几乎绝迹了。这种原始的品种因为被马赛克病毒感染而比较脆弱，像总督和"永远的奥古斯都"这样的品种，都避免不了存活时间短的弊病，即使是这些品种的后代也都已经消失不见了。英国的几个郁金香俱乐部里还保有一些真正的杂色品种，而其他花园里多年来绽放的火焰纹郁金香则顶多只是杂交培育的仿品。

球根产业有充足的理由认为消除马赛克病毒是一项值得骄傲的成就，就像花商们消除了花卉界的天花一样具有重要意义。但是同样很难否认的是，这场战争的胜利不是没有代价的。每一种杂色郁金香可能体现的无穷的变化随着病毒一起消失了，同样带走的还有郁金香那让人为之神魂颠倒的魅力。

今天，球根交易为人们提供了丰富繁多的郁金香品种。而且这个数量还在不停的增加。在克劳修斯的时代，

254

郁金香热

人们能欣赏到的郁金香不过几种，而现在，人们已经培育、描述并编目分类的郁金香接近 6000 种。

这样让人眼花缭乱的选择范围本身是很惊人，但不可否认这种丰富在一定程度上削弱了个体品种的重要性。当代流行的大面积同类同色郁金香的画面肯定会让那些在小片花圃里种植多种郁金香的 17 世纪鉴赏家们觉得粗俗。肯定也不会有哪个现代园丁能像过去的郁金香迷一样，对自己的每一朵花都了如指掌。

而郁金香狂热则是一种永远不会彻底消失的病毒。它是一种纯粹的人性疾病。人类对美好的追求和对金钱的贪婪是这种疾病发育的温床，一旦时机成熟，随时可能爆发。举例来说，在 1838 年的法国，大丽花热兴起。就像两个世纪前，郁金香对欧洲人来说很新奇一样，大丽花是在 1790 年前后才从墨西哥引入的。园艺家们很快就开始培育这种新奇花卉，而它的美丽也受到了广泛的认可。他甚至被用来反驳卢梭的"出自造物主之手的东西都是好的，而一到了人的手里，就全变坏了"的论点。大丽花在很短的时间内就升到了很高的价格，一花圃的大丽花可以卖到 7 万法郎，而一朵美丽的大丽花也可以兑换一颗上好的钻石。然而，流行总是多变的，大丽花也像郁金香一样退出了历史的舞台。到 1912 年，荷兰唐菖蒲又一次引发热潮，但同样也在很短的时间内就消散了。

255

　　这种痼疾最近一次出现是在 1985 年的中国，整个事件的发展几乎与郁金香狂热一模一样。这次人们投机的对象变成了君子兰，或者叫石蒜。这种兰花体积不大，花朵成漏斗形，一簇一簇聚集在一起像一团缠绕的毛线。雄蕊极长，向外伸展超过花瓣，整体有一种精美之感。君子兰原产于非洲，但是早在 20 世纪 30 年代就在长春广泛培育。起初是封建统治阶级的最爱，种植君子兰一度成为彰显贵族家庭的标志。中国共产党执政后，40 年代末期才形成的小范围的球根交易市场被叫停，但是君子兰仍然受到人们的喜爱并且被指定为长春的市花。到 1980 年大概长春一半的家庭里都有君子兰。 256

　　短短几年之后，中国政府开始实行经济体制改革，君子兰狂热就爆发了。在长春的情形与 17 世纪 30 年代的荷兰省十分相似。经营活动在此时是受鼓励的。但是虽然人们有饱满的致富热情和高涨的精力，可投资的机会却少之又少。在这样的环境下，长春的君子兰种植者抓住了周边群众对君子兰需求增大的机会，价格不可避免地迅速上涨了，投机君子兰球根的行为便随之而来。①

---

　　①　在特定的条件下，哪怕是最不起眼的东西也可以变成稀有珍贵的东西。在第二次世界大战时期，军队补给是首要前提，美军需要走很远的路才能领到瓶装可口可乐。在通常情况下一瓶饮料的价格是 5 美分，而在意大利前线，一瓶可乐可以拍卖到 4000 美元。

郁金香热

在 1981 年和 1982 年，君子兰的价格是 100 元人民币，约合 15 英镑一个球根。考虑到当时中国人的年均工资收入，这已经是相当高的价格了。但是到了 1985 年，有报道称最贵品种的球根交易价达到了天文数字的 20 万元，约合 3 万英镑。这个数字让郁金香狂热时期的巅峰价格都自叹弗如。一个"永远的奥古斯都"球根最高价为 5000~10000 荷兰盾，相当于当时一个富有商人收入的 4~8 倍。而君子兰狂热时期的最高价，则相当于一个中国大学毕业生年收入的 300 倍还多。这不得不说是一个令人震惊的数字。

在这样的情况下，君子兰热持续的时间即使以花卉狂热的标准来衡量也算很短了。1985 年夏天价格就下跌了，一些重要报刊上将此类投机行为描述为疯狂之举，这显然影响了一些投机者对这个新兴市场的信心。

君子兰市场里很快就挤满了急切出售球根的卖家，球根价格急转直下。正如君子兰热的疯狂程度超越了郁金香狂热一样，其崩溃的程度也更加剧烈。到价格最终稳定下来时，价格跌幅普遍超过了 99%。

长春位于中国北部，北纬四十度略北。距天山山谷仅 2000 英里。狂热病毒终于又回到了它的家乡。

注　释

概　述

　　人们对郁金香历史的了解程度惊人得深入。一方面是
由于郁金香的名气之大；另一方面则得益于郁金香盛行之
时也正是园艺写作开始盛行的初期。此外还有一些优秀的
早期简述作品，如 Sir Daniel Hall, *The Book of the Tulip*。
以及其他十分稀少但是非常珍贵的区域研究成果，比如著
名的 Michiel Roding and Hans Theunissen, *The Tulip：A
Symbol of Two Nations*。此外还有 Sam Segal, *Tulips Portrayed：
The Tulip Trade in Holland in the Seventeenth Century*。然而，
所有作品中最重要的综合概述性作品无疑是 Anna Pavord,
The Tulip。

　　适合于对 17 世纪荷兰历史感兴趣的读者的作品数量
也很丰富。比如近期出版的 Jonathan Israel, *The Dutch
Republic：Its Rise, Greatness and Fall, 1477 - 1806*。这本
书是对 17 世纪荷兰历史的综述，获得了很好的评价。而
对于社会历史学家来说，则有一些更具争议性的作品可以

郁金香热

参考，如 Simon Schama，*The Embarrassment of Riches*：*An Interpretation of Dutch Culture in the Golden Age* 和 A. T. van Deursen，*Plain Lives in a Golden Age*：*Popular Culture*，*Religion and Society in Seventeenth Century Holland*。

然而，关于郁金香狂热的历史仍然谜团重重。至今仍然没有人就这一题材，充分利用荷兰档案馆庞大的原始资料，进行详尽的学术研究。很多对于这一问题的简略研究依据的往往是存在重大缺陷的流行结论，其中最主要的莫过于 Charles Mackay，*Memoirs of Extraordinary Popular Delusions and the Madness of Crowds*。这本书于 1841 年首次出版，至今仍可买到，虽然有趣易读，但是具有误导性（这本书实际上以 Joseph Bulgatz，*Ponzi Schemes*，*Invaders from Mars and More Extraordinary Popular Delusions and the Madness of Crowds* 为基础，原著并未引起多少关注，而麦凯加入了现代的分析，虽然也是依据二手资料的研究，但相对可靠）。

除了在 E. H. Krelage，*De Pamfletten van den Tulpenwindhandel 1636 – 1637* 中收录的当时一些小册子之外，最有价值的荷兰语资料就是当时的法律文件。很多被卷入郁金香狂热的城市都留存了类似的记录，不光有购买郁金香球根的买卖文件，还有 1637 年价格暴跌之后导致的各种诉讼的记录。已出版的一些案例摘要类作品

都算不上全面系统。比如最著名的汇编 A. van Damme，　259
Aanteekeningen Betreffende de geschiedenis der bloembollen：
Haarlem1899 - 1903（这是一本对世纪之交时期杂志文章
的汇编，最终于 1976 年在莱顿出版），以及 Nicolaas
Posthumus 在 *Economisch-historisch jaarboek* 上发表的小册
子及 "De Speculatie in tulpen in de jaren 1636 en 1637"
parts 1 - 3 中的一些资料来源。范·达梅自己都说他出版
的汇编作品与其说是系统研究的成果，还不如说是意外
的发现。

迄今为止，最详尽的关于这一时期的研究要数
Krelage，*Bloemenspeculatie in Nederland*：*De Tulpomanie van*
1636 - 37 en de Hyacintenhandel 1720 - 36。这部作品具有
里程碑式的意义，也是本书最主要的研究依据。在仔细审
读了所有可以收集到的资料之后，作者个人认为，即便是
在宣告了尊重事实的重要性之后，历史学家和某些经济学
家的研究结果还是难免过分地宣扬了郁金香狂热的重要性
和涉及范围。

引　言

Success synonymous with virtue Paul Zumthor *Daily Life in*
Rembrandt's Holland，p. 137.

"Gathered around the campfire…" 引自 Peter Garber，

"*Tulipmania*", *Journal of Political Economy* 97（I），June 1989，p.535。

序言　为郁金香而疯狂

1637 年 2 月举行的阿尔克马尔拍卖会的相关信息主要来源于 A. van Damme, *Aanteekeningen Betreffende de Geschiedenis der Bloembollen*。关于荷兰郁金香交易者衣着外貌、言谈举止的描写，参考 Zumthor 或较晚出版的、分析更透彻的 A. T. van Deursen, *Plain Lives in a Golden Age*。

暴跌：Geoffrey Cotterell, *Amsterdam*：*The Life of a City* p.48。

郁金香的价值：Peter Garber, "Tulipmania", p.537n，指出在 1637 年每个荷兰盾中含有 0.865 克黄金。所以 1 克黄金的价值相当于 1.17 荷兰盾。一个总督球根在 2 月 5 日的阿尔克马尔拍卖会上的成交价达到了 146 荷兰盾每克，相当于每克黄金单价的 125 倍。

最富有的人：Jonathan Israel, *The Dutch Republic*, p.348。

郁金香财富：Garber, p.550。

1　天山山谷

260　　郁金香的早期历史很多是模糊不清的。它的亚洲起源问题的探讨参考 Turhan Baytop，"The tulip in Istanbul during the Ottoman period"，以及 Michiel Roding and Hans Theunissen（eds），*The Tulip：A Symbol of Two Nations*。Wilfrid Blunt，*Tulipomania*，其中简要介绍了波斯对野生郁金香的狂热。

郁金香的亚洲发源地：Baytop，pp. 50－6。

早期对郁金香的喜爱：公元前 2000 年控制着小亚细亚地区的希泰人已经懂得欣赏球根类野花之美。根据古代铭文的记录，在希泰人的领土内，人们每年都要举行仪式庆祝春天的到来，这个节日叫作 *An. tah. sum-sar*，意为"球根节"，节日的时间恰巧也是红番花每年初次盛开的时候（到今天仍有很多安纳托利亚人保留了类似的传统，在每年 5 月都有名为 *Hidrellez*，即庆祝春天到来的节日，人们会出门野餐，传统的节日食品是用保加利亚小麦制作的蒸粗麦米饭配上捣碎的红番花球根）。对于生活在西伯利亚大草原上的人来说，他们经历的冬天比小亚细亚地区要严酷得多，所以肯定更加渴盼春天的到来，因此郁金香大概也有类似的象征意义。见 Baytop，p. 51。

波斯的郁金香：Daniel Hall，*The Book of the Tulip*，p. 44；Blunt，pp. 22－3；Valerie Schloredt，*A Treasury of Tulips*，p. 62。

土耳其历史：奥斯曼帝国时期的郁金香历史较之早期

有更完善的档案记载。关于这一时期的土耳其历史可以参考 Halil Inalcik, *The Ottoman Empire*: *The Classical Age 1300 – 1600*。

1453 年以前土耳其历史中的郁金香：Yildiz Demiriz, "Tulips in Ottoman Turkish culture and art", in Roding and Theunissen, pp. 57 – 75。

哈桑·芬迪的故事：Demiriz, p. 57。

巴布尔和土耳其的园艺传统：Alexander Pallis, *In the Days of the Janissaries*, p. 198。

郁金香作为宗教象征：土耳其人并不是唯一将郁金香视为宗教象征的民族。17 世纪到美国东海岸的德国移民，即"德裔宾州人"就用有三个花瓣的郁金香代表"三位一体"。这个图形经常被用于重要文件的纹饰，比如出生证明。见 Schloredt, p. 43。

2　在极乐家园里

261　　园艺学在奥斯曼帝国的历史上从来没有占据过核心地位，在其他传统历史中也不被重视。关于土耳其郁金香时代历史最好的参考文献是伊斯坦布尔人的作品。其中最出色的要数 Philip Mansel, *Constantinople*: *City of the World's Desire*, *1453 – 1924*。对于研究奥斯曼宫殿的人来说，不可或缺的资料来源包括 Barnette Miller, *Beyond the Sublime*

Porte：The Grand Seraglio of Stambul。该书作者米勒教授可能是第一个获许进入托普卡匹宫殿内花园的西方人，她在20世纪初有幸成行。当时的托普卡匹宫殿与原貌更相似。经过大量的工作，米勒教授尽可能地还原了宫殿本来的布局——包括后宫和花园——这些地方已经不再被使用而且年久失修。她的研究成果也成为后来奥斯曼宫廷生活研究的基石。

科索沃会战：Noel Malcolm，*Kosovo：A Short History*，pp. 58 – 80。关于编年表，参考 Anna Pavord，*The Tulip*，p. 31。

巴耶济德：Halil Inalcik，*The Ottoman Empire：The Classical Age 1300 – 1600*，pp. 14 – 18；John Julius Norwich，*Byzantium：The Decline and Fall*，pp. 343 – 5，364 – 9。

巴耶济德的衬衫：关于巴耶济德的衬衫的实际年代存在一些争论。土耳其和伊斯兰艺术博物馆中陈列的藏品标记年代为大约公元 1400 年，而根据 Yildiz Demiriz，"Tulips in Ottoman culture and art"，及 Michiel Roding and Hans Theunissen，*The Tulip：A Symbol of Two Nations*，p. 71，由衬衫的样式可推断出其年代应为大约公元 1550 年。至今还无法确切证明衬衫的年代，但即使 Demiriz 的理论是正确的，巴耶济德也完全有可能穿过类似的衬衫。

君士坦丁堡和苏丹穆罕默德：Mansel，chapter 1。

苏丹穆罕默德的花园：Andrew Wheatcroft，*The*

Ottomans: *Dissolving Images*, pp. 26 – 9, Mansel, pp. 57 – 8。

　　苏丹苏莱曼和伊斯坦布尔郁金香：Arthur Baker,
"The cult of the tulip in Turkey", p. 240; Baytop, in *Roding
and Theunissen*, pp. 52 – 3; Demiriz, pp. 57 – 8, 74 – 5。某
些权威人士认为伊斯坦布尔郁金香是直到 17 世纪下半叶
才培育出来的（比较 Pavord, pp. 39, 45），但这一问题至
今还没有明确的结论。

　　伊斯坦布尔的花商：Baytop, p. 51。

　　苏丹塞利姆及波斯和叙利亚的球根：同上，p. 53;
Baker, pp. 238 – 40。

　　苏丹的皇宫与花园：Demiriz, pp. 59, 67; Mansel,
pp. 60 – 1, 71, 73 – 5, 221 – 2; Miller, pp. 4 – 21, 151 –
6; N. M. Penzer, *The Harem*, pp. 40, 252 – 60; Lavender
Cassels, *The Struggle for the Ottoman Empire*, *1717 – 1740*,
pp. 53 – 4, 57 – 8。

　　园丁：Mansel, pp. 74 – 5, 221 – 2; Cassels, p. 53;
Penzer, pp. 62, 185。

　　首席园丁的赛跑：现在还不能明确认定这种怪异的习
俗是从何时产生的。见 Miller, pp. 145, 250, n31。

3　来自东方的稀罕物

262　　郁金香在欧洲的早期历史——无论是已知的或推测

的，最早做出综述性整理的是 Hermann，Grafen zu Solms-Laubach，*Weizen und Tulpe und deren Geschichte*，英文整理版本是 Sir Daniel Hall，*The Book of the Tulip*。最新的研究结果是 Sam Segal，*Tulips Portrayed：The Tulip Trade in Holland in the Seventeenth Century*。

洛波·瓦斯·德桑帕约：瓦斯与郁金香的关系在 Wilfrid Blunt，*Tulipomania*，p. 8n 中有所提及。而他的事业信息参考了 R. S. Whiteway，*The Rise of Portuguese Power in India 1497－1550*，pp. 208－13，221－3。努尼奥·达·库尼亚（Nunho da Cunha），恰巧是特里斯唐·达·库尼亚（Tristao da Cunha）的儿子，他用自己的名字命名了大西洋上的小岛，达·库尼亚岛至今还是不列颠帝国最遥远的前哨站。

蒙斯特里尔：他的书是最早关注郁金香话题的，因此在研究花卉的历史学家中非常有分量。

前往葡萄牙的航行时间：Whiteway，p. 46。

郁金香作为新鲜事物：Hall，p. 36。

16 世纪之前欧洲已经有郁金香的证据：Hall，pp. 17，36－7。

比斯贝克：Baytop；*Roding and Theunissen*，p. 52；Z. R. M. W. von Martels，*Augerius Gislenius Busbequius*，pp. 152，440－52。关于比斯贝克第一次发现郁金香的恰

郁金香热

当时间，参考 von Martels，pp. 449 – 50。

乔治·桑兹：引用自 Anna Pavord，*The Tulip*，pp. 35 – 6。

比斯贝克的书信：原书名为 *Legationis Turciace epistolce quatuor*（Antwerp，1581），此书在当时是畅销书。

比斯贝克及介绍郁金香的人：另一个支持大使不是将郁金香带回欧洲的人这一结论的理由是他本人经常吹嘘自己是第一个将白菖蒲带回西方的人。鉴于在 1591 年他去世之时欧洲已经有了郁金香，很难想象但凡他与这样的发现有一点关系，他怎么会不大肆宣扬。见 Von Martels，pp. 450 – 2。

英语中的郁金香一词：根据 Hall，p. 17，这个词首先出现于 Lyte 翻译的、克劳修斯的朋友 Rembert Dodoens 于 1568 年在安特卫普首次出版的 *Florum et Coronarium Odoratumque Nonnularum*。

加勒特和杰勒德：Wilfrid Blunt，pp. 10 – 11；Pavord，pp. 104 – 5。

康拉德·格斯纳：Hall，p. 39；Sam Segal，p. 3；E. H. Krelage，*Bloemenspeculatie in Nederlan*，pp. 15 – 16；Hans Fischer，*Conrad Gesner 1516 – 1565*；青蛙的故事参考 Jan Bondeson，"The bosom serpent"，in *A Cabinet of Medical Curiosities*。*Catalogus plantarum* 是在格斯纳去世两个世纪之后才出版的。他对郁金香的描述最早出现在另一本书的附录里，那本书是他一个叫 Valerius Gordus 的朋友在 1561 年

263

出版的。

"*In the month of April*⋯" 引自 Hall，p. 39。

Tulipa turcarum：虽然一直以来人们都认为在奥格斯堡发现的郁金香是以格斯纳（Gesner）的名字命名的，但是根据 W. S. Murray，"The introduction of the tulip，and the tulipomania" p. 19，在赫尔瓦特的花园里发现的其实是 *T. Suavenolens*，而非 *T. gesneriana*。

肯特曼在意大利见到的郁金香：Segal，pp. 3，21 n6。肯特曼将此花标记为 *T. Turcica*，但它实际上似乎是 *T. silvestris* 的品种。

富格尔的花园：R. Ehrenberg *Grosse Vermögen*，p. 38。另见 G. Freiherr von Polnitz，*Die Fugger*。此处的富格尔（Fugger）是富格尔帝国创建人之子，他为格斯纳和克劳修斯提供过工作职位（富格尔为镇压新教改革的活动提供资助，尽管这与克劳修斯的宗教信仰相冲突，但他还是接受了这份工作）。

在英格兰和欧洲的早期郁金香：Hall，p. 40；Joseph Jacob，*Tulips*，p. 3；Blunt，pp. 10 – 11。

4　克劳修斯

本章大部分材料来源于克劳修斯的最全面的两卷本传记 F. W. T. Hunger，*Charles de L'Escluse（Carolu Clusius）*，

Nederlandsche Kruidkundige 1526 – 1609。关于植物学家早年生活的一些细节参考了另一本很受欢迎的传记 Johan Theunisz，*Carolus Clusius*：*Het Merkwaardige Leven van een Pionier der Wetenschap*。克劳修斯的一些关于郁金香的作品，虽然不是他植物学文集中的经典力作，但是其英语版本也被收录成书 W. van Dijk，*A Treatise on Tulips by Carolus Clusius of Arras*。

佛兰德商人趣事：这个故事起初是由克劳修斯记录的，后来在 van Dijk，p. 8. 中也有提及。

"Thus it was in the spring of 1563…"：这一部分是作者本人的推理，但是作者本人认为实际上可能性不大。就算商人一开始真的将郁金香球根当成洋葱，那么到开花之后也不会还这么认为。

被执行死刑的叔叔：这里的叔叔指的是马蒂厄·德·莱克吕兹（Mathieu de L'Escluse），他确实是在 1567 年 4 月被烧死的。当时阿尔瓦的公爵在荷兰的哈布斯堡镇压新教活动，Hunger I，p. 97。

克劳修斯的通信人范围：4000 封信的数字是根据 Hunger I，p. 98 中的计算估计出的结果。

264　　克劳修斯研究郁金香：克劳修斯在 1576 年出版的关于西班牙花卉的一本书的附录中首次提及郁金香，*Historia stirpiu per Hispanias observatorum*（pp. 510 – 15），尽管郁金香并不是西班牙的本土花卉，但是这可能也间接说明了他是在西班牙考察时期接到了赖伊关于郁金香的来信。克劳修斯在 1583 年出版的关于澳大利亚花卉的另一本书中对郁金香做了更详尽的描述：*Historia stirpium Pannonice*（pp. 145 – 60）。再之后，又在他 1601 年出版的代表作中继续研究这种花卉，*Rariorum Plantarum Historia*（pp. 137 – 52）。

在法兰克福的经历：指的是 1593 年。参考 W. S. Murray，"The introduction of the tulip and the tulipomanin"，p. 19。

克劳修斯的性格和为人：Hunger，I，p. 323。

玛丽·德布雷裏伊的称赞：同上，II，p. 217。

克劳修斯的清贫：同上，I，pp. III，122。

奥斯曼帝国和维也纳之间往来的球根和种子：Theunisz，p. 68。

克劳修斯和比斯贝克：1569 年克劳修斯就给冯·克拉夫西姆写信请求他帮忙获取比斯贝克的植物样品。Hunger，I，pp. 108，139。

比斯贝克的种子：van Dijk，p. 32。

植物窃贼：Hunger，I，p. 158；II，pp. 115，135；Theunisz，pp. 50，78。

"…lost all his teeth" 引自 Hunger，I，pp. 180，240。

5 莱 顿

再次重申，上一章参考的 Hunger 和 Theunisz 的两本传记是克劳修斯在莱顿工作内容的主要资料来源。关于莱顿大学、荷兰革命事业和郁金香狂热时期历史背景的内容参考 Joanathan Istael, *The Dutch Republic: Its Rise, Greatness and Fall, 1477 – 1806*。关于莱顿大学和那里著名的解剖学学院，在许多外国来访者的游记中都有所提及，尤其是 Sir William Brereton, *Travels in Holland, the United Provinces etc… 1634 – 1635*; John Evelyn, *The Diary of John Evelyn*, II。郁金香的植物学理论参考了 Daniel Hall, *The Book of the Tulip*; E. van Slogteren, "Broken tulips" in *The Daffodil and Tulip Yearbook*。

克劳修斯在法兰克福: Hunger II, pp. 153 – 4, 164 – 5, 167, 172 – 5。

到达莱顿: Hunger I, pp. 210 – 13。

莱顿: Israel, pp. 308, 328; Paul Zumthor, *Daily Life in Rembrandt's Holland*, pp. 8, 12, 23, 239。

荷兰革命: Israel, pp. 169 – 75, 181 – 2。

莱顿大学: Israel, pp. 569 – 72, Schama, pp. 57, 175; Brereton, pp. 41 – 2; Evely, pp. 51 – 4; Zumthor, p. 154。

265　　莱顿植物园: Hunger I, pp. 189 – 94, 214 – 18; Hunger II, p. 4; Israel, pp. 571 – 2, 1043; Brereton, p. 42。

"True monarch of the flowers" 1602 年 2 月 28 日的一封书信中的内容，引自 Hunger I，p. 269。

Walich Ziwertsz. Nicolaes van Wassnaer，*Historisch Verhael* IX，section April-October 1625，p. 10；A. Hensen，"De vereering van St Nicolaas te Amsterdam in den Roomschen tijd" in *Bijdragon voor de Geschiedenis van het Bisdom Haarlem*，43（Haarlem 1925），p. 187.

克劳修斯研究郁金香：W. van Dijk，*A Treatise on Tulips by Carolus Clusius of Arras*，pp. 7 – 32。

郁金香的植物学：Sam Segal，*Tulips Portrayed*，pp. 5 – 12；Hall，pp. 99 – 110；W. S. Murray，"The introduction of the tulip，and the tulipomania"，pp. 21 – 3。

子球：John Mather，*Economic Production of Tulips and Daffodils*，p. 44。

红色系、紫色系和黄色系郁金香：E. H. Krelage，*Bloemenspeculatie in Nederland*，p. 33 中指出以上分类术语是到 19 世纪才提出的，但是因为明确易懂，所以在此使用便于理解。Violetten（紫色系）品种有时也被称为 *bybloemen* 郁金香。

"上上等"和"粗俗"的分级：同上，p. 21。

培育杂色郁金香的尝试：Anna Pavord，*The Tulip*，p. 11。

杂色问题的解决之道：Hall，pp. 104 – 6。

克劳修斯和对球根的需求：Hunger I，pp. 214，237。

球根窃贼：Theunisz，p. 120；Hunger I，pp. 237 - 8，241；Hunger II，p. 197。

"The seventeen province were amply stocked" 引自 Wilfrid Blunt，*Tuilpomania*，p. 9。

6 胸前的装饰

郁金香在联省和法国的历史没有特别完好的记录。本书参考的基础是 Krelage 的作品及当时一些园丁如 Abraham Munting 的作品。W. S. Murray，*Waare Oeffening der Planten*；"The introduction of the tulip and the tulipomania"；Sam Segal，*Tulips Portrayed*；最后一本书中同时包含了关于 17 世纪郁金香书的有益讨论。

玫瑰是花园中的女王：Paul Zumthor，*Daily Life in Rembrandt's Holland*，p. 49。

蒙斯特里尔的悼词：Segal，p. 4 中引用。

洛贝尔留斯：Mathiasdel'Obel 的拉丁语姓名，他关于郁金香的作品于 1581 年出版在一本发育草药书中。Segal，p. 3。

郁金香的不同种类：Segal，p. 4；Murray，p. 21。这里的总数不包括土耳其品种。土耳其郁金香在 18 世纪的种类已经超过了 1300 种。

早期的郁金香爱好者：E. H. Krelage, *Bloemenspeculate in* 266
Nederland, pp. 23 – 4; Drelage, *Drie Eeuwen Bloembollenexport*,
pp. 6, 17。

法国的郁金香：Krelage, *Bloemenspeculatie*, p. 29;
Abraham Munting, *Naauwkeurige Beschryving der Aardgewassen*,
pp. 907 – 11; Peter Garber, "Tulipmania", p. 543。尽管有
一些当时的园艺作家们的作品资料，但是早期法国郁金香
狂热的情况还是非常模糊，还有待进一步研究。

郁金香鉴赏家：Chrispijn Van de Passe, *Een Cort Verhael*
van den Tulipanen erde haere Oefeninghe …, contemporary
pamphlet, np, nd（c. 1620?）in Stadsbibliotheek, Haarlem,
p. 4; Krelage, *Drie Eeuwen Bloembollenexport*, p. 6。

帕卢斯·范·贝尔斯腾：E. A. van Beresteyn and
W. F. del Campo Hartman, *Genealogie van het Geslacht van*
Beresteyn, p. 134。

雅克·德·盖恩：L. Q. van Regteren Altena, *Jacques de*
Gheyn: Three Generations vol. I, pp. 2 – 3, 14, 38, 40, 59,
66, 69 – 70, 131 – 2. 153。

范·德·霍伊费尔：G. Leonhardt, *Het Huis Bartolotti*
en zijn Bewoners, pp. 14 – 15, 39 – 40; Israel, p. 348。

黄金时代：J. L. Price, *Culture and Society in the Dutch*
Republic During the 17th Century; Joanthan Israel, *The Dutch*

Republic，pp. 547 – 91。

奥芬比克勋爵的花园：William Brereton，*Travels in Holland*，*the United Provinces etc…1634 – 1635*，pp. 44 – 5。

荷兰乡村别墅：Simon Schama，*The Embarrassment of Riches*，pp. 292 – 5；Krelage，*Bloemenspeculatie*，pp. 7，27 – 8。

教堂里的笑话：Geoffrey Cotterell，*Amsterdam：The Life of a City*，p. 119。通常每个笑话的罚款是 6 荷兰币。

《关于"德国战壕"花园》：Petrus Hondius，*Dapes Inemptae*，*of de Moufe-schans*。关于"德国战壕"花园的所有权，经常被误说成是洪迪思的家，见 *Nieuw Nederlandsch Biographisch Woordenboek*，VIII，pp. 812 – 13。

"All these fools want…" Segao，p. 16 中内容的英文译文。

奥朗日王子的花园：Brereton，pp. 34 – 5。

7 镜中的郁金香

本书作者关于"永远的奥古斯都"的讨论的依据是 Nicolaes Jansz. van Wassenaer 的编年史。他是阿姆斯特丹的一名医师之子，在哈勒姆的拉丁学校学习，1612 年以后到阿姆斯特丹成了一名职业作家（兼职医师）。他的编年史作品 *Historisch Verhael aller Gedencwaerdiger Wheschiedenissen*，总体上是最确实可靠的，也是郁金香相关信息的主要来源。

关于郁金香狂热发展过程的段落首先是依据 E. H. Krelage 的作品，补充参考了 Nicolaas Posthumus，"Die speculatie in tulpen in de Jaren 1636 en 1637" parts 1 – 3；"The tulip mania in Holland in the years 1636 abd 1637"，W. C. Scoville and J. C. LaForce （eds），*The Economic Development of Western Europe*；Peter Garber，"*Tulipmania*"，pp. 535 – 60。关于这一时期荷兰花园的信息参考 Paul Zumthor，*Daily Life in Rembrandt's Holland*；Simon Schama，*Embarrassment of Riches*。

关于郁金香书的信息参考 Sam Segal，*Tulips Portrayed*；E. H. Krelage，*Bloemenspeculate in Nederland*。同时作者也参考了 Chirispijn van de Passe，*Hortus Floridus*，见 Spencer Savage，"The 'Hortus Floridus' of Crispijn vande Pas"，pp. 181 – 206；Eleanour Rohde，*Crispian Passeus's "Hortus Floridus"*。Savage 的作品在 20 世纪 70 年代被翻译成英文：*Hortus Floridus：The Four Books of Spring，Summer，Autumn and Winter Flowers，Engraved by Crispin van de Pas*。

阿德里安·波夫：Jonathan Israel，*The Dutch Republic*，pp. 159，319，458 – 9，518 – 19，522 – 33；H. W. J. de Boer，H. Bruch et al.，*Adriaan Pauw （1585 – 1653）：Staatsman en Ambachtsheer*，pp. 20 – 7。现在的海姆斯泰德

郁金香热

遗址只有一部分还健在，其余的划入了哈勒姆，成为哈勒姆最南部郊区的一部分。

波夫的镜子花园：Van Wassenaer V，p. 40 and verso. 在 E. H. Krelage，*Bloemenspeculate in Nederland*，p. 138 中提到的紫色系波夫郁金香很可能就是由波夫培育出来的，或者至少是以他的名字命名的。

"永远的奥古斯都"：Van Wassenaer V，p. 40 veros and 41；p. 111 and verso；IX p. 10；Krelage，*Bloemenspeculatie*，pp. 32 − 3，68；Garber，p. 537；Segal，pp. 8 − 9。

"永远的奥古斯都"的所有权：近年来，有一些权威确信地宣称阿德里安·波夫就是"永远的奥古斯都"的唯一所有人，但这其实是因为他们没有仔细研读 Van Wassenaer 的作品。事实上，尽管编年史作者确实见到了这种品种的郁金香，而且确实造访过海姆斯泰德的花园，但是这两件事之间并没有任何联系。编年史作者也描述了波夫唯一的花圃，像"永远的奥古斯都"这样珍贵的品种，肯定会被单独种在特别的地方以突出其珍贵，而不是和别的郁金香种在同一个花圃里。

还有一些不知出处的奇闻轶事中提到，有一些"永远的奥古斯都"的球根在市面上销售，但是除非有当时的记录证实这些被销售的球根确实是"永远的奥古斯都"，否则我们很难判断传闻的可靠性。根据 Krelage，

p. 65n 中的内容：一个阿姆斯特丹人向一个哈勒姆人出售了一个"永远的奥古斯都"球根，条件是双方承诺谁都不得在没有通知对方的情况下再向别人出售这个品种的球根。后来，有人愿意出价 3000 荷兰盾附加一个价值 10000 荷兰盾的橱柜。阿姆斯特丹人贪图高价，没有通知哈勒姆人就卖出了球根。当哈勒姆人发现阿姆斯特丹人违约之后，也同样开始出售球根，而且卖出了 3 个球根 30000 荷兰盾的高价。类似的，郁金香狂热过去大约 35 年之后，在 Munting 的作品中，引用了一个不知出处的会计员登记的内容：" 买家 N. N. 购入 "永远的奥古斯图斯" 球根，球根重量 123 分，成交价为 4600 个弗罗林币①。"除了这个数目的货币要马上付清之外，还要附加赠送一辆全新的精致马车和两匹斑点灰马，配件齐全，两周之内交付使用。Munting 还提到了另一个公开的拍卖会以 5500 弗罗林币的价格售出了 "永远的奥古斯都" 的球根。见 Abraham Munting, *Naauwkeuringe Beschryving der Aardgewassen*, pp. 907 – 11。

巴尔塔扎兄弟和达尼埃尔 · 德纳维尔：D. M. van Gelder de Neufville, "De oudste generatics van het geslacht de Neufville" in *De Nederlandsche Leeuw*, pp. 6 – 8; Krelage,

268

---

① 　一个弗罗林币等同于一个荷兰盾。

pp. 129, 140。这些种类的郁金香被蔑称为"新品种"。

郁金香种植者：F. W. T. Hunger, *Charles d'Elscluse* (*Carolus Clusius*) I, p. 241；II, p. 251。

亨里克·波特贝克：Segal, p. 8；Krelage, pp. 127, 138。

"拔根人"和药剂师：Hunge I, p. 303 – 06；Krelage, *Drie Eeuwen Bloembollenexport*, p. 17。关于不可靠的药剂师的内容，参考 Zumthor, pp. 73, 157。

将郁金香当作催情药：Sam Segal and Michiel Roding, *De Tulp en de Kunst. Verhaal van een Symbool*, p. 22。当时的英国园艺作家提到了郁金香可能具有的催情效用，John Parkinson, *Paradisus terrestris* (1629)，但作者还说"我没有吃很多球根……不能说它一定具有催情的作用"。引用自 Wilfrid Blunt, *Tulipomania*, pp. 10 – 11。

郁金香交易的参与者：Nicolaas Posthumus, "De speculatie in tulpen" (1927), pp. 11 – 15。

哈勒姆之外的花园：J. J. Temminck et al, *Haarlemmerhout 400 Jaar. "Mooier is de Wereld Nergens."*, pp. 98 – 9。

郁金香术语：Krelage pp. 33 – 7, 128.

"If a change in a Tulip is effected…" W. S. Murray, "The introduction of the tulip, and the tulipomania", p. 24 中引用。

彼得·博尔和贝伦特·卡多斯：Krelage，p. 42；Schama，p. 356。卡多斯是 1657 年底去世的（Haarlem Burial Registers 72，fol. 100），但他创立的事业一直存续到 18 世纪。

弗朗西斯科·戈麦斯·达·科斯塔：不出意料，达·科斯塔的生意运行顺利，并且抵御住了郁金香狂热的影响，一直存续到 1545 年。Krelage，pp. 42 - 3，55；Krelage，"Het manuscript over den tulpenwindhandel uit de verzameling Meulman"，p. 30。

球根出口：如今，荷兰有 2/3 的球根是用于出口的。荷兰最大的，也是唯一的郁金香制造商 Germaco 每年出口 3500 万个球根，大部分是销往英国的超市销售链。

埃马努埃尔·斯沃茨：Krelage，p. 25。

郁金香书：最早的郁金香书是法语写成的，完成于 1603 年。随着郁金香狂热的发展，专门描绘郁金香的画册才开始出现，最早的大约是在 1635 年。Segal and Roding，pp. 78 - 81；Segal，*Tulips Portrayed*，pp. 17 - 20；Paul Taylor，*Dutch Flower Painting 1600 - 1720*，pp. 10 - 12。

范·斯旺泥奇的郁金香书：这本书现在保存于荷兰阿 269 姆斯特丹的荷兰经济史档案馆（Nederlandsche Economisch-Historisch Archief）中。其中关于价格的记录似乎是由这本书的匿名的所有者写下的。

科斯的郁金香书：这本手稿正确的标题应当是
Verzameling van een Meenigte Tulipaanen…，创作于 1637 年
[很奇怪的是，市政档案里并没有任何其他关于这个叫科
斯（Cos）的花商的记录，尽管 Krelage 确实注明了有一
种郁金香品种名字叫 Kos]。这份手稿现在保存于瓦赫宁
恩大学图书馆。

流动球根商人：Anna Pavord，*The Tulip*，p. 53。

8 花 商

关于联省在黄金时期的社会历史可参考 A. T. van
Deursen，*Plain Lives in a Golden Age：Popular Culture，Religion
and Society in Seventeenth Century Holland*。日常生活细节参
考 Paul Zumthor，*Daily Life in Rembrandt's Holland*。在当时
的作品中，最具权威的大概就是 Sir Willian Temple，
Observations Upon he United Provinces of the Netherlands。可
惜这本书是在 1673 年狂热结束之后才出版的。该书篇幅
不长，依据的是作者在 1652 年游历荷兰的亲身经历。他
曾经是英国驻荷兰大使，因此对荷兰的成功经验有浓厚的
兴趣。他的作品不仅仅是肤浅的游记，更有从专业角度深
刻全面的分析。

对于荷兰地理情况的描述：Temple，pp. 95，113 – 14；

Zumthor, p. 277; Jonathan Israel, *The Dutch Republic*, pp. 1 – 3, 9 – 14。

"An universall quagmire…" 说这番话的是一个英国的政治宣传者 Owen Felltham。他的作品正是在 17 世纪英荷对抗达到顶峰时期出版的。Fellthan 对荷兰的观点应当在上下文语境中综合理解，Simon Schama, *The Embaraasement of Reiches*, p. 44 中有引用。

英国大使……: Temple, pp. 95, 113 – 14。

荷兰社会阶层：Israel, pp. 330, 337 – 53, 630 – 8; van Deursen, pp. 4 – 8, 13, 32, 47 – 8, 194; Zumthor, pp. 232 – 41; Schama, pp. 19 – 21, 316, 579 – 81。

协会和工作日：Van Deursen, pp. 5, 11; Zumthor, pp. 5 – 6, 53。

食物：Van Deursen, pp. 4, 19 – 20, 82; Schama, pp. 162 – 4, 169 – 70, 230; Zumthor, pp. 67 – 74; Geoffrey Cotterell, *Amsterdam: The Life of a Cithy*, pp. 24, 48; William Brereton, *Travels in Holland, the United Provinces etc… 1634 – 1635*, p. 6。

整洁：Van Deursen, pp. 19, 41; Zumthor, pp. 137 – 9, 169; Brereton, p. 68。

人口：Israel, p. 328。

博达尔缇厄斯及人口过剩的压力：Van Deursen, pp.　270

3 - 4，8。

园艺在荷兰开始流行：Cotterell，pp. 88，131；Brereton，p. 38；Perter Mundy，*The Travels of Peter Mundy* vol. IV，p. 75；Segal p. 8；Joseph Bulgatz，*Ponzi Schemes*，p. 86。

荷兰人的储蓄：Temple，p. 102。

赌博的冲动：Van Deursen，pp. 67 - 8，105 - 6；Schama，pp. 306 - 7，347；Zumthor，p. 76。

9 繁 荣

对郁金香狂热最好的解读是 E. H. Krelage，*Bloemenspeculatie in Nederland*。该书是对这一事件的概括总结。如果需要更深层的解析，可以参考 Nicolaas Posthumus，"The tulip mania in Holland in the years 1636 and 1637"，in W. C. Scoville and J. C. LaForce（eds），*The Economic Development of Western Europe*，pp. 138 - 49。

霍伦：Jonathan Israel，*The Dutch Repulic*，pp. 317 - 18。

郁金香别墅：A. van Damme，*Aanteekeningen Betreffende de Geschiedenis der Bloembollen*，pp. 23 - 4。作者认为郁金香别墅于 1755 年翻新过，当时雕刻了郁金香形状的石头以示纪念。但是此别墅在 19 世纪 80 年代或 90 年代初被拆除了。郁金香石雕被 J. H. Krelage 买走，他是当时哈勒姆

最主要的郁金香种植者之一，也是郁金香历史学家
E. H. Krelage 的父亲。这件石雕被镶在了他家图书馆的墙
上。Van Damme 提及过他书中细节主要的资料来源是
Velius 的编年史，但实际上 Velius 的编年史截至 1630 年。
因此 Van Damme 指的应当是原本的编年史的接续作品，
但该作品的可靠性不十分清楚。根据编年史作者提到郁金
香别墅的上下文判断，这一段落可能不是同一时期写下
的。

郁金香狂热的发展过程：pp. 140 - 2；Krelage，
pp. 42，49 - 52。

"A contemporary chronicler …"，Lieuwe van Aitzema，
Saken van Staet en Oorlogh，p. 504. 研究郁金香狂热的历史
学家们引用的价格大多是参考了小说化的 *Samenspraecken*，
即 1637 年出版的记录一个郁金香交易者和他的朋友的对话
的三册系列书。具体见以下及第十一章注释。

豪达的 "将军中的将军"：Krelage，pp. 35，49。
Schama 称豪达是一种最便宜最普通的品种是错误的。

"永远的奥古斯都"后来的价格：Krelage，pp. 32 - 3，
68；Garber "Tulipmania"，p. 537；Sam Segal，*Tulips
Portrayed*，pp. 8 - 9。

风靡荷兰的致富故事：比较 Israel，p. 347。

斯海默的围垦田和商人的情人：Krelage，p. 30，引用

郁金香热

郁金香狂热时期出版的小册子。

271 水手和英国旅者的故事：水手的故事是 J. B. Schuppius 记录的他在荷兰的童年记忆，参考 Hermann, Grafen zu Solms-Laubach, *Weizen und Tulpe und deren Geschichte*, p. 76。这个故事还被著名的查尔斯·麦凯转述过，见 *Memoirs of Extraordinary Popular Delusions and the Madness of Crowds*, p. 92。麦凯同时也讲到了英国旅者的故事，但没有说明出处。Peter Garber 在自己的作品中指出了这些故事的不合理性，"Tulipmania", p. 537&n。

荷兰的经济萧条：Israel, pp. 314 – 15。

织工：很多人都注意到了参与郁金香狂热的主力军是织工，Posthumus, p. 143。

按球根和按花圃销售：同上，p. 141。

扬·布兰茨和安德里斯·马修的交易：Posthumous, "De speculatie in tulpen in de Jaren 1636 en 1637" part 2 (1927), pp. 13 – 14。

4 月到 8 月之间的销售：早期的关于郁金香交易日期的记录都是在每年 4 月到 8 月之间的。Posthumous, 同上，pp. 11 – 15；Posthumous, "The tulip mania in Holland", p. 141。

风中的交易：Schama, pp. 358 – 9。

期权交易：Marjolein 't Hart, Joost Jonker and Jan

Luiten van Zanden （eds）, *A Financial History of the Netherlands*, pp. 53 – 4; Schama, pp. 339, 349 – 50; Jan de Vries and Ad van der Woude, *The First Modern Economy*：*Success，Failure and Perseverance of the Dutch Economy 1500 – 1815*, p. 151; Schama, pp. 338 – 9; Paul Zumthor, *Daily Life in Rembrandt's Holland*, p. 262。

期权交易的限令：'t Hart et al. , p. 55。

按分计价的交易：Krelage, pp. 46 – 8。

格里特·博施：Alkmaar notarial archive vol. 113 fol. 71vo – 72vo, 23 July 1637 （copy in the Posthumus Collection, Netherlads Economic History Archive）。

海运香料的利润：Israel, p. 320。

大卫·德·米尔德：Posthumous, "De speculatie in tulpen" （1927）, p. 16。

亨利克·卢卡森和约斯特·范·哈弗比克：同上，pp. 19 – 20。

扬·阿德莫里尔：同上，pp. 17 – 18, 21 – 2。

球根的价值：最准确的数据来源是 1637 年 2 月举办的阿尔克马尔拍卖会上的成交价。当天几个同一种类、不同重量的球根由同一竞价者购得。见 van Damme, pp. 92 – 3。

郁金香公司：Posthumous, "De speculatie in tulpen" （1927）, pp. 26, 32 – 6。

郁金香热

球根的每分价格和每千分价格：对比 van Damme，pp. 92 – 3。

买来种植和交易的球根：Posthumous，"De speculatie in tulpen"（1927），pp. 24 – 5。

"They came from all walks of life…"同上，（1926），pp. 3 – 99。

《对话》：Posthumous 在 *Economisch-historisch jaarboek*（1926），pp. 20 – 99 上转载的三本重要的小册子的内容。272 在其他一些作品中对此内容也有提及，见 Krelage，*Bloemenspeculatie in Nederland*，pp. 70 – 3；*De Pamfletten van den Tulpenwindhandel 1636 – 1637*，pp. 2 – 4；W. S. Murray，"The introduction of the tulip，and the tulipomania"，pp. 25 – 7，Joseph Jacob，*Tulips*，pp. 10 – 12，Sam Segal，*Tulips Portrayed*，pp. 13 – 15，Zbigniew Herbert，*Still Life with a Bridle*，pp. 57 – 8，Schama，pp. 359 – 60。以上各位作者对应当如何解读这三本小册子从未达成一致，也从侧面说明了这三本册子内容本身存在不清楚的地方。

支付方式：所有例子都来源于 *Samenspraecken*。对比 Joseph Bulgatz，*Ponzi Schemes*，p. 97。

埃特·杜森：Posthumous，"De speculatie in tulpen"（1927），p. 38。在 1643 年，范·德·霍伊费尔的妻子在公证员面前确认在郁金香价格暴跌之后，此合同已经作废。

耶鲁恩·杨森：Posthumous，同上，pp. 27 – 8。在此案例中卖家的姓名为"Cresser"，但狂热时期的记录中经常会出现拼写错误，此处应当指的是"Creitser"。

科内利斯·居尔登维根：同上，pp. 61 – 5，72 – 4。

亚伯拉罕·德·戈耶尔：同上，（1934），pp. 231 – 2。

"Null and void…"：同上，（1927），p. 85。

欺诈案列：Segal，p. 12；W. S. Murray，p. 25。

"Everything that could be called a tulip…" van Aitzema p. 504.

10　金葡萄指示牌

本书作者对于酒馆生活的了解是基于许多零散的二手资料，其中最重要的是 A. T. van Deursen 和 Simon Schama 的作品。英国旅者 Fynes Moryson，William Brereton 和 Peter Mundy 也都在自己的作品中提到了相关内容，而且他们的个人经历也为社会历史学家的概略评述增色不少。哈勒姆的酿酒产业参考 S. Slive（ed），*Frans Hals*（The Hague：SDU，1990）。哈勒姆的酒馆在以下作品中有所提及，S. Groenveld，E. K. Grootes，J. J. Temminck et al，*Deugad Bover Geweld. Een Geschiedenis van Haarlem 1245 – 1995*，该书的内容比书名简单的英文译名丰富得多（"Virtue Above Violence"）。另一本书名更没有吸引力的

郁金香热

作品是 J. J. Temminck et al, *Haarlemmerhout 400 Jaar.*
"Mooier is de Wereld Nergens" （ "400 Years of Haarlem
Wood: Nowhere in the World Is More Beautiful"），其中关于
哈勒姆的妓院，被作者有意略去了。庆幸的是，在另一本
历史趣闻作品中，作者介绍了一些说明食物和酒在荷兰生
活中重要角色的有趣细节，Geoffrey Cotterell, *Amsterdam*:
The Life of a City。

阿姆斯特丹的证券交易：Marjolein 't Hart, Joost
273 Jonker and Jan Luiten van Zanden （eds）, *A Financial History*
of the Netherlands, pp. 53 – 6; Cotterell, pp. 85 – 6; Schama,
pp. 348 – 50; Brereton, pp. 55 – 6。

约瑟夫·德·拉维加关于自由交易者的描述：
Schama, p. 349 中有引用，其中关于交易者行为的描述是
在郁金香狂热之后的，准确地说是 17 世纪 80 年代，所以
在 17 世纪 30 年代的情况并不一定如此夸张。

遍地旅馆：Van Deursen, pp. 101 – 2。

酒吧的名称：Schama, p. 202; Zbigniew Herbert, *Still*
Life with a Bridle, p. 58。

卖淫：Van Deursen, pp. 97 – 100。

寡廉鲜耻的妓女：Brereton, p. 55。作者指的是阿姆斯
特丹的妓女。

酒馆交易的兴起：Posthumous, "De speculatie in

tulpen"（1927），p. 19。

　　卷入郁金香狂热的酒馆：哈勒姆的旅馆肯定都参与了郁金香狂热，包括 Van de Sijde Specxs（腌培根），De Vergulden Kettingh（镀金项链），'t Oude Haentgen（小小老母鸡），the Toelast in the Grote Markt and De Coninck van Vranckrijck（法国国王）。在阿姆斯特丹，有 De Mennoniste Bruyloft（门诺婚礼），也是作为一个郁金香交易的中心场所。Posthumous，"De speculatie in tulpen"（1927），pp. 24，83 and（1934），p. 233。

　　奎克尔一家：老奎克尔出生于 1563 年，1587 年迎娶了苔恩或凯瑟琳娜·科内利斯朵·杜伊克（Trijn or Catharina Cornelisdr. Duyck）。他从 1609 年开始在哈勒姆的克鲁斯街（Kruisstraat）经营一家名为 Bellaert 的酒馆，同时也在 Janspoort 附近种庄稼和郁金香，同时他还租了布雷德罗德领主（Brederode）在 Huis ter Kleef 城堡附近的土地。通往这两块地的小路因此以奎克尔巷命名。似乎没有什么记录能证明奎克尔的大儿子科内利斯参与了郁金香交易，但是在 1627 年，他曾经在对据称是异教徒的画家 Torrentius 的审判中，提供对其有利的证词。科内利斯一直到 1626 年都是哈勒姆的肥皂税税官，他至少活到了 17 世纪 50 年代。他旳兄弟扬·奎克尔是个郁金香交易者，出生于 1601 年或 1602 年，1661 年 1 月 10 安葬于哈勒姆。G. H. Kurtz, "Twee oude patriciershuizen in de Kruisstraat", *Jaarboek Haerlem*, 1961, p. 20; Haarlem Municipal Archives, Notarial Records vol. 129 fols. 72; vol. 123vo; vol. 139 fol. 27vo – 28; vol. 149, fol. 210; vol. 150 fols. 273 – 273vo, 394vo; Haarlem burial registers vol. 73 fol. 100vo。E. H. Krelage, *Bloemenspeculatie in Nederland*, pp. 134 – 6 中列举了老奎克尔培育的郁金香品种。

哈勒姆: Groenveld et al, pp. 144. 172 – 4, 177。

街灯: 照明设备——依靠燃烧植物油点亮上百盏路灯的方法——1670 年传入阿姆斯特丹, 这一成功经验又很快传遍了荷兰其他城市, 进而整个欧洲。Jonathan Israel, *The Dutch Republic*, p. 681。

泥炭火: Mundy, *The Travels of Peter Mundy*, pp. 664 – 5; Monsieur de Blainville, *Travels Through Holland* … (London, 1743) I, 44。

274 　烟雾: Schama, pp. 194 – 8; van Deursen, pp. 103 – 4。

武器: Van Deursen, pp. 110 – 11。1589 年荷兰省政府发布了对武器的限令, 随后很多地方的立法机关也纷纷判定了支持的案例。

油画: John Stoye, *English Travellers Abroad, 1604 – 1667*, p. 294 中记录了英国旅行家 Sir Dudley Carleton (1616) 和 Robert Bargrave (1656) 对在荷兰酒馆中发现

的精美油画的评论。

醉鬼和酒：同上，p. 162；Cotterell，p. 73；Brereton，pp. 11 – 12.

哈勒姆的啤酒消费数量：Paul Zumthor，*Daily Life in Rembrandt's Holland*，p. 72 引用了 J. van Loenen，*De Haarlemse Brouwindustrie voor 1600*（Amsterdam，1950），p. 53。

每天晚上喝酒的花费：Fynes Moryson 1592 年在荷兰旅行时，每餐大约花费 12 ~ 20 荷兰币，他抱怨说花费这么高是因为与他同行的旅伴每晚都在壁炉边吵着喝酒。Moryson，*An Itinerary*，pp. 89 – 90。

酒精消耗：Zumthor，p. 175；Schama，pp. 191，199。

蒂奥菲力·德·维奥：Zumthor，p. 173 中引用。

酒厂数量：Groenveld et al.，p. 176；H. L. Janssen van Raaij，*Kroniek der Stad Haarlem van de Vermoedelijke Stichting der Stad tot bet Einde van het Jaar 1890*，entry for 1628。

酒馆交易：Posthumous，"De speculatie in tulpen"（1926），pp. 20 – 99；Zumthor，p. 175。

葡萄酒：Zumthor，pp. 173 – 4。

11　沃特·温克尔的孤儿

我们所知道的关于沃特·温克尔的所有信息来源于位

于阿尔克马尔的市档案馆（Stad Archief）。这些资料由
A. van Damme 发现并收入其整理的法律文件和郁金香狂
热时期小册子的汇编。这一系列整理资料曾经在 19 世纪
初时发表在一个球根种植者期刊上。随后 Van Damme 的这
些文章又被收录并重新出版成书的形式，即 *Aanteekeningen
Betreffende de Geschiedenis der Bloembollen*：*Haarlem 1899 –
1903*。Van Damme 和 Posthumus 的档案作品是后世研究郁
金香狂热的基石，连 E. H. Krelage 也参考了他们的成果，
而近代的研究成果则乏善可陈。

沃特·温克尔：Van Damme，pp. 91 – 3。

阿尔克马尔：Jan de Vries，*The Dutch Rural Economy
in the Golden Age*，*1500 – 1700*，pp. 157 – 9；Paul Zumthor，
Daily Life in Rembrandt's Holland，pp. 29 – 30，55。

入学年龄：Simon Schama，*The Embarrassment of
Riches*，p. 538。

温克尔的收藏：留存下来的记录显示，温克尔有一个
或多个生意伙伴，但是他们在 1636 年 8 月对郁金香存货
进行了分配。在阿尔克马尔拍卖会上拍卖的是他个人所有
的部分。Van Damme，p. 92。

温克尔是名种植者：这种可能性非常大，但还是不能
完全确定温克尔是否培育了郁金香。阿尔克马尔孤儿院的
代管人肯定是在球根出土后实际占有了球根，也是他们做

275

出指示将球根重新种回土里。因为球根是交付后才付款，一个酒馆老板又怎么可能随时有几千荷兰盾的流动资金来购买这样昂贵的商品？所以本书作者认为说各处的球根种植人把准备好的球根送来温克尔的酒馆，他又能在秋天之前全卖出去是说不通的。

荷兰的孤儿院和养老院：Zumthor, pp. 100 – 1。

布洛克村的种植者：E. H. Krelage, *De Pamfletten van den Tulpenwindhandel 1636 – 1637*, p. 30。

阿尔克马尔拍卖会竞拍人的情况：我们确切知道的竞拍人有阿尔克马尔的格里特·阿姆斯特丹，哈勒姆的扬·奎克尔，还有彼得·范·威尔森。他们都是有钱有势的郁金香种植人。Posthumous, "De speculatie in tulpen" (1927), p. 81。详情见下一章注释。

拍卖会：Van Damme, pp. 91 – 3。

"Thus Admirael Liefkens …" E. H. Krelage, *Bloemenspeculatie in Nederland*, p. 49。

亨德里克·彼得森：Posthumous (1927), pp. 40 – 1。

范根纳普的账簿：同上，pp. 39 – 40。

乌特勒支省和格罗宁根省：来自乌特勒支的代表参加了在阿姆斯特丹举行的为控制球根交易价格暴跌的会议（详情见下一章注释）。药材商亨里克斯·蒙廷（1583 ~ 1658）在郁金香狂热时期也是在格罗宁根做球根交易的，

郁金香热

后来还在格罗宁根大学建立了草药学花园。参考他的儿子
Abraham Munting，*Naauwkeurige Beschryving der Aardgewassen*，
p. 911；见第十三章；另见 *Nieuw Nederlandsch Biographisch
Woordenboek*，vol. VI，pp. 1044 – 5。

法国的郁金香投机：Munting，p. 911。

乌特勒支省的参与人数：1637 年 2 月 7 日有 39 个花
圃主人聚集在一起选举代表参加即将在阿姆斯特丹举行的
会议。39 人的名单见于 Posthumous，"De speculatie in
tulpen"（1927），p. 44。

郁金香交易的中心：Krelage，pp. 83 – 4。

球根一日之内转卖十次：同上，p. 77。

价格顶峰：Lieuwe van Aitzema，p. 504；Posthumus，
p. 79；Krelgage，p. 52。

1000 万荷兰盾：Van Aitzema，p. 503。

阿姆斯特丹的银行：1375 个账户，平均每个账户存
款 2500 荷兰盾。对比 Marjolein 't Hart，Joost Jonker and
Jan Luiten van Zanden（eds）*A Financial History of the
Netherlands*，pp. 46 – 7。

荷兰东印度公司：同上，p. 54。

黑色郁金香：Alexandre Dumas，*The Black Tulip*；
Wilfrid Blun，*Tulipomania*，p. 17。

磅货交易：Krelage，pp. 51 – 2。

276

12　崩　盘

价格暴跌的主要参考资料是哈勒姆和阿姆斯特丹的律师文件，收录于 Nicolaas Posthumus，"De speculatie in tulpen in de Jaren 1636 en 1637" parts 1 – 3，*Economisch-historisch jaarboek*，1926，1927，1934。这些材料几乎全是关于鉴赏家和种植者之间纠纷的，使用时需仔细审读。

价格暴跌：E. H. Krelage，*Bloemenspeculatie in Nederland*，p. 80；Posthumus，"The tulip mania in Holland in the years 1636 and 1637"，in W. C. Scoville and J. C. LaForce（eds），*The Economic Development of Western Europe*，pp. 144 – 5。

贪婪鬼的困境：Posthumous，"Die speculatie in tulpen"（1927），pp. 33 – 9。

亨里克斯·蒙廷：Abraham Munting，*Naauwkeurige Beschryving der Aardgewassen*，p. 911；*Nieuw Nederlandsch Biographisch Woordenboek* vol. VI，pp. 1044 – 5；W. S. Murray，"The introduction of the tulip, and the tulipomania"，p. 29。

格特伊特·舒特：Posthumous，"Die speculatie in tulpen"（1927），pp. 45 – 9。

"According to one contemporary…"：这里指的是亚伯拉罕·蒙廷，他是格罗宁根的亨里克斯·蒙廷的儿子，他的价格数据出现于 *Naauwkeurige Beschryving der Aardgewassen*，p. 910。

1637 年 5 月的价格情况：这些例子来自 *Samenspraecken*，因此应谨慎使用。Posthumous，"De speculatie in tulpen"（1927），pp. 80 – 1&n。

"Some florists did travel…"：小说中的贪婪鬼就是这样的例子。Posthumous，"De speculatie in tulpen"（1926），p. 24。

门诺婚礼：同上，（1934），p. 233 – 4。

范盖克：同上，p. 235。

范戈延：Krelage，pp. 65 – 6；A. van Damme *Aanteekeningen Betreffende de Geschiedenis der Bloembollen*，pp. 21 – 2；C. Vogelaar，*Jan van Goyen*，pp. 13 – 20。

格里特·阿姆斯特丹：Posthumous，"De speculatie in tulpen"（1927），p. 81。

威廉·罗利森：Van Damme，pp. 94 – 7。

博尔滕和彼得·范威尔森：Posthumous，"De speculatie in tulpen"（1927），p. 53 – 5。

扬·奎克尔在阿尔克马尔：Municipal Archives，Haarlem，Notarial Registers vol. 149 fol. 210，1 September 1639。

277　扬·阿德莫里尔：Posthumous，"De speculatie in tulpen"（1927），pp. 69 – 70；（1934），pp. 236 – 7。

乌特勒支会议：Krelage，p. 81。

阿姆斯特丹会议：Posthumous，“De speculatie in tulpen”（1927），p. 49；Krelage，pp. 83 – 4；Joseph Bulgatz，*Ponzi Schemes，Invaders from Mars*，p. 103。

“An ominous caveat …”：对比 Wilfrid Blunt，*Tulipomania*，p. 16。

13　娼妓女神

关于荷兰的郁金香小册子，参考 E. H. Drelage，*De Pamfletten van den Tulpennwindhandel 1636 – 1637*，其中包含了除已经由 Posthumous 于 1926 年发表在 *Economisch-historisch jaarboek* 上的 *Samenspraecken* 之外所有已知的作品。各种关于郁金香狂热的阴谋论，参考 Krelage，“Het manuscript over den tulpenwindhandel uit de verzameling Meulman”。关于清算，参考 Posthumus，“De speculatie in tulpen in de Jaren 1636 en 1637”，这是关于当时资料整理的合集，共三部分，具有极其重要的价值。

杜普博士：T. Beijier et al，*Nicolaes Tulp. Leven en Werk van een Amsterdamse Geneesheer en Magistraat*，pp. 15 – 19，49 – 51；E. Griffey，“What’s in a name? Forging and identity：portrits of Nicholaes Tulp（1593 – 1674）” in Dutch Crossing 21（1997），pp. 3 – 43；Geoffrey Cotterell，*Amsterdam：The Life of a City*，pp. 125 – 6；Simon Schama，*The Embarrassment of Riches*, pp. 171, 186－7。

阿多夫·福斯蒂斯：关于福斯蒂斯憎恨郁金香的故事有其他几个作者也转述过。尽管并没有什么权威意见能确定这个故事的真实性。见 Wilfrid Blunt, *Tulipomania*, p. 15, and Zbigniew Herbert, *Still Life with a Bridle*, p. 60。关于福斯蒂斯本人，见 William Brereton, *Travels in Holland the United Provinces etc… 1634－1635*, pp. 40－1。福斯蒂斯的父亲是莱顿的一位教授，还在克劳修斯的葬礼上致过悼词，*Nieuwe Nederlandsche Biographisch Woordenboek*, vol. IV, p. 1411。

"呆子"：Joseph Bulgatz, *Ponzi Schemes, Invaders from Mars*, p. 99。

"A steady stream of broadsides"：在 1636 年 12 月到 1637 年 3 月之间发表的各种抨击作品中，有大约 45 个留存下来，考虑到此类作品难以保存的属性，能够保存至今就能说明当时的印刷数量肯定是相当大的。

小册子的作用：尽管留存下来的这些抨击作品大多称不上原创、内容也是老生常谈，但实际上还是很能够揭示真相的。尤其是与相对温和的早期小册子相比，到 1637 年 1 月狂热最高峰时期出版的作品则越来越偏向尖锐的讽刺。这种变化是相当有启发性的，它说明直到 1636 年底，郁金香交易还是维持在较为清醒和负责的层面的，只是在

1636 年底的几周之内才升级为郁金香狂热。关于小册子
的概述，见 E. Craig Harline, *Pamphlets*, *Printing and Political Culture in the Early Dutch Republic* and Tessa Watt, *Cheap Print and Popular Piety*, *1550 – 1640*, pp. 264 – 6。

鉴赏家和种植者委托印刷的小册子：对比 Krelage 的小册子第 9、14、33 和 36 号。

小册子中的花神：Krelage, *Pamfletten*, pp. 88 – 91, 109 – 11, 149, 160, 164 – 7, 187 – 8。

花神的传说：在 Samenspraecken tussche Waermondt ende Gaergoedt 中第一次谈话里讲述了花神的传说。见 Posthumous, "De speculatie in tulpen" (1926), p. 24。另见 Sam Segal and Michiel Roding, *De Tulp en de Kunst*, p. 23 and Segal, *Tulips Portrayed*, p. 15。

关于郁金香狂热的艺术描述：Segal, pp. 12 – 15; Schama, pp. 363 – 6; Bulgatz, pp. 106 – 7。

Resolutions of Haarlem City Council Aanteekeningen van C. J. Gonnet Betreffende de Dovestalmanege in de Grote Houststraat, de Schouwburg op het Houtplein, het Stadhuis in de Farse Tijd, Haarlemse Plateelbakkers en Plateelbakkerijen en de Tulpomanie van 1637 – 1912, Municipal Archives, Haarlem; Posthumus, "De speculatie in tulpen" (1927), pp. 51, 57; Krelage, *Bloemenspeculatie in Nederland*, p. 93.

郁金香热

霍伦向荷兰省政府请愿：Posthumus，同上，p. 52。

"Only two of the 44…"：这两个人是市长扬·德沃尔和议员科内利斯·居尔登维根。Posthumus，同上，pp. 61 – 4，73 – 4。*Heerenboek* I, Municipal Archives, Haarlem。

"One anonymous pamphleteer…" Krelage, "Het manuscript over den tulpenwindhandel", pp. 29 – 30.

对破产者的指责：*Jews and Mennonites*，同上；A. T. van Deursen, *Plain Lives in a Golden Age*, pp. 32 – 3；Krelage, *Pamfletten*, pp. 287 – 302。

雅克·德·克勒齐：感谢阿姆斯特丹的 Daan de Clercq 博士提供的信息。

"A grower from Amsterdam…" Krelage, "Het manuscript over den tulpenwindhandel", pp. 29 – 30.

扬·布罗海尔：Wilfrid Blunt and William Stearn, *The Art of Botanical Illustration*, p. 128。

荷兰省法院及政府决议：Posthumus, "De speculatie in tulpen" (1927), pp. 56 – 60；Posthumus, "The tulip mania in Holland in the years 1636 and 1637", p. 146；Krelage, *Bloemenspeculatie in Nederland*, p. 93；Bulgatz, pp. 104 – 5。

如果荷兰省法院当真受理过郁金香案件的话，那么就是以下这个案例。帕卢斯·范·布里斯泰恩（Paulus van Bresteyn）曾经是哈勒姆最杰出的法务官之一。他出身于贵族家庭，有钱有势，尽管公开宣称信仰天主教，仍然成了哈勒姆的执政官，同时还是公民卫队的中尉和拉丁学校的校长，专门培养准备上大学的统治阶级的子弟。范·布里斯泰恩非常富有，他的总资产超过 12000 荷兰盾，而且他还投资了哈勒姆的一些地产。他对郁金香也很有兴趣，但更应算是个鉴赏家而非花商。他住在 Wijngaerderstraat 街的一栋大房子里，还在贯穿城市两座大门的 Dijcklaan 路上的私人花园里种植郁金香。这个案件的原告方是范·布里斯泰恩的遗孀。

范·布里斯泰恩去世时只有 48 岁，当时正是郁金香狂热的顶峰时期，也就是 1936 年 12 月，即价格暴跌两个月之前。在他去世八月之前，范·布里斯泰恩将自己花园中 6 个花圃的郁金香卖给了一个当地的书商集团，托伊尼斯·卡斯（Theunis Cas）和扬·泽尔（Jan Sael）。这笔交易是在 9 月 29 日达成的，当时球根价格还没有出现疯狂的上涨。书商集团买下 6 个花圃总共才花了 312 荷兰盾，附赠一套自己书店里的地图集。不久之后，范·布里斯泰恩将刨除已出售的 6 个花圃之外的整个花园卖给了当地一个名叫尼古拉斯·范·德·伯格（Nicolaes van der Berge）的漂洗工。之后漂洗工又找到书商，表示愿意支付 362 荷兰盾买下他们已经买走的 6 个花圃。协议内容是漂洗工支付书商集团 50 荷兰盾的定金，同时替他们向范·布里斯

郁金香热

泰恩支付 312 荷兰盾的价款。到了 2 月 6 日，就是哈勒姆郁金香价格暴跌的第二天，卡斯和泽尔到当地公证处确认他们继续履行原有协议的意愿，声明郁金香在荷兰省其他地区的价格依然很高，而且漂洗工在夏天球根出土的时候就已经实际占有了所有球根，却没有如约替他们向卖家支付欠款。最终范·布里斯泰恩家族采取了行动，将漂洗工和书商集团都告上了法庭。

为什么那么多关于郁金香的案例中只有这一个被受理，原因并不为人知，但是这个案例确实有几个非常突出的特点。它显示出判断狂热时期交易的郁金香球根的所有权有多么困难，即便是如这个案例这样关系链较短、来龙去脉也比较清楚的情况。很明显，哪怕只是交易链中短暂的享有所有权的一方也很容易被卷入纠纷和诉讼。这个案例还说明，在酒馆交易销声匿迹了不短的时间之后，富商和鉴赏家仍然视郁金香为拥有升值潜力的投资。Civiele proecsstukken II B 44，records of the Court of Holland，Algemeen Rijks Archief，The Hague；Index to Heerenboek，p. 12，Municipal Archives，Haarlem；Posthumus，"De speculatie in tulpen"（1927），p. 82；E. A. van Beresteyn and W. F. del Campo Hartman，*Genealogie van het Geslacht van Beresteyn*，pp. 133 – 6，219 – 22。

荷兰省各城市决议：Posthumus，"De speculatie in

tulpen"（1927），p. 60。

蒙廷：Abraham Munting, *Naauwkeurige Beschryving der Aardgewassen*, p. 911。

范·博斯维尔特：Resolution of 5 November 1637, *Aanteekeningen van C. J. Gonnet*, Municipal Arcives, Haarlem; Bulgatz, p. 105。

众多无效的合同：Posthumus, "De speculatie in tulpen"（1927），p. 69。

阿尔克马尔的案例：同上，（1934），p. 240。　　　280

德·布洛克：同上，（1927），pp. 48 – 9。

亚伯拉罕·德·文耶尔：同上，pp. 65 – 7。

汉斯·贝尔特：同上，p. 76。

阿德莫里尔和德霍格：同上，p. 68。

威廉·舍璐：科斯特虽然在评判郁金香上水平不高，但是他却是个乐观主义者。价格暴跌之后，他依然愿意继续执行原合同条款，并且到 5 月 25 日还支付了 820 荷兰盾的预付款，相当于总价款的 12%。可是到了秋天之后，他显然不再认为这是笔划算的交易，开始拖延支付，最终卖家只好采取法律行动。Posthumus, "De speculatie in tulpen"（1927），p. 71, 79。威廉·舍璐（1600 – 1667）生活在哈勒姆的 Grote Markt 上一栋最著名的大宅 De Hoofdwacht 里。G. H. Kurtz, "De geschiedenis van ons vereeningsgebouw de Hoofdwacht", pp. 37 – 8。

哈勒姆的案例：对比 Posthumus，"De speculatie in tulpen"（1927），p. 71. 79。

德·克勒齐：同上，pp. 77，79。

"朋友制造者"：Brereton，pp. 8 – 9，22；Posthumus，"De speculatie in tulpen"（1927），p. 80；*Aanteekeningen van C. J. Gonnet*，Municipal Arcives，Haarlem；Posthumus，"De speculatie in tulpen"（1934），pp. 239 – 40。

杜波尔登：Posthumus，同上，（1927），p. 84 – 5。

范·戈延的破产：我们不知道范·戈延为什么没有按照对其有利的支付 3.5% 的方案进行和解，那样的话他只需支付 30 荷兰盾就可以了。可能海牙的执政者没有如他们哈勒姆的同事们一样建立仲裁小组解决本地纠纷。

14　郁金香国王的宫廷

第三章内容参考的资料对本章也非常有价值，尤其是 Philip Manse 和 Barnette Miller。很意外的是，关于艾哈迈德三世竟然没有什么非常好的传记，但是关于他著名的郁金香节的二手资料却非常丰富，其中最有价值也是最原始的资料要数 Arthur Baker，"The cult of the tulip in Turkey"，及 Michiel Roding and Hans Theunissen（eds），*The Tulip：A Symbol of Two Nations*。相关历史背景还参考了通史文献如

Alan Palmer, *The Decline and Fall of the Ottoman Empire*；及专题研究，包括 Lavender Cassels, *The Struggle for the Ottoman Empire, 1717 – 1740*。

穆罕默德四世和郁金香：Palmer, pp. 10, 14 – 15, 37；Thurhan Baytop, "The tulip in Istanbul during the Ottoman period", in Roding and Theunissen, pp. 50 – 6；Barnette Miller, *Beyond the Sublime Porte*, p. 124。

疯王易卜拉欣：在他长达八年的统治中，他每个周五都要夺取一名少女的贞操。Palmer, p. 19；Norman Penzer, *The Harem*, pp. 188 –91。

郁金香时代：Fatma Müge Göçek, *East Encounters West：France and the Ottoman Empire in the Eighteenth Century*, p. 10。

诗人奈迪姆：Palmer, p. 36；Andrew Wheatcroft, *The Ottomans*, pp. 77, 79；Mansel, p. 181。

"execution might after all still be their lot…"：据说当宫廷官员进入鸟笼召唤苏莱曼二世（1687 – 1691）作为穆罕默德四世的继承人登上王位的时候，新苏丹崩溃地叫喊道："如果我的死期到了就痛快地告诉我。我从小就生活在这个牢笼中，已经担惊受怕了 40 年。我宁愿死个痛快也不想再这样一天天一点点地耗尽生存的愿望。我们每一口呼吸的不是空气，而是惊恐。" Halil Inalcik, *The*

281

Ottoman Empire，p. 60。

苏丹艾哈迈德的郁金香花卉节：Noel Barber, *The Lords of the Golden Horn*：*From Suleiman the Magnificent to Kamal Ataturk*，pp. 109 – 10；Mansel, pp. 76 – 8, 180 – 1；Palmer, pp. 37 – 8；Miller, pp. 124 – 6；Penzer, pp. 258 – 60。

艾哈迈德统治时期人们对郁金香的普遍钟情：Yildiz Demiriz, in *Roding and Theunissen*，pp. 57 – 8；Baytop, pp. 55；Baker, p. 235。

18 世纪人对完美郁金香的定义：Baytop, p. 53；Demiriz, pp. 57 – 8；W. S. Murray, "The introduction of the tulip, and the tulipomania"，p. 20。

奥斯曼帝国官员的鲜花和用郁金香行贿：Mansel, p. 182；Stanford Shaw, *History of the Ottoman Empire and Modern Turkey*，p. 234。

法兹尔帕夏：Mansel, p. 147。

驸马易卜拉欣：Palmer, pp. 33 – 5, 38。

幸福的宫殿：同上，p. 34；Shaw, p. 234；Mansel, pp. 180 – 1；Göçek, pp. 51, 79；Alexander Pallis, *In the Days of the Janissaries*，p. 199。

驸马易卜拉欣和艾哈迈德三世的下台：Palmer, pp. 38 – 9。

马哈茂德一世和郁金香在土耳其的衰落：Barber，
p. 110；Wheatcroft，pp. 80 – 1。

15　迟来的花期

球根交易后来的历史在现代历史文献中有可靠的记载。
风信子交易在 E. H. Drelage，*Bloemenspeculatie in Nederland：
De Tulpomanie van 1636 – 37 en de Hyacintenhandel 1720 –
1736* 中有详细的描述。郁金香后来的历史参见 Krelage，
Drie Eeuwen Bloembolienexport 及 Daniel Hall，*The Book of the
Tulip*。

郁金香交易的延续：Krelage，*Bloemenspeculatie in
Nederland*，pp. 97 – 110；Krelage，*Drie Eeuwen Bloembollenexport*，
pp. 15 – 18；Sam Segal，*Tulips Portrayed*，p. 17；Peter Mundy，*The
Travels of Peter Mundy*，vol. 4，p. 75；Peter Garber，"Tulipmania"，
pp. 550 – 3。

282

艾尔特·许博森：Nicolaas Posthumus，"De speculatie
in tulpen de Jaren 1636 en 1637"（1927），pp. 82 – 3。

哈勒姆成为后来的球根交易中心：Krelage，
Bloemenspeculatie in Nederland，pp. 102 – 4；*Drie Eeuwen
Bloembollenexport*，pp. 9 – 11。

范·奥斯腾和范·坎彭衡量完美的郁金香：Segal
p. 11 中有引用；Hall，pp. 48 – 9。

郁金香热

风信子交易：Krelage, *Bloemenspeculatie in Nederland*, pp. 142 – 96; Krelage, *Drie Eeuwen Bloembollenexport*, pp. 13, 645 – 55; Garber, pp. 553 – 4; Joseph Bulgatz, *Ponzi Scheme*, *Invaders from Mars*, pp. 109 – 14。

郁金香近期历史：Krelage, *Drie Eeuwen Bloembollenexport*, pp. 15 – 18。

大丽花热：Bulgatz, pp. 108 – 9。在这一历史时期，也有关于培植蓝色大丽花的传说——其实从植物学角度，是和培植黑色郁金香一样不可能实现。

菖蒲热：Posthumus, "The tulip mania in Holland in the years 1636 and 1637", p. 148。

中国的君子兰热：Burton Malkiel, *A Random Walk Down Wall Street*, pp. 82 – 3。

可口可乐拍卖：Mark Pendergrast, *For God, Country and Coca – Cola*, p. 211。

参考文献

1. UNPUBLISHED MATERIAL

Municipal Archives, Haarlem
Notarial registers, vols. 120–50
Burial registers, vols. 70–6
Index to *Heerenboek*
Manuscript entitled *Aantekeningen van C. J. Gonnet Betreffende de Dovestalmanege in de Grote Houstraat, de Schouwburg op het Houtplein, het Stadhuis in de Frase Tijd, Haarlemse Plateelbakkers en Plateelbakkerijen en de Tulpomanie van 1637–1912*

Stadsbibliotheek, Haarlem
Chrispijn van de Passe, *Een Cort Verhael van den Tulipanen ende haere Oefeninghe* ... (contemporary pamphlet, np, nd)

Municipal Archives, Amsterdam
Burial registers

Algeemen Rijks Archief, The Hague
Records of the Court of Holland

Posthumus Collection, Netherlands Economic History Archive
Copies of unpublished acts relating to the tulip mania from the Notarial Archives of Alkmaar and Leiden

2. PUBLISHED MATERIAL

Aitzema, Lieuwe van *Saken ten Staet en Oorlogh* (vol.II, 1633–44) (The Hague: Johan Veely, Johan Tongerloo & Jasper Doll, 1669)

Baker, Arthur 'The cult of the tulip in Turkey', *Journal of the Royal Horticultural Society*, September 1931

Barber, Noel *The Lords of the Golden Horn: From Suleiman the Magnificent to Kamal Ataturk* (London: Macmillan, 1973)

Beijer, T., et al *Nicolaes Tulp. Leven en Werk van een Amsterdamse Geneesheer en Magistraat* (Amsterdam: Six Art Promotion, 1991)

Beresteyn, E. A. van and W. F. del Campo Hartman, *Genealogie van het Geslacht van Beresteyn* (The Hague: np, 1941 and 1954)

郁金香热

Blunt, Wilfrid *Tulipomania* (London: Penguin, 1950)

Blunt, Wilfrid, and William Stearn *The Art of Botanical Illustration* (Woodbridge: The Antique Collectors Club, 1994)

Boer, H. W. J. de, H. Bruch et al *Adriaan Pauw (1585–1653): Staatsman en Ambachtsheer* (Heemstede: Vereniging Oud-Heemstede-Bennebroek, 1985)

Boxhornius, Marcus Zuerius *Toneel, ofte Beschrijvinghe des Landts, ende Steden van Hollandt ende West-Vrieslandt* (Amsterdam: Hendrik Hondius, 1632)

Brereton, William *Travels in Holland, the United Provinces etc ... 1634–1635* (London: Chetham Society, 1844)

Bulgatz, Joseph *Ponzi Schemes, Invaders from Mars and More Extraordinary Popular Delusions and the Madness of Crowds* (New York: Harmony, 1992)

Carswell, John *The South Sea Bubble* (Stroud: Alan Sutton, 1993)

Cassels, Lavender *The Struggle for the Ottoman Empire, 1717–1740* (London: John Murray, 1966)

Cos, P. *Verzameling van een meenigte tulipaanen, naar het leven geteekend met hunne naamen, en swaarte der bollen, zoo als die publicq verkogt zijn, te Haarlem in den jaare A.1637, door P. Cos, bloemist te Haarlem* (Haarlem: np, 1637)

Cotterell, Geoffrey *Amsterdam: The Life of a City* (Farnborough: D. C. Heath, 1973)

Damme, A. van *Aanteekeningen Betreffende de Geschiedenis der Bloembollen: Haarlem 1899–1903* (Leiden: Boerhaave, 1976)

Deursen, A. T. van *Plain Lives in a Golden Age: Popular Culture, Religion and Society in Seventeenth Century Holland* (Cambridge: Cambridge University Press, 1991)

Dijk, W. van *A Treatise on Tulips by Carolus Clusius of Arras* (Haarlem: Enschedé, 1951)

Dumas, Alexandre *The Black Tulip* (Oxford: Oxford University Press, 1993)

Eeghen, I. H. van 'Een oude band met gedichten: Gerret Jansz. Kooch' in *Maandblad Amstelodamum* 53 (1966)

Ehrenberg, R. *Grosse Vermögen* (Jena: Gustav Fischer, 1925)

Evelyn, John *The Diary of John Evelyn*, II, Kalendarium 1620–1649 (Oxford: Clarendon Press, 1955)

Fischer, Hans *Conrad Gesner 1516–1565. Leben und Werk* (Zürich: Leemann, 1966)

Garber, Peter M. 'Tulipmania', *Journal of Political Economy* 97 (I), June 1989, pp.535–60

Gelder de Neufville, D. M. van 'De oudste generaties van het geslacht de Neufville' in *De Nederlandsche Leeuw* (1925)

Geyl, Pieter *The Revolt of the Netherlands 1555–1609* (London: Cassell, 1988)

Göçek, Fatma Müge *East Encounters West: France and the Ottoman Empire in the Eighteenth Century* (New York: Oxford University Press, 1987)

Goodwin, Jason *Lords of the Horizon: A History of the Ottoman Empire* (London, Chatto & Windus, 1998)

Griffey, E. 'What's in a name? Forging an identity: portraits of Nicholaes Tulp (1593–1674)' in *Dutch Crossing* 21 (1997) pp.3–43

Groenveld, S., E. K. Grootes, J. J. Temminck et al, *Deugd Boven Geweld. Een Geschiedenis van Haarlem 1245–1995* (Hilversum: Verloren, 1995)

Hall, A. Daniel *The Book of the Tulip* (London: Martin Hopkinson, 1929)

Harline, E. Craig *Pamphlets, Printing and Political Culture in the Early Dutch Republic* (Dordrecht: Martinus Nijhoff, 1987)

't Hart, Marjolein, Joost Jonker and Jan Luiten van Zanden (eds) *A Financial History of the Netherlands* (Cambridge: Cambridge University Press, 1997)

Hensen, A. 'De vereering van St Nicholaas te Amsterdam in den Roomschen tijd' in *Bijdragen voor de Geschiedenis van het Bisdom Haarlem*, 43 (Haarlem, 1925) pp.187–91

Herbert, Zbigniew *Still Life with a Bridle* (London: Jonathan Cape, 1993)

Hondius, Petrus *Dapes Inemptae, of de Moufe-schans, dat is, De soeticheydt des buytenlevens, vergheselschapt met de boecken* (Leiden: Daniel Roels, 1621)

Hunger, F. W. T. *Charles a'Escluse (Carolus Clusius), Nederlandsche Kruidkundige 1526–1609*, 2 vols (The Hague: Martinus Nijhoff, 1927 and 1943)

Inalcik, Halil *The Ottoman Empire: The Classical Age 1300–1600* (London: Phoenix, 1994)

Israel, Jonathan *The Dutch Republic: Its Rise, Greatness and Fall, 1477–1806* (Oxford: Oxford University Press, 1998)

Jacob, Joseph *Tulips* (London: J. C. & E. C. Jaek, 1912)

Kindleberger, Charles *Manias, Panics and Crashes: A History of Financial Crises* (New York: John Wiley, 1996)

Krelage, E. H. *Bloemenspeculatie in Nederland: De Tulpomanie van 1636–37 en de Hyacintenhandel 1720–36* (Amsterdam: Kampen, 1942)

——*De Pamfletten van den Tulpenwindhandel 1636–1637* (The Hague: Martinus Nijhoff, 1942)

——'Het manuscript over den tulpenwindhandel uit de verzameling Meulman', *Economisch-Historisch Jaarboek* XXII (1943)

——*Drie Eeuwen Bloembollenexport* (The Hague: Rijksuitgeverij, 1946)

Kurtz, G. H. 'De geschiedenis van ons vereenigingsgebouw de Hoofdwacht' in *Jaarboek Haarlem* (1942) pp.32–52.

——'Twee oude patriciershuizen in de Kruisstraat' in *Jaarboek Haarlem* (1961) pp.112–42.

Leonhardt, G. *Het Huis Bartelotti en zijn Bewoners* (Amsterdam: Meulenhoff, 1979)

Lesger, C. and L. Noordegraaf (eds) *Entrepreneurs and Entrepreneurship in Modern Times: Merchants and Industrialists Within the Orbit of the Dutch Staple Market* (The Hague, 1995)

Mackay, Charles *Memoirs of Extraordinary Popular Delusions and the Madness of Crowds* (Ware: Wordsworth Editions, 1995)

Malcolm, Noel *Kosovo: A Short History* (London: Macmillan, 1998)

Malkiel, Burton *A Random Walk Down Wall Street* (New York: W. W. Norton, 1996)

Mansel, Philip *Constantinople: City of the World's Desire, 1453–1924* (London: John Murray, 1995)

Martels, Z. R. M. W. von *Augerius Gislenius Busbequius: Leven en Werk van de Keizerlijke Gezant aan het hof van Süleyman de Grote* (University of Groningen, 1989)

Mather, John *Economic Production of Tulips and Daffodils* (London: Collingridge, 1961)

Miller, Barnette *Beyond the Sublime Porte: The Grand Seraglio of Stambul* (New Haven: Yale University Press, 1931)

Moryson, Fynes *An Itinerary Containing His Ten Yeeres Travell Through the Twelve Dominions of Germany, Bohmerland, Sweitzerland, Netherland, Denmarke, Poland, Italy, Turkey, France, England, Scotland and Ireland* (4 vols, Glasgow: James MacLehose & Sons, 1907)

Mundy, Peter *The Travels of Peter Mundy* (4 vols, London: Hakluyt Society, 1907–24)

Munting, Abraham *Waare Oeffening der Planten* (Amsterdam: Hendrik Rintjes, 1671)

——*Naauwkeurige Beschryving der Aardgewassen* (Leiden: Pierre Van der Aa, 1696)

Murray, W. S. 'The introduction of the tulip, and the tulipomania', *Journal of the Royal Horticultural Society*, March 1909 pp.18–30.

Nieuw Nederlandsch Biographisch Woordenboek vols IV, V, VI, VII (Leiden: A. W. Sijthoff, 1918, 1921, 1924, 1930)

Norwich, John Julius *Byzantium: The Decline and Fall* (London: Viking, 1995)

Pallis, Alexander *In the Days of the Janissaries: Old Turkish Life as Depicted in the 'Travel-Book' of Evliyá Chelebí* (London: Hutchinson, 1951)

Palmer, Alan *The Decline and Fall of the Ottoman Empire* (London: John Murray, 1992)

Parker, Geoffrey *Europe in Crisis 1598–1648* (London: Fontana, 1979)

Pavord, Anna *The Tulip* (London: Bloomsbury, 1998)

Pendergrast, Mark *For God, Country and Coca-Cola* (New York: Touchstone, 1997)

Penzer, Norman *The Harem: An Account of the Institution as it Existed in the Palace of the Turkish Sultans, with a History of the Grand Seraglio from its Foundation to Modern Times* (London: Spring Books, 1966)

Polnitz, G. Freiherr von *Die Fugger* (Tübingen: J. C. B. Mohr, 1981)

Posthumus, Nicolaas 'De speculatie in tulpen in de jaren 1636 en 1637' parts 1–3, *Economisch-historisch jaarboek* 12 (1926) pp.3–99; 13 (1927) pp.1–85; 18 (1934) pp.229–40.

——*Inquiry into the History of Prices in Holland* (2 vols, Leiden: E. J. Brill, 1946)

——'The tulip mania in Holland in the years 1636 and 1637', in W. C. Scoville and J. C. LaForce (eds), *The Economic Development of Western Europe* vol.II (Lexington, Mass., 1969)

Price, J. L. *Culture and Society in the Dutch Republic During the 17th Century* (London: B. T. Batsford, 1974)

Raaij, H. L. Janssen van *Kroniek der Stad Haarlem van de Vermoedelijke Stichting der Stad tot het Einde van het Jaar 1890* (Haarlem: Loosjes, c.1894)

Regteren Altena, L. Q. van *Jacques de Gheyn: Three Generations* vol.1 (The Hague: Martinus Nijhoff, 1983)

Roding, Michiel, and Hans Theunissen (eds), *The Tulip: A Symbol of Two Nations* (Utrecht and Istanbul: Turco-Dutch Friendship Association, 1993)

Rohde, Eleanour *Crispian Passeus's 'Hortus Floridus'* (London, 1928–9)

Savage, Spencer 'The "Hortus Floridus" of Crispijn van de Pas', *Transactions of the Bibliographic Society*, Series II, 4 (1923) pp.181–206

——*Hortus Floridus: The Four Books of Spring, Summer, Autumn and Winter Flowers, Engraved by Crispin van de Pas* (London: Minerva, c.1974)

Schama, Simon *The Embarrassment of Riches: An Interpretation of Dutch Culture in the Golden Age* (London: Fontana, 1991)

Schloredt, Valerie *A Treasury of Tulips* (London: Michael O'Mara Books, 1994)

Schrevelius, Theodorus *Harlemias of Eerste Stichting der Stad Haarlem* (Haarlem: Johannes Marshoorn, 1754)

Segal, Sam *Tulips by Anthony Claesz: 56 Seventeenth-Century Watercolour Drawings by Anthony Claesz (ca.1607/ë–1648)* (Maastricht: Noortman, 1987)

——*Tulips Portrayed: The Tulip Trade in Holland in the Seventeenth Century* (Lisse: Museum voor de Bloembollenstreek, 1992)

Segal, Sam and Michiel Roding, *De Tulp en de Kunst. Verhaal van een Symbool* (Zwolle: Waanders, 1994)

Shaw, Stanford *History of the Ottoman Empire and Modern Turkey* (2 vols, Cambridge: Cambridge University Press, 1976)

Slikke, C. M. van der *Tulpenteelt op Kleigrond* (Berlikum, 1929)

Slogteren, E. van 'Broken tulips', in *The Daffodil and Tulip Yearbook* (London: Royal Horticultural Society, 1960)

Solms-Laubach, Hermann, Grafen zu *Weizen und Tulpe und deren Geschichte* (Leipzig: Arthur Felix, 1859)

Stoye, John *English Travellers Abroad, 1604–1667* (New York: Octagon Books, 1968)

Taylor, Paul *Dutch Flower Painting 1600–1720* (London: Hale, 1995)

Temminck, J. J. 'Naar haer spraecke gebooren van Amsterdam. Enkele gegevens over de relatie tussed Haarlem en Amsterdam in vroeger eeuwen', in *Jaarboek Haarlem* (1981) pp.43–67.

Temminck, J. J. et al *Haarlemmerhout 400 Jaar. 'Mooier is de Wereld Nergens.'* (Haarlem: Schuyt & Co., 1984)

郁金香热

Temple, William *Observations Upon the United Provinces of the Netherlands* (Cambridge: Cambridge University Press, 1932)

Theunisz, Johan *Carolus Clusius: Het Merkwaardige Leven van een Pionier der Wetenschap* (Amsterdam: P. N. Van Kampen & Zoon, 1939)

Vogelaar, C. *Jan van Goyen* (Zwolle: Waanders, 1996)

Vries, Jan de *The Dutch Rural Economy in the Golden Age, 1500–1700* (New Haven: Yale University Press, 1974)

Vries, Jan de, and Ad van der Woude, *The First Modern Economy: Success, Failure and Perseverance of the Dutch Economy 1500–1815* (Cambridge: Cambridge University Press, 1997)

Wassenaer, Nicolaes Jansz. van *Historisch Verhael aller Gedencwaerdiger Gheschiedenissen*, V–IX (Amsterdam: Iudocus Hondius and Jan Jansen, 1624–5)

Watt, Tessa *Cheap Print and Popular Piety, 1550–1640* (Cambridge: Cambridge University Press, 1991)

Weider, E. C. 'De pamflettenverzameling van den Amsterdammer Abraham de Goyer van 1616', in *Het Boek* 6 (The Hague: Martinus Nijhoff, 1917)

Werner, J. W. K. *Haarlemmermeer. 17e en 18e Eeuwse Voorstellen tot Droogmaking* (Amsterdam: np, 1985)

Wheatcroft, Andrew *The Ottomans: Dissolving Images* (London: Penguin, 1993)

Whiteway, R. S. *The Rise of Portuguese Power in India 1497–1550* (London: Archibald Constable, 1899)

Wijnands, O. 'Tulpen naar Amsterdam: plantenverkeer tussen Nederland en Turkije', in H. Theunissen, A. Abelman and W. Meulenkamp, *Topkapi en Turkomanie: Turks-Nederlandse Ontmoetingen Sinds 1600* (Amsterdam: De Bataafsche Leeuw, 1989)

Zumthor, Paul *Daily Life in Rembrandt's Holland* (London: Weidenfeld & Nicolson, 1962)

致　谢

　　在创作这本作品期间，有许多人需要感谢，其中对我帮助最大的莫过于我不知疲倦的研究助理、阿姆斯特丹的亨克·鲁伊斯泰恩博士（drs Henk Looijesteijn）。他既是一位近代史专家，又是一个历史久远的球根种植者家庭的后代，没有谁能比鲁伊斯泰恩博士更好地帮助我在哈勒姆、阿姆斯特丹和海牙的档案馆中查询资料，并指引我研读大量关于这一题材的荷兰语作品。没有他的帮助，我不可能完成这本书的创作。

　　我能有幸认识鲁伊斯泰恩博士是通过阿姆斯特丹大学的亨克·范·尼罗普（Henk van Nierop）介绍。他本人也是当代卓越的历史学家之一。其他给我提供了帮助的荷兰同事还包括亚普·鲁伊斯泰恩（Jaap Looijesteijn），球根种植者布里灿德（Breezand）和阿姆斯特丹的达恩·德·克勒齐博士（drs Daan de Clercq），克勒齐博士与我分享了有关他的祖先雅克·德·克勒齐的信息。

　　同时我还要感谢我的经纪人帕特里克·沃尔什

郁金香热

（Patrick Walsh），我的编辑莎拉·霍洛韦（Sara Holloway），是他们在我兴起这一创作念头的初期，给予我信心和帮助。还要感谢蒂娜·沃尔什（Tina Walsh）帮助我翻译了一些难懂的荷兰语古老文件。为了完成这本书，最辛苦最劳累的人是我的妻子彭妮（Penny），衷心感谢我的挚爱。这本书是我们共同的成果。

索 引

(索引页码为原书页码，即本书边码)

· 321 ·

郁金香热

orphanages, Dutch 172–3
Osman II, sultan
　killed 'by constriction of the testicles'
　　229
Ottoman Empire *see also gardens, Turkish*
　xx, 10–11, 13, 14–30, 49, 228–41
　clothing in 15–16, 22
　eunuchs in 234
　festivals in 233–4
　glassmaking in 29
　symbolic significance of tulips in 12–
　　13
　western visitors to 29–30
Overveen (bulb-growing area) 253

Pamir mountains 5–6
pamphlets, concerning tulip mania 205–
　7, 209–12, 277
Parkinson, John 40
Passe, Chrispijn van de 103, 208
Pauw, Adriaen 82, 89–91
Persia, tulips in 8–9, 12, 24
Philip the Magnanimous, Landgrave of
　Hesse 44
Philip II, King of Spain 54
Pietersz., Clause *see Tulp, Nicolaas*
Pietersz., Hendrick 178
Poelenburch, Simon van 139
Poppen, Jacob 82
poppy 62
Porret, Christiaan 87, 98
Posthumus, Nicolaas 259
Pottebacker, Henrik 96, 208
prices xiv
　of beer 158–9
　of paintings 158
　payment in kind 144–5
　of tulips
　　(1608) 76
　　(1612) 129
　　(1615) 75
　　(1623) 94
　　(1624) 94
　　(1633) 123, 147
　　(1634) 138
　　(1634–5) 125
　　(1636) 125, 163, 184, 190

(1637) 2–3, 125, 163, 175–8, 179,
　190, 191, 192, 195, 197, 244
(after mania) 242–6

Quaeckel, Cornelis, Sr 221, 273
Quaeckel, Cornelis, Jr 154, 273, 275
Quaeckel, Jan 154, 197, 273
Quilt, Nicolas le 98

Ravensteyn, Albert van 195, 226
Rehdiger, Thomas 48
Rembrandt van Rijn xx, 104, 204
rhizotomi (itinerant bulb-collectors) 97–9
rich trades 81–2
Roman, Adriaen 143, 210
rose 27, 90
　as 'empress of the garden' 75
Rosven, Pieter van 181
Rotterdam 77, 129, 198
Rousseau, Jean Jacques 255
Rudolf II, Holy Roman Emperor 50, 79,
　102
Rye, Joris 42, 46, 62, 74

Sa'adabad (palace) 238–9, 240
Sa'adi, Musli Addin (poet) 8–9
Sael, Jan 279
Samenspraecken (mania pamphlets) 142–
　4, 145, 148, 163, 167, 182, 189, 200,
　210, 252, 271–2, 278
Sampayo, Lopo Vaz *see Vaz*
Sandys, George 35
Schermer polder 126
Schilder, Abraham de 147
Schonaeus, Willem 199, 222, 280
Schoudt, Geertruyt 191, 220
Schrevelius, Theodorus 127–8
Schuppius, J.B. 271
Sea Beggars 55, 56, 80
Seyh Mehmed *see Lalezari*
Selim II the Sot, sultan 24
Seljuks *see Turks*
Serbia 14–15
Serlippens, Johan 87
Seyhulislam Ebusuud Efendi 23
Sloting, W.J. 199
South Sea Bubble xviii–xix

郁金香热

图书在版编目（CIP）数据

郁金香热／（英）达什（Dash，M.）著；冯璇译.—北京：
社会科学文献出版社，2015.5（2019.8重印）
ISBN 978 - 7 - 5097 - 5888 - 5

Ⅰ.①郁…　Ⅱ.①达…　②冯…　Ⅲ.①荷兰－历史－
通俗读物　Ⅳ.①K563.09

中国版本图书馆 CIP 数据核字（2014）第 067167 号

郁金香热

著　　者／［英］迈克·达什（Mike Dash）
译　　者／冯　璇

出 版 人／谢寿光
项目统筹／董风云　段其刚
责任编辑／段其刚

出　　版／社会科学文献出版社·甲骨文工作室（分社）（010）59366527
　　　　　地址：北京市北三环中路甲 29 号院华龙大厦　邮编：100029
　　　　　网址：www.ssap.com.cn
发　　行／市场营销中心（010）59367081　59367083
印　　装／三河市东方印刷有限公司

规　　格／开　本：889mm×1194mm　1/32
　　　　　印　张：11.375　插　页：0.5　字　数：202 千字
版　　次／2015 年 5 月第 1 版　2019 年 8 月第 6 次印刷
书　　号／ISBN 973 - 7 - 5097 - 5888 - 5
著作权合同
登 记 号／图字 01 - 2013 - 7068 号
定　　价／49.00 元